Merger Control Law: From
the Perspective of US and EU

《国际法论丛》编辑委员会

主　任　陈泽宪
副主任　陈　甦
编　委　（按姓氏笔画排列）

　　　　王可菊　王翰灵　孙世彦　朱晓青
　　　　刘楠来　刘敬东　陈泽宪　陈　甦
　　　　沈　涓　林　欣　柳华文　赵建文
　　　　陶正华　黄东黎　蒋小红　廖　凡

国际法论丛

合并控制法：
以美国和欧盟为视角

黄晋 ◎ 著

社会科学文献出版社
SOCIAL SCIENCES ACADEMIC PRESS (CHINA)

总　序

　　自实行改革开放政策以来，中国的国际法学术研究事业取得了长足进步。学术研究队伍不断壮大，各类学术刊物应运而生，学术论文或专著的发表或出版呈现出了空前的繁荣景象。尤其是进入新世纪以来，中国国际法学者紧追时代的发展步伐，承担了大量的国际法课题，国际法学的各个领域或分支的研究都取得了丰硕的学术成果。中国的国际法学术研究事业，如同我们国家的国际地位不断提升一样，展现出了蒸蒸日上的局面。

　　目前我们需要加强对我国重大关切的核心利益事项的研究，以维护和平正义的国际秩序，维护我国的核心利益；需要加强对国际法与国内法关系的研究，解决国际条约在我国国内的实施问题，完善已经基本形成的中国特色社会主义法律体系；需要加强对国际法发展趋势的研究，使国际法研究有前瞻性和预见性，提高我国处理国际关系问题的主动性；需要加强对国际政治经济新秩序问题的研究，特别是要从国际法的角度深刻阐述我国在各种多边和双边国际场合积极倡导的构建和谐世界的重要思想，推动建设一个持久和平、共同繁荣的和谐世界。

　　一个强大的中国需要世界一流的国际法学术研究队伍和研究成果。新中国成立以来，中国国际法学术研究事业取得了巨大成就，基本满足了国家的需要。但是，高质量的在国际上有较大学术影响的研究成果还不够多，从总体上讲，我们的国际法研究和应用水平与中国的国际地位还不相称，与新形势新任务的需要还不相适应。找出和解决国际法学术研究领域存在的各种问题，全面推进中国国际法的学术研究事业，是全体中国国际法研究学者和所有国际法研究机构共同的历史使命。

　　中国社会科学院国际法研究所是中国社会科学院专事国际法研究的科研机构，也是我国国际法学研究的重镇。其前身是中国社会科学院国际法研究中心。1959年，在中国科学院哲学社会科学部建立法学所之后的第二年，法学所即成立了国际法组。1978年9月，国际法组改建为国际法研究室。2002年10月，在原国际法研究室的基础上，正式建立了中国社会科学院国际法研究中心，2009年9月经中央机构编制委员会办公室批准更名为国际法研究所。研究所现下设国际公法、国际私法、国际经济法、国际人权法四个研究室和海洋法与海洋事务研究中心、竞争法研究中心、国际刑法研究中心，有一支高水平的研究队伍，在国际法许多领域中的研究居于国内领先地位，在国际上也有重大影响。

长期以来，国际法研究所结合我国对外开放的新形势，在国际法诸领域进行了广泛、深入的研究，取得了丰硕成果。截至2011年底，已出版学术著作100余部、译著30余部；发表学术论文600多篇、译文300多篇。国际法研究所承担了许多国家及中国社会科学院的重点科研项目和大量的立法、司法咨询的任务，就涉外法律法规的起草或修订，国际条约和协定的拟订与批准，重大国际政治外交事件的预案研究和对策性研究，重大国际经济案件的处理或咨询等问题向中央领导机关、有关政府部门以及有关决策机构报送立法建议、研究报告或法律意见书200多篇，为我国的法学研究和法治建设做出了重要贡献。

中国社会科学院自2010年起实施的创新工程项目，为激发国际法研究所全体同仁的科研创新热情提供了一个重要机遇。正值国际法研究所成立十周年之际，国际法研究所与社会科学文献出版社合作，推出《国际法论丛》，旨在创立一个崭新的更能整合和展示我院国际法研究同仁最新研究成果的学术平台。中国社会科学院国际法研究所愿与所有从事国际法实务、科研、教学的同仁一道，为共同促进中国的国际法事业和社会主义法治现代化进程而不懈努力！

陈泽宪
2012年10月12日 于北京

合并控制法：
以美国和欧盟为视角

目 录

前 言 / 1

第一章 并购概述 / 1
第一节 企业并购 / 1
一 企业并购的定义 / 1
二 反垄断法调整下的企业并购方式 / 8
三 全球化与企业并购 / 16
第二节 企业并购的经济学基础 / 21
一 企业并购理论 / 21
二 国际直接投资理论 / 25
三 企业合并控制理论 / 29
第三节 企业并购的竞争法问题 / 38
一 合并交易的申报和审查程序 / 38
二 合并控制的实体问题 / 40
三 管辖权问题 / 42
四 反垄断国际合作 / 44

第二章 并购的申报和审查程序 / 46
第一节 合并申报的标准 / 46
一 美国合并申报标准 / 46
二 欧盟合并申报标准 / 56
三 ICN的相关建议规范 / 71

第二节 合并申报的时间和内容 / 72
　　一 美国合并申报的时间和内容 / 72
　　二 欧盟合并申报的时间和内容 / 76
　　三 ICN 的相关建议规范 / 83
第三节 审查程序 / 88
　　一 美国对申报合并的审查程序 / 88
　　二 欧盟对申报合并的审查程序 / 92
　　三 ICN 的相关建议规范 / 100

第三章 合并控制的实体法 / 103
第一节 相关市场 / 103
　　一 相关市场概述 / 103
　　二 相关产品市场分析 / 111
　　三 相关地理市场分析 / 119
第二节 禁止合并的条件 / 127
　　一 实质减少竞争标准 / 127
　　二 市场支配地位标准 / 130
　　三 严重阻碍有效竞争标准 / 133
第三节 合并的豁免 / 135
　　一 效率 / 135
　　二 破产公司理论 / 141
　　三 合法利益 / 146
第四节 救济方法 / 148
　　一 协议解决 / 148
　　二 初步禁止 / 158
　　三 保持分离 / 160
　　四 永久救济 / 162
　　五 私人诉讼 / 163
　　六 州总检察长救济 / 165

第四章 并购的管辖权问题 / 166

第一节 管辖权概述 / 166
一 传统的管辖原则 / 166
二 效果原则 / 167

第二节 美国反托拉斯法的域外适用 / 169
一 美国铝案之前的法律实践 / 169
二 美国铝案 / 170
三 美国铝案后的法律实践 / 171
四 哈特福德火灾保险案 / 173
五 哈特福德火灾保险案后的法律实践 / 176

第三节 欧盟竞争法的域外适用 / 182
一 经济统一体理论（Economic Unit Theory）/ 182
二 实施原则的确立：纸浆案 / 184
三 Gencor 案 / 185
四 波音/麦道合并案 / 186
五 通用电气/霍尼韦尔合并案 / 188

第四节 国际竞争网络的建议规范 / 190
一 管辖权行使的界限 / 190
二 "地域联系"规定的适当标准 / 191
三 交易与管辖国联系的基础 / 192

第五章 合并控制的国际合作 / 195

第一节 反垄断的双边合作 / 195
一 1991 年美欧反托拉斯合作协定 / 195
二 1998 年美欧积极礼让协定 / 203
三 美欧国际最佳实践指南 / 203

第二节 区域合作 / 205
一 《欧洲经济区协定》/ 205
二 《北美自由贸易协定》/ 207

第三节 国际多边合作 / 209
一 经合组织主导下的反垄断合作 / 209

二　联合国体制下的反垄断合作 / 211
　　三　世界贸易组织体制下的竞争政策合作 / 212
　　四　ICN 在反垄断合作中的作用 / 214

第六章　我国的合并控制制度 / 217
　第一节　我国企业合并控制制度分析 / 217
　　一　我国《反垄断法》的立法回顾 / 217
　　二　《反垄断法》中的经营者集中规制制度 / 219
　　三　我国经营者集中规制制度存在的问题 / 222
　第二节　我国企业合并控制的程序 / 224
　　一　我国企业合并控制的申报标准 / 224
　　二　我国企业合并控制的申报时间和内容 / 230
　　三　我国企业合并控制的审查程序 / 235
　第三节　我国企业合并控制的实体规范 / 240
　　一　相关市场界定 / 240
　　二　禁止合并的条件 / 245
　　三　合并的豁免 / 248
　　四　合并救济措施 / 251
　第四节　我国对境外企业并购的管辖权 / 257

参考文献 / 259

后　记 / 271

前　言

　　随着国民经济的持续快速健康发展，我国经济建设的主战场已经转移到大力推进经济结构战略性调整、产业组织结构优化和增强企业竞争力等领域。[①] 国内外经济发展实践证明，在这个阶段，并购成为企业做大、做强的重要手段，是加速产业结构调整、优化资源配置、增强企业核心竞争力、实现规模经济的有效方式。然而，企业并购也容易产生一系列的负面影响，如形成行业垄断、滥用市场支配地位、抑制市场的有效竞争、减少市场供给等，这些问题会扰乱自由公平的市场竞争秩序，损害消费者利益，同时也影响国民经济的健康发展。因此，发展和完善企业合并控制法律制度成为我国完善市场经济法律的重中之重。

　　合并控制制度在保护市场竞争和消费者利益方面的重要作用为市场经济国家所普遍接受。当前，已经有100多个国家通过了反垄断法。其中，60多个国家在其反垄断法中引入了合并控制制度。这些国家存在着这样的共识，即合并有可能引起产出减少、价格提高以及消费者福利受损，各国反垄断执法机构在合并规制中仍然面临巨大的挑战：在具有法律约束力的程序下需要适用不同的经济理论和规则。此外，如何协调各国对合并的管辖问题也日益为各国所重视。有鉴于此，考察主要司法管辖区的合并控制制度及其管辖问题也成为本书的重点。

　　本书以合并控制制度为研究对象，探讨其所涉及的法律问题。笔者选择美国、欧盟这两个学界最为关注的司法管辖区，结合国际竞争网络工作组的相关意见，就合并控制制度的程序、实体规范、管辖权和国际合作等法律问题进行专题分析，同时探讨完善我国合并控制的相关内容，以期获得更为细致深入、更具理论和实践价值的研究成果。全书分为六章，分别

---

① 唐绪兵：《中国企业并购规制》，经济管理出版社，2006，第1页。

讨论并购、并购的申报和审查程序、合并控制的实体法、并购的管辖权、合并控制的国际合作以及我国的合并控制制度。

  本书采用了理论分析、实证研究、案例分析、历史比较、规范分析、产业经济分析等方法，综合运用了法学和经济学理论，目的在于把合并控制制度研究建立在一个尽可能广泛的基础之上。本书还分别从国内和国际两个层面，单边、双边和多边等多个角度进行系统对比分析，以便从中找出规律性。总之，综合运用各种学科理论，有机结合各种分析工具，从多个层面和多个角度进行分析，为本书的研究提供了坚实的基础。

  限于笔者水平，不足之处在所难免，恳请读者批评指正。

第一章
并购概述

第一节 企业并购

一 企业并购的定义

谈到并购[①],首先令人想到的是《公司法》意义的合并或者《证券法》意义上投资者对上市公司的收购,前者主要涉及吸收合并和新设合并,而后者包括投资者以要约收购、协议收购或者其他合法方式收购上市公司。然而,反垄断法上的并购,不仅包括了上述形式,还包括事实上的合并。因此,这里的并购是指企业间通过合并、相互收购资产或股份、委托经营

---

① 所谓并购,亦称兼并收购(Mergers and Acquisitions)、合并或者集中(Concentration),是指一家或数家公司重新组合的手段和形式。《大不列颠百科全书》对兼并是这样给予解释的:兼并是指"两家或更多独立的公司合并组成一家公司,通常由一家占优势的公司吸收另一家或更多的公司。"而收购是指"一家公司用现金、股票或债券购买另一家公司的股票或资产以获得对该公司(或者称为目标公司)本身或其资产实际控制权的行为。"兼并与收购的表现形式及行为方式是不同的,但两者本质上都是一种产权有偿转让的民事法律行为,反映的是公司与公司之间的控制与被控制的关系。从经济意义上讲,公司兼并和收购行为的目的都是为增强竞争能力、扩大规模经营效益以及提高经营效率。因此,简单地将兼并和收购区别开来并没有太大的实际意义。现今社会并购浪潮向广泛和纵深推进,二者区别逐渐减少,"并购"或"合并"已经成为企业经常性的活动,它也成为经济、法律上的常用语。笔者认为,公司并购或者公司合并实际上就是指经由收购行为而完成的兼并。这里的"收购"既包括上市公司的收购,又包括公开市场之外通过产权而完成的收购。而这里的兼并既包括吸收合并,又包括对另一家公司控股权的获取和新设合并。在本文的写作过程中,并购、合并或者集中会交替运用,但都代表相同的含义。

或联营以及人事兼任等方式形成的控制与被控制的状态。① 而这里的企业也不限于公司，还包括所有从事工业、商业、金融业以及其他产业的法人、其他经济组织和自然人。

企业并购本是并购交易当事人私法上的意思自治行为，但是随着经济的发展，到19世纪末期，许多参与市场竞争的企业通过资本积累逐渐发展到一个令人恐惧的规模，逐渐控制了国家的经济命脉，影响了市场竞争结构，最终引起了一些国家和区域性组织的担忧。为了保护市场的竞争结构，美国、欧盟相继建立了自己的反垄断法律制度。

(一) 美国反托拉斯法中的企业并购

美国是最早建立合并控制制度的国家。美国国会早在1890年就通过了《谢尔曼法》（Sherman Act of 1890）。根据《谢尔曼法》，任何限制美国州之间或者美国与外国贸易或者商业的合同、以托拉斯或其他方式的联合或者共谋都是违法的；任何人垄断或者企图垄断，或者与他人联合，或者共谋垄断州际或者美国与外国商业或者贸易都将被视为重罪。

在1914年《克莱顿法》（Clayton Antitrust Act）第7条制定以前，《谢尔曼法》第1条、第2条和第3条是对并购进行审查的主要依据。甚至在第7条实施后，这三条仍然是反对并购的重要工具，这主要是因为《谢尔曼法》与《克莱顿法》在调整范围上有所区别。在1950年《克莱顿法》第7条修改以前，只有《谢尔曼法》可以调整资产收购。而且也只有《谢尔曼法》第1条可以适用于影响州际商业的州内商业公司并购。② 此外，《谢尔曼法》第1条和《克莱顿法》第7条在举证责任方面也存在很大不同。根据《谢尔曼法》，至少在理论上，需要证明存在实际的不合理的限制竞争。而根据《克莱顿法》第7条，一项合并或者收购如果引起潜在反竞争效果的限制竞争可能，就应该被禁止。因此，如果一项收购违反了第1条的规定，在第7条也适用该项收购的情况下，它自然也违背了第7条的规定。③ 相反，如果交易违反了第7条禁止性规定，该交易不一定

---

① 种明钊主编《竞争法》，法律出版社，2005，第272页。
② See *United States v. American Bldg. Maintenance Indus.*, 422 U. S. 271, 283, 95 S. Ct. 2150, 45 L. Ed. 2d 177 (1975).
③ See *White Consol. Indus. Inc. v. Whirlpool Corp.*, 781 F. 2d 1224 (6th Cir. 1986).

违反第 1 条。①

1914 年,美国国会颁布《克莱顿法》,更为严格地对待可能具有反竞争影响的并购。与此同时,美国还公布了《联邦贸易委员会法》(Federal Trade Commission Act),该法第 5 条从广义上禁止不公平的竞争方法(Unfair Methods of Competition)。联邦委员会频繁地根据第 5 条(a)款和《克莱顿法》第 7 条反对那些具有反竞争影响的并购交易。②《谢尔曼法》《克莱顿法》和《联邦贸易委员会法》与有关各州反托拉斯法互相配合,在美国规制并购的实践中发挥着重要的作用。③

《克莱顿法》第 7 条最开始仅涉及两家从事州际商业的公司,其中一家公司收购另一家公司的股票,即股票收购(Stock Acquisitions)的情形。④ 1950 年,美国国会修改了《克莱顿法》第 7 条,扩大了其适用的范围,将资产收购(Asset Acquisitions)也包含在内。⑤ 然而,第 7 条依然不能适用于自然人或者合伙企业的收购,这种类型的收购只能由《谢尔曼法》来调整。为此,1980 年美国国会再次修改该法,这次修改使第 7 条可以适用于

---

① See, e. g., *International Travel Arrangers v. NWA, Inc.*, 991 F. 2d 1389 (8th Cir. 1993) (of acquisitions that do not violate Section 7, the court said they "a fortiori, do not violate Section 1"); *SCM Corp. v. Xerox Corp.*, 463 F. Supp. 983 (D. Conn. 1978), aff'd, 645 F. 2d 1195 (2d Cir. 1981), cert. denied, 455 U. S. 1016, 102 S. Ct. 1708, 72 L. Ed. 2d 132 (1986) (district court in granting defendant's motion for a judgment n. o. v. held that if a patent acquisition is not a basis for money damages under Section 7 of the Clayton Act, it can not be a basis for money damages under the more rigorous standards of the Sherman Act).
② See, e. g., *In re Siemens AG*, 2001 F. T. C. LEXIS 47 (2001) (consent decree); *In re Phillip Morris Companies*, 2001 F. T. C. LEXIS 23 (2001) (consent decree); *In re Shell Oil Corp.*, 125 F. T. C. 769 (1998) (joint venture); *In re Dean Foods Co.*, 70 F. T. C. 1146 (1966); *In re Endicott – Johnson Corp.*, 68 F. T. C. 843 (1965) (consent order); *In re Allied Stores Corp.*, 68 F. T. C. 566 (1965) (consent order); *In re Beatrice Foods Co.*, 68 F. T. C. 1003 (1965); *In re Martin Marietta Corp.*, 68 F. T. C. 834 (1963) (consent order); *In re Foremost Dairies, Inc.*, 60 F. T. C. 944 (1962), modified, 67 F. T. C. 282 (1965).
③ 美国有很多州存在适用于并购的反托拉斯法。绝大部分州法或与《谢尔曼法》第 1 条或与《克莱顿法》第 7 条类似。
④ See Pub. L. No. 212, 38 Stat. 731 (1914).
⑤ See Pub. L. No. 81 – 899, 64 Stat. 1225 (1950) [codified as amended at 15 U. S. C. § 18 (2000)].

从事影响美国商业活动的任何公司、个人或者合伙。① 此外，第 7 条也被法院解释适用于非营利组织（Nonprofit Entities）。②

《克莱顿法》适用于许多类型的资产收购，不仅包括那些涉及商业资产和类似兼并的收购，而且包括对某些关键资产如专利、商标、销售账户（Sales Accounts）③ 的收购、租赁、许可以及控制决策权的收购。法案也适用于在实际或者潜在竞争者之间建立合营企业。

在股票收购情况下，除了不适用于仅为投资目的购买股票以外，《克莱顿法》第 7 条适用于所有情况，包括收购一家公司的部分股票。然而，美国法院并没有建立一种明确的标准来确定收购多大比例的股票将会引起市场竞争问题。尽管收购或者控制其他公司大部分股票或者利益必然引起上述问题，但是，美国最高联邦法院指出，一家公司违反第 7 条并不一定非得控制另外一家公司。④ 美国法院在许多涉及收购公司部分股票而违反第 7 条规定的案件中发现，收购公司拥有的股票数量足以获得在董事会提名董事的权力从而影响或者最终控制了被收购公司。尽管法院没有规定收购其他公司一定数量的股票必然会产生意图影响或者控制该公司的假设，但是违

---

① See Pub. L. No. 96 – 349, §6（a）, 94 Stat. 1157（1980）（codified as amended at 15 U. S. C. §18）. Prior to the 1980 amendment, §7 did not apply to firms engaged in local activities even though those activities may have affected interstate commerce, see United States v. American Bldg. Maint. Indus. , 422 U. S. 271, 283（1975）; to acquisitions by or from individuals, see United States v. Tracinda Inv. Corp. , 477 F. Supp. 1093, 1097（C. D. Cal. 1979）.

② See FTC v. Freeman Hosp. , 69 F. 3d 260, 267（8th Cir. 1995）（FTC has jurisdiction to challenge asset acquisitions by nonprofit hospital）; FTC v. University Health, Inc. , 938 F. 2d 1206, 1224（11th Cir. 1991）（rejecting notion that nonprofit entities would be less likely than profit – maximizing institutions to abuse market power）.

③ See United States v. ITT Continental Baking Co. , 485 F. 2d 16, 21（10th Cir. 1973）（agreement inducing competing bakers to close and become distributors for competitor subject to §7）, rev'd on other grounds, 420 U. S. 223（1975）.

④ See In Denver & Rio Grande W. R. R. v. United States, 387 U. S. 485, 501（1967）, the Supreme Court held that "a company need not acquire control of another company in order to violate the Clayton Act." The Second Circuit similarly has stated that it is "not aware of any decision that requires numerical control in order to establish an antitrust violation." Gulf & W. Indus. v. Great Atl. & Pac. Tea Co. , 476 F. 2d 687, 694（2d Cir. 1973）; accord National Supply Co. v. Hillman, 57 F. Supp. 4, 7（W. D. Pa. 1944）.

反第 7 条规定的部分收购通常都涉及收购引起持有其他公司至少 15% 的股票。①

此外,《克莱顿法》也对董事和某些管理人员兼任职务做了限制性规定。按照第 8 条的规定,除了银行、银行协会和信托公司外,任何人不得在两家或者多家具有竞争关系的商业公司担任董事和管理人员。这是由于具有竞争关系的商业公司之间相互兼任董事和管理人员容易阻止竞争,且方便在竞争者之间产生共谋行为,因此美国国会制定《克莱顿法》第 8 条这一限制性规定。②

(二) 欧盟法竞争法中的企业并购

在欧盟,欧盟法③的集中(Concentration)与美国反托拉斯法的合并在内涵上基本是相同的。《合并条例》④(the Merger Regulation)使用了集中(Concentration)的概念。这里的集中是指可以引起企业控制力长期改变从而导致市场结构变化的所有经营活动,即两家或两家以上的独立企业(Un-

---

① See, *Denver & Rio Grande W. R. R. v. United States*, 387 U. S. at 504 (20% interest); *duPont*, 353 U. S. at 588 (23% interest); *Crane Co.*, 509 F. Supp. at 123 (5% interest and a proposed tender offer for an additional 15%); *Metro‐Goldwyn‐Mayer Inc. v. Transamerica Corp.*, 303 F. Supp. 1344, 1354 (S. D. N. Y. 1969) (slightly less than 17% interest).

② See, e. g., H. R. Rep. No. 627, pt. 1, 63d Cong., 2d Sess. 17 - 19 (1914), reprinted in 2 Kintner, The Legislative History of the Federal Antitrust Laws and Related Statutes 1089, 1098 - 99 (1978) [hereinafter 2 Kintner, Legislative History]; H. R. Rep. No. 627, pt. 3, 63d Cong., 2d Sess. 8 - 9 (1914), reprinted in 2 Kintner, Legislative History, at 1152, 1157 - 58. See also *Reading Int'l, Inc. v. Oaktree Capital Mgmt. LLC*, 317 F. Supp. 3d 301, 326 (S. D. N. Y. 2003) ("The purpose of section 8 was 'to nip in the bud incipient violations of the antitrust laws by removing the opportunity or temptation to such violations through interlocking directorates.'") (quoting *SCM Corp. v. FTC*, 565 F. 2d 807, 811 (2d Cir. 1977)).

③ 欧盟为 28 个成员国组成的区域性国际组织。欧盟最为重要的机构有欧盟理事会、欧盟委员会、欧洲议会和欧盟法院。欧盟从 1958 年的欧洲经济共同体发展而来。根据 1993 年 11 月 1 日正式施行的《马斯特里赫特条约》(Maastricht Treaty),欧盟正式成立。然后由于欧盟的法律多源于早先的欧共体,因此即使在欧盟成立后很长一段时间欧盟使用的法律也称为欧共体法。直到 2009 年 2 月 1 日《里斯本条约》(Treaty of Lisbon)生效后,欧盟法才正式成为欧盟这一区域性国际组织的法律制度。欧盟法包含四个领域,即基本法(条约与成员国加入欧盟的协定)、派生法(欧盟机构所承认的法律)、欧盟与非欧盟国家间的国际协定、欧盟法院的判例法。

④ 欧盟理事会就合并审查先后颁布了三部条例:《第 4064/89 号合并条例》《第 1310/97 号条例》《第 139/2004 号合并条例》。其中,《第 1310/97 号条例》是对《第 4064/89 号合并条例》的修正。从 2004 年 5 月 1 日起,《第 139/2004 号合并条例》开始适用。

dertakings）的合并；① 一家或多家企业通过购买证券或资产，或者通过合同或其他方式直接或间接控制其他一家或多家企业的全部或者部分；② 或者建立一家长期行使独立经济实体全部功能的合营企业。

《合并条例》对控制的解释是这样的，即给予一家或多家企业"决定性影响"的可能性。决定性影响可以采取积极行为或者消极行为的方式，前者如所有人可以对另一家公司的经营活动进行直接控制，而后者涉及间接控制，对公司经营的重要事项行使的否决权。在《合并条例》中，控制的概念用来确定集中交易是否需要申报，以及在对受交易直接影响的企业竞争情况进行评估时，考察哪些企业应当包含在考虑范围内。

控制主要是指由一家企业单独实施，或者两家或两家以上企业共同实施的控制。因而，建立对市场存在结构性影响的合营企业也需要进行合并申报。事实上，1997年以前，欧盟理事会把合营企业分为具有集中倾向的合营企业和合作关系的合营企业，前者根据《合并条例》需要申报，而后者并不需要向欧盟委员会进行申报。1997年，欧盟委员会针对不同类型的合营企业适用不同实体法、程序和救济规则的批评做出反应，建议欧盟理事会修改《合并条例》。最终，从1998年3月1日起，根据修改后

---

① See Art. 3 (1) (a), Merger Regulation. As a practical matter, few concentrations have been characterized as full legal mergers within the meaning of Art. 3 (1) (a), Merger Regulation. See, e. g., *AstraZeneca/Novartis*, Case IV/M. 1806, Commission decision of July 26, 2000 (2004 O. J. L110/1), paras. 5 – 7 (agro – chemicals and crop protection products); *AOL/Time Warner*, Case COMP/M. 1845, Commission decision of October 11, 2000 (2001 O. J. L268/25) (communications and entertainment), para. 14; *Chevron/Texaco*, Case COMP/M. 2208, Commission decision of February 28, 2001, para. 1; and *Conoco/Phillips Petroleum*, Case COMP/M. 2681, Commission decision of March 6, 2002 (petroleum), para. 6.

② See Art. 3 (1) (b), Merger Regulation. The concept of "undertaking" for merger control purposes is similar to that defined by the Court of Justice under Art. 81. The concept of "persons" refers to States, as well as physical persons. See *Air France/Sabena*, Case IV/M. 157, Commission decision of October 5, 1992 (air transport) (one of the undertakings concerned was the Belgian State); *Kali + Salz/MdK/Treuhand*, Case IV/M. 308, Commission decision of December 14, 1993 (1994 O. J. L186/38) (the Commission included an organization charged with overseeing the privatization of certain industries within the definition of "persons"); and *Neste/IVO*, Case IV/M. 931, Commission decision of June 2, 1998, para. 7 (both of the parties were State – owned companies). Private individuals are also included. *ASKO/Jakobs/ADIA*, Case IV/M. 82, Commission decision of May 16, 1991 (personnel services).

的实施规则，建立一家长期行使独立经济实体全部功能的合营企业也视为合并。

《合并条例》没有对兼并做出具体解释。然而，欧盟委员会公布的《合并通告》指出，[1] 兼并是指两家或两家以上独立的企业合并成一家新的企业，这两家企业停止作为独立的法律实体存在，即我国《公司法》第 173 条规定的新设合并；或者一家企业吸收另一家企业，前者保留其法律实体，而后者停止作为独立的法律实体存在，即吸收合并。此外，即使不是法律意义上的兼并，但是如果两家独立企业的经营活动的结合也可以产生统一的经济组织，即我们常说的企业联营。[2]

在某些情况下，收购少数股份也属于《合并条例》的调整范围。事实上，为了《合并条例》之目的，欧盟委员会日益扩大了对控制权的解释，将越来越多的合并交易纳入其监管范围。有些时候，虽然独立企业间的少量投资或者联系的交易不足以构成《合并条例》所说的控制、不受《合并条例》的调整，但是这些交易仍可能受到《欧盟运作模式条约》（Treaty on the Functioning of the European Union）第 101 条或者第 102 条的制约。[3] 然而，实践中，欧盟委员会在近些年来并没有把适用条约第 101 条或第 102 条看成是一种优

---

[1] See Commission Notice on the concept of a concentration under Council Regulation 4064/89 on the control of concentrations between undertakings, 1998 O. J. C66/5, http：//europa. eu. int/comm/ competition/ mergers/ legislation/co406489_ en. pdf.

[2] See e. g., *RTZ/CRA*, Case IV/M. 660, Commission decision of December 7, 1995, para. 5 (RTZ Corporation and CRA Limited merged their activities through a so – called "dual listed" company structure under which each entity remained separately listed but otherwise operated as a single company)；*KLM/Alitalia*, Case COMP/JV. 19, Commission decision of August 11, 1999, paras. 1 – 17 (airline industry)；and *ECS/IEH*, Case COMP/M. 2857, Commission decision of December 23, 2002, paras. 8 – 9 (production, transport, distribution and supply of electricity) (the parent of the buyer had a minority non – controlling shareholding in the seller; the transfer of clientele from the seller to the buyer, in ex – change of a participation to the benefits of the buyer and a repurchase by the seller of part of its capital held by the parent of the buyer for a nominal price, was considered as a transfer of assets and thus a concentration within the meaning of the Merger Regulation).

[3] 1992 年《欧盟条约》（the Treaty establishing the European Community：Treaty on European Union）第 81 条或者第 82 条的制约。See, e. g., *AT&T/NCR*, Case IV/M. 50, Commission decision of January 18, 1991 (office machinery and computers) (AT&T's 20% holding in Olivetti's parent company)；*Courtaulds/SNIA*, Case IV/M. 113, Commission decision of December 19, 1991 (man – made fibers) (Courtaulds' 12% holding in Inacsa)；and *IFINT/EXOR*, Case IV/M. 187, Commission decision of March 2, 1992 (food products and beverages) (IFINT's 5.8% interest in BSN).

先措施，尽管《欧盟运作模式条约》第 101 条和第 102 条的规定与美国《谢尔曼法》第 1 条与第 2 条的规定大体相同。①

在《界定相关企业的通告》中，欧盟委员会对相关企业概念作出了解释。② 通告指出，相关企业是指兼并或者收购相关控制利益的直接参与者。在兼并情况下，相关企业是指参与合并的企业；在其他情况下，获得控制的概念决定了哪些是相关企业。

二　反垄断法调整下的企业并购方式

（一）　横向合并

横向合并（Horizontal Merger），亦称水平型合并，系指生产或销售相同或相似产品的企业之间的合并。横向合并有利于迅速扩大企业的市场份额，增加企业的竞争能力和垄断或寡占实力，且风险较小，合并双方容易整合。然而，横向合并的直接结果就是减少市场参与者的数量，增强市场的集中度。增强的市场集中度又容易引起竞争者协调他们之间的行为，最终严重减少竞争，因而许多国家皆持谨慎态度，它一直是各国反垄断法的规制重点。

在横向合并中，合并引起市场上竞争者数量的减少容易使企业在价格或者其他竞争条件上达成共谋，并对违反共谋协议的企业施加惩罚；竞争者数量的减少也允许市场上的企业准确判断竞争对手的价格变动而不需要

---

① 第 101 条是有关禁止限制竞争协议的规定，而第 102 条是禁止滥用市场支配地位的规定。《欧盟运作模式条约》第 101 条第（1）款原则禁止一切可能影响成员国之间贸易的，以阻止、限制或扭曲竞争为目的或产生此结果的协议、决定或协同一致的行动。同时第（3）款规定了限制竞争协议的豁免须符合四个条件：有利于提高产品的生产销售或有利于经济发展和技术进步；消费者可以分享效率提高带来的收益；为达到上述目的而限制竞争是不可避免的；没有排除相关企业产品竞争的可能性。另外，对竞争造成的影响必须是可见的。《欧盟运作模式条约》第 102 条规定，构成滥用市场支配地位需要三个条件：一家或多家企业在共同市场具有支配地位；滥用支配地位；对成员国之间的贸易具有现实或潜在的影响。支配地位、滥用和滥用获得的利益包括在相邻市场。第 102 条列举了过高定价、掠夺性定价、价格歧视、拒绝交易、搭售、限制生产销售或技术开发等滥用支配地位的行为，但并不限于这些情形。

② See Commission Notice on the concept of undertakings concerned under Council Regulation 4064/89 on the control of concentrations between undertakings, 1998 O. J. C66/14, http：//europa. eu. int/comm/competition/merger s/legislation/un406489_ en. pdf.

与其达成任何明确协议,最终便利寡占的相互依赖。

　　横向合并也容易产生具有重要市场力的单个企业,增强企业单方面提高价格的可能性,尤其是在企业消灭其最直接竞争对手的时候。增强的集中度也会提高企业对其竞争对手进行掠夺行为的能力,最终导致市场中的产品价格大幅提高。

　　在相关市场上,合并企业的市场份额和集中度水平是评估横向合并竞争效果的起点。然而,根据现实生活的经验,管辖国法院和反垄断执行机构一般不愿意完全依靠市场份额对个别交易可能的竞争效果进行详细分析,这是因为即使在高度集中的市场上,市场进入的容易性也能够削弱企业涨价的能力;另外,其他市场条件也能阻止市场参与者使用合并增强的集中度。因此,在美国《2010年横向合并指南》中,美国司法部和联邦贸易委员会指出,市场份额并不能完全反映市场内企业的竞争重要性或者合并的影响。它需要与其他的竞争效果证据共同使用。[1]

　　美国《2010年横向合并指南》详述了联邦反托拉斯执行机构在合并审查过程中所考虑的内容。这些内容涉及反竞争效果的证据、目标客户与价格歧视、市场界定、市场参与者和市场份额以及市场集中度、单边效应、协同效应、强势买方、市场进入、效率、破产与退出资产、竞争性买方的合并以及部分收购等。

　　欧盟委员会《横向合并指南》[2]也从六个方面解释了适用于竞争者之间集中的分析评估框架,包括:市场份额和集中门槛;横向合并在相关市场具有反竞争影响的可能性;买方力量抵消合并产生市场力增长的可能性;

---

[1] 美国反托拉斯执行机构先后颁布了六个合并指南,分别是《1968年合并指南》《1982年合并指南》《1984年合并指南》《1992年横向合并指南》《1997年横向合并指南》《2010年横向合并指南》。其中,1968年和1982年合并指南完全被以后的合并指南所代替。1984年的合并指南也为后来实施的合并指南所替代,但是该指南第四部分非横向合并的横向效果(Horizontal Effect from Non–horizontal Mergers)仍然有效。1992年4月2日,美国司法部和联邦贸易委员会联合发布了横向合并指南,指南在1997年4月8日经过修改。2010年8月19日,美国司法部和联邦贸易委员会又联合发布了新的横向合并指南。

[2] See Commission Guidelines on the assessment of horizontal mergers under the Council Regulation on the control of concentrations between undertakings, 2004 O. J. C31/05, http://europa.eu.int/eur-lex/pri/en/oj/dat/2004/c_031/c_03120040205en00050018.pdf.

市场进入在相关市场保持有效竞争的可能；效率抵消合并所引起的竞争有害效果的可能性以及破产公司抗辩的条件。

由于相关企业有限的市场份额，欧盟委员会通常会将这些没有引起阻碍有效竞争的集中视为与共同市场相协调。在《横向合并指南》中，欧盟委员会指出，在不损害《欧盟运作模式条约》第101条和第102条的规定的情况下，特别是相关企业在共同市场或者其实质部分所占市场份额不超过25%时，委员会将宣布这种结果。目前，欧盟委员会比以往更加重视对市场份额达到30%～40%的合并交易进行审查，尽管在这些合并中，交易当事人并不是最为紧密的竞争者。[①] 对于市场份额在50%以下的交易，《横向合并指南》认为，考虑到诸如竞争者的能力和数量、产量瓶颈的存在或者合并当事人产品的替代程度等因素，这些合并交易可能引起竞争问题；对于市场份额超过50%的交易，《合并条例》假定这种情况在特殊场合时可以作为存在市场支配地位的证据[②]，而《横向合并指南》也证实了这种假定[③]。

（二）纵向合并

纵向合并（Vertical Merger），又称垂直型合并，是指处于生产过程或经营环节相互衔接、密切联系的企业之间，或者具有纵向协作关系的专业化企业之间的结合。这里的"纵向"或者"垂直"意指有着供应商和客户关系的公司之间的经济安排。

[①] See, e. g., *Tetra Laval/SIG Simonazzi*, Case COMP/M. 3746, Commission decision of July 25, 2005, paras 22–26 (Commission approved a transaction giving rise to a 30%–40% share, inter alia, because most customers did not view the parties' products as being close competitors)

[②] See *Akzo v. Commission*, Case C–62/86, 1991 E. C. R. I–3359, paras. 59–61. Even in that case, however, the Commission noted that "(m)arket share, while important, is only one of the indicators from which the existence of a dominant position may be inferred…To assess market power for the purposes of the present case, the Commission must consider also the relevant economic evidence."

[③] See Horizontal Mergers Guidelines, para. 17. See also *ECS/AKZO*, Case IV/30. 698, Commission decision of December 14, 1985 (1985 O. J. L374/1), paras. 68–69 (chemical products). Note, though, *BBI/Boosey & Hawkes*, Case IV/32. 279, Commission decision of July 29, 1987 (1987 O. J. L286/36), para. 18 (Commission stated in relation to an alleged market share of 80%–90% held over 20 years that "a high market share does not however on its own create a presumption of dominance").

纵向合并分为两种类型，分别是：下游合并和上游合并，这种分类取决于企业收购的是产销链早期的企业，还是产销链后期的企业。一般来讲，收购供应商是上游垂直合并，而收购客户是下游垂直合并。在纵向合并中，合并双方往往是原材料供应者和产成品购买者，所以对彼此的生产情况比较熟悉，有利于合并后的相互融合。纵向合并的优点除了扩大生产规模，节约共同费用的基本特性外，主要是可以使生产过程各个环节密切配合，加速生产流程，缩短生产周期，节约资源和能源。

与横向合并固有的反竞争结果相比，纵向合并通常没有内在的反竞争特征；然而，纵向合并还是有着产生几种反竞争影响的潜在可能性。这些潜在可能包括：第一，市场封锁引起丧失公平竞争机会；第二，促进市场参与者的共谋；第三，使合并后的企业逃避价格监管。

在美国，《1984年合并指南》把市场封锁（Market Foreclosure）看成是纵向合并的一种潜在竞争危害。然而，《1984年合并指南》强调，这些反竞争的影响在有限情况下才可能发生，美国司法部不可能根据封锁理论反对合并，除非相关市场存在高度集中，例如赫芬达尔－赫希曼指数（Herfindahl－Hirschman Index，以下简称HHI指数）超过1800。[①]《1984年合并指南》也强调了纵向结合的有利影响，指出反托拉斯执行机构会更多地考虑纵向合并中的效率因素，而这种情况不会在横向合并情况中发生。

从1990年初开始，美国司法部和联邦贸易委员会提出了更加侧重经济学考虑的封锁理论。这个理论不是简单地侧重封锁的事实，而是考虑竞争在不同水平产出的实际影响。司法部和联邦贸易委员会指出了封锁会给竞争对手可能造成反竞争影响，如通过阻止下游竞争对手获得必要的原料或者提高对手的成本（输入封锁），或者拒绝产品在下游的输出，提高处于上游的竞争对手的成本（下游封锁）。

纵向合并会在一个或者多个水平的产出或服务上减少横向竞争，这主要是由于合并企业能够促进竞争者之间的共谋。美国《1984年合并指南》提出了两种情况，分别是：上游企业纵向合并进入零售行业，控制下游价

---

① HHI指数是美国反托拉斯执行机构衡量市场集中度水平的主要指标。该指数是将市场所有参与者的市场份额平方后再相加计算出来的。HHI测量将市场集中大致分为三种情况，即没有集中的市场（HHI < 1000），中度集中的市场（1000 < HHI < 1800）和高度集中的市场（HHI > 1800）。

格，从而促进上游市场的共谋；通过纵向合并在下游市场消除具有破坏性质的买家可以促进上游市场的共谋。总之，根据《1984年合并指南》，除非上游市场的集中度达到一定程度（如 HHI 指数高于 1800 或者集中度虽低但共谋还是可能发生），且具有很强破坏性的企业在购买数量或者其他相关特征上与市场上的其他公司明显不同，否则司法部不可能根据这些理由反对纵向合并。

此外，美国反托拉斯执行机构还主张，纵向合并能够使受管制的垄断或者寡占逃避监管，在受管制的市场或者邻近市场使用市场力。《1984年合并指南》认为，纵向合并允许公用事业逃避价格管制的影响。在英国电信和美国 MCI 通信公司的合并案中，美国司法部以逃避价格管制反对英国电信收购美国 MCI 通信公司 20% 的股票。①

在欧盟，《合并条例》规定"在评估合并时，欧盟委员会应考虑……相关企业的市场地位及其经济和财务能力，供应商和用户的其他选择，企业取得供货或销售的机会……"在纵向合并情况下，委员会关注的问题涉及"上游输入"和"下游输出"，考虑确定纵向合并对这种市场进入的影响。

根据《合并条例》，当纵向结合的公司在一个或多个生产和销售水平上具有或者即将具有市场力，② 且合并交易与竞争伤害存在因果联系时，欧盟委员会将反对该项合并。③ 实践中，欧盟委员会通常从一开始就侧重考虑合并是否封锁了市场的准入以及促进了竞争者之间的共谋。近年来，欧盟委员会比以前更加全面地考虑纵向合并可能的效果，包括在一些合并中所谓

---

① See MCI, Communs., 1994 - 2 Trade Cas. (CCH) 70730. See also Entergy Corp., 66 Fed. Reg. 9342 (FTC Feb. 7, 2001) (consent decree in connection with acquisition by electric and gas utility of interest in gas supplier providing certain protections to assist regulators in preventing utility from avoiding regulation by paying inflated prices to gas supplier and profiting therefrom).

② See, e. g., *Hilton/Accor/Forte/Travel Services JV*, Case COMP/M. 2197, Commission decision of February 26, 2001, para. 31 (hotels).

③ See, e. g., *De Beers/LVMH*, Case COMP/M. 2333, Commission decision of July 25, 2001 (2003 O. J. L29/40), where the formation of a retail joint venture would not effect any structural change in the diamond market, on which De Beers was dominant, but would instead be a consequence of De Beers' independent decision to pursue a new diamond branding strategy.

的还相当微弱的反竞争效果。[①]

2008年11月8日，欧盟委员会根据其自1990年以来评估非横向合并所积累的经验以及欧盟法院、欧盟初审法院的判例法通过了《2008年非横向合并指南》。《2008年非横向合并指南》指出，当非横向合并后的新实体在相关市场内的市场份额低于30%且合并后HHI指数低于2000时，无论该合并存在协调还是非协调效果，欧盟委员会都不会认定其存在竞争忧虑。

实践中，欧盟委员会只有在特定情况下才会对非横向合并进行广泛调查，这些特定情况涉及存在如下一种或者多种因素。

（1）合并使一家公司很可能在不久的将来迅速扩张，例如存在某种创新；

（2）市场参与者之间存在严重的交叉持股或者董事兼任；

（3）过去或当前存在协调的迹象，又或者存在便利该种实践的可能。

在审查纵向合并时，欧盟委员会将从非协调效应和协调效应两个方面进行分析。

《2008年非横向合并指南》指出，纵向合并在非协调效应下的反竞争影响是产生封锁。当实际或者潜在竞争对手因合并被限制或者排除进入供应环节或者市场时，该合并就引起了封锁。这种封锁可能会阻碍竞争对手的市场进入或扩张，又或者迫使竞争对手退出竞争。即使竞争对手没有退出市场，欧盟委员会也会认定存在封锁：只要证明竞争对手因处于不利地位导致不积极参与竞争即可。非协调效应情况下存在两种不同的封锁，第一

[①] See, e.g., *The Coca-Cola Company/Kar-Tess Group*, Case COMP/M.1683, Commission decision of February 7, 2000, paras. 32-37. The Commission identified adverse vertical effects resulting from the formation of a joint venture between The Coca-Cola Company ("TCCC") and Kar-Tess, to which TCCC would contribute Coca-Cola Beverages ("CCB"), the bottler of its beverages in Italy and Austria, and Kar-Tess would contribute Hellenic Bottling Company ("HBC"), the bottler of TCCC beverages in Greece and Ireland. Kar-Tess also owned Frigoglass and Norcool, which produced cooler cabinets used to display commercial beverages. Frigoglass and Norcool accounted for only around 20% of EEA sales of coolers. In addition, it was by no means clear that TCCC (together with its independent bottlers) was a dominant purchaser of coolers sold in the EEA. The Commission nevertheless expressed concern that TCCC, as a result of its participation in the joint venture with Kar-Tess, could influence the decisions of its independent bottlers to source coolers from Kar-Tess. TCCC's interest in shifting cooler sales to Frigoglass and Norcool was thought likely to arise from the fact that HBC owned a 20% share in Frigoglass and Norcool. Accordingly, through its acquisition of an equity interest in HBC, TCCC would benefit to a limited extent in Frigoglass' and Norcool's profits. To secure approval, the Commission required Kar-Tess to sell Frigoglass and Norcool.

种情况是合并有可能通过限制下游竞争对手取得重要投入来提高其成本（即投入封锁）；第二种情况是合并有可能通过限制上游竞争对手取得充分的客户群进行封锁（即客户封锁）。此外，纵向合并还存在其他非协调性效应，如合并后的实体通过纵向整合有可能取得竞争对手上、下游活动的商业敏感信息，使其处于不利地位，从而阻止它们进入市场或者在市场内扩张。

纵向合并会增加竞争对手协调的可能性。欧盟委员会《2008年非横向合并指南》指出，与横向合并一样，纵向合并会改变竞争的本质，从而使以前没有协调行为的企业现在更有可能进行协调，提高价格或者损害有效竞争；纵向合并还有可能使竞争者之间的协调比合并前更为容易、更加稳定或者更为有效。纵向合并很可能在容易达成协调条件的市场内出现。此外，维持协调还需要三个条件。一是进行协调的企业必须能够充分监控协调各方是否遵守了协调条款；二是存在某些吓阻机制，当有企业存在背离协调条款的行为时，能够启动该机制对这些企业进行惩罚；三是圈外人的反应，例如没有参与协调的当前和未来的竞争者以及客户不会损害协调的预期结果。

（三）混合合并

混合合并（Conglomerate Merger），又称集团型合并，系指没有内在联系的企业之间的合并。其中，合并企业之间既不是实际或者潜在的竞争者，也不存在实际或者潜在的客户和供应商关系。

实践中，两种类型的混合合并与横向合并有很多相似之处：企业间的产品延伸合并，合并企业生产的产品是相互关联或者具有互补性的，但没有直接的竞争关系；企业间的地理延伸合并，合并企业虽然生产或者销售相同产品，但在不同地域相互竞争。

混合合并是企业发展战略和多元化经营战略组合，它有助于减少长期经营一个行业所带来的危险，有利于实现经营的多元化，另外由于它既非竞争对手，又非现实中或潜在的有客户或供应商关系的企业间合并，因此，它对竞争没有直接的限制性影响。

美国某些早期案件表明，混合合并能够保护市场内具有支配地位的企业或者可能产生互惠交易，从而违反《克莱顿法》第7条的规定。然而，近来美国反托拉斯执行机构几乎总是认为混合合并对竞争的影响是中性的或者是积极的,尽管总是有一些合并案件被美国的反托拉斯执行机构归为纵向合并,却与欧盟视为混合合并的案件有着相同的特征。[1]

在欧盟,欧盟委员会表示,混合合并后的企业比其他企业更容易采用掠夺战略,使用其财务能力排挤竞争对手。即使企业没有利用这种策略,企业具有这种必要方法的事实也足以约束处于劣势的竞争对手。然而,更为重要的是,当混合合并企业在一些市场上有着重合存在时,他们并不愿意相互竞争。

欧盟委员会主要关注某些互补或者替代产品的混合合并,由于这些产品在其相关市场上具有市场支配地位,因此,合并可能产生排他行为、封锁竞争者或者使他们处于不利地位,从而最终使他们退出市场。欧盟委员会也在尽力确定合并企业是否限制他们与竞争对手协同工作的能力,由此封锁竞争供应商。

2002 年,欧洲初审法院在 Schneider[2] 和 Tetra[3] 两个具有里程碑的判决中证实了在混合合并审查时可以适用混合杠杆理论,但是法院仍然要求欧盟委员会必须满足很高的举证标准。法院在 Tetra 案中指出,合并仅具有杠杆作用的可能性不能成为交易在将来所有可能的情况下产生或者加强市场支配地位的证据。2005 年 2 月,欧洲法院在该案的上诉判决中指出,委员会必须提供令人信服的证据支持合并在未来会产生反竞争混合影响。[4] 2005 年,欧洲初审法院在通用电气案中[5]证实了 Tetra 案的分析框架,部分废止了欧盟委员会关于混合效果的禁止决定。在 Schneider、Tetra 和通用电气案后,欧盟委员会在审查合并时必须准确解释:在混合合并情况下,怎样适用任何反竞争损害理论推测出合并存在竞争问题。为此,欧盟委员会不得不颁布实施了《2008 年非横向合并指南》对实践给予指导。

---

[1] See Richard Burnley, "Who's Afraid of Conglomerate Mergers? A Comparison of the US and EC Approaches" [2005] 28 (1) *World Competition*, pp. 43 – 70.

[2] See *Schneider Electric v. Commission* ("Schneider") Cases T – 310/01 and T – 77/02, 2002 E. C. R. II – 4071.

[3] See *Tetra Laval B. V. v. Commission* ("Tetra Laval"), Cases T – 5/02, 2002 E. C. R. II – 4381 and T – 80/02, 2002 E. C. R. II – 4519.

[4] See *Commission v. Tetra Laval B. V.* ("Tetra Laval ECJ"), Case C – 12/03 P, 2005 E. C. R. I – 987.

[5] See *General Electric Company v. Commission* ("General Electric"), Case T – 210/01.

《2008年非横向合并指南》指出混合合并在大多数情况下不会引起竞争问题，只有在某些特定情况下才会损害竞争。评估时，欧盟委员会将考虑当事人证明的源自混合合并可能存在的有利于竞争和反竞争效果。

在评估混合合并的非协调效应时，欧盟委员会首先会审查合并后的企业是否有能力封锁竞争对手；接着会分析合并后的企业是否有动机进行封锁；最后会考虑封锁策略是否对竞争产生显著不利的影响从而损害消费者。

《2008年非横向合并指南》进一步指出，混合合并在某些情况下会方便市场内的反竞争协调，这甚至在缺乏协议或者协调一致的做法时也会发生。混合合并在既定市场内影响协调结果可能性的一种方式是通过减少有效竞争者的数量使默示协调成为某种真实可能。混合合并发生后，当竞争对手仍然在市场内，它们会发现自己完全处于不利地位，其结果是被封锁的竞争对手不去选择与协调行为进行抗争，转而维持高价，损害消费者。此外，混合合并还会增加多边市场竞争的范围和重要性。竞争在多个市场内相互作用，提高了协调约束机制的范围和有效性，从而确保进行协调的各企业能够遵守协调规则。

三　全球化与企业并购

（一）全球化的概念及其利弊分析

"全球化"一词最早是由T·莱维特（Theodore Levitt）于1985年在其《全球化的市场》一文中提出。[①] 莱维特使用全球化来描述产品、服务、资金和技术迅猛和普遍的越国界流动。按照阿尔弗雷德·阿曼（Alfred C. Aman）对全球化的解释，全球化是指在世界范围内发生的复杂、动态的法律和社会过程。[②] 事实上，这种过程首先是伴随着货物和生产要素在全球

---

① According to a recent Organisation for Economic Cooperation and Development (OECD) publication, the term was first used, in 1985, by Theodore Levitt - 'Globalisation of Markets', (in Kantrow, A M, Sunrise…Sunset: Challenging the Myth of Industrial Obsolescence; New York: John Wiley & Sons; 1985, pp. 53 - 68). Levitt used the expression to characterise the vast changes that have taken place over the past two decades in the international economy - the rapid and pervasive diffusion around the world of production, consumption and investment of goods, services, capital and technology.

② See Alfred C. Aman, Jr., "The Globalizing State: A Future - Oriented Perspective on the Public/Private Distinction", *Federalism and Democracy*, 31 VAND. J. TRANSNAT'L L. 769. 780 (1998).

范围内迅速和深入流动而开始的,即经济的全球化。①

1980 年以来,经济全球化速度大大加快,特别是生产要素的流动更是以前所未有的速度扩张,主要表现为资本以及体现在资本中的技术流动性增大和配置效率的提高。全球化给世界带来了巨大的影响,这其中包括:进一步深化了各国的产业结构调整,在世界范围内形成了生产体系;为世界贸易的自由化奠定了基础;推动了企业的跨国并购,企业的全球化经营战略也随之发生变化;加大了国际金融市场的风险,迫使国际金融机构加大监管力度;全球化给欠发达国家追赶世界水平创造了机会,同时也提出了严峻挑战;全球化导致了国际关系发生深远变化,相互协调将成为时代的主旋律;全球化使得各国经济形成"你中有我,我中有你"的局面,相互依存进一步加强;经济全球化与科学、技术的进步相互作用,人类也进入知识经济时代。②

全球化不仅是一种经济现象,它还是一种文化现象、政治现象。说它是一种经济现象,是因为它使生产活动全球化,世界多边贸易体制形成,各国金融日益结合,投资活动遍及全球,全球性投资范围框架开始形成,跨国企业的作用进一步加强,经济贸易往来和人才的流动呈现世界性;说它是一种文化现象,是因为国际社会存在着共同的利益,人类的文化行为、文化创造具有普遍性、共同性,文化可以超越不同国家、不同社会制度、不同意识形态;说它是一种政治现象,是因为经济的全球化、文化的全球化要求各个民族国家承认、维护和促进世界政治体系的共同标准,它要求各个民族国家必须把自己的政治发展纳入全球化的轨道。③

全球化是国际化的一个分支。国际化在几个世纪以前就已经开始,它主要表现为数个国家或者一些国家之间以各种方式进行的交流和合作。而全球化是整个世界范围内的国家之间进行的交流与合作,这些活动发生在

---

① 经济全球化是指国与国之间的经济通过产品、服务、资金和技术的跨越国界流动,摆脱国家管制,互为联系,互为依存,并且使这种联系与依存不断深化的过程。经济全球化主要表现在三个方面,即贸易自由化、生产国际化和金融一体化,其中生产国际化是其核心。
② 黄晋:《跨国公司并购的发展趋势及其法律问题的研究》,硕士学位论文,大连海事大学,2002。
③ 黄晋:《跨国公司并购的发展趋势及其法律问题的研究》,硕士学位论文,大连海事大学,2002。

整个世界或者一个地区,又或者是这个世界的某些地区。

全球化在给世界和人类带来福利的同时,也产生了许多负面的影响:造成贫富差距扩大;增强了全球金融市场风险;使发展中国家对发达国家的依附性更强;使全球生态系统遭到过度开发和破坏;削弱了民族国家的主权,使权力集中在几乎不受任何监督控制的少数跨国企业的手里;以及损害了工会权利等。[1]

全球化造成的上述问题与全球化的本质是分不开的。全球化仍然是在国际经济旧秩序没有根本改变的情况下形成和发展的,其本质是由发达国家为主导的全球化。今天,世界仍是由发达资本主义国家起主导作用。全球化由发达资本主义国家推动,所以其更多地符合发达国家的利益。全球化的另一个本质是发达资本主义国家在全球范围内进行的产业结构调整。这种产业结构调整使发达资本主义国家能够把其内部的某些产业当中的部分环节转移出去。而这种转移正是通过企业对外进行投资和并购来实现的。发达国家的企业在全球范围内扩张,其结果是资本主义国家的资本及其势力遍及世界各个角落。经济全球化的第三个本质是世界经济运行规则的全球化,其实质是市场经济规则在全球范围内拓展的过程。市场经济规则由两部分组成:一是微观市场规则,主要是少数一些国家将其国内的市场运行规则在全球推行,如企业在全球扩张所形成的市场规则(美国模式);另一种是宏观经济规则,它是由 WTO、IMF 和世界银行等国际经济组织在各种多边安排下所制定或形成的正式制度或规则。[2]

从经济全球化的本质我们可以看出,拥有世界绝大多数资本的发达国家及其跨国企业是当前全球化的最大受益者。但是,事实上,如果发展中国家拒绝接受不平等,那么他们则面临经济发展速度更慢的代价,这似乎更加让人难以接受。然而,发展中国家即使参与全球化进程也并不表示能够赶上发达国家,这是由于发展中国家对资本市场缺乏有效的管理,市场经济法律制度极不健全,缺乏人才和经验。有些时候,发展中国家甚至可能因此而损失惨重,例如亚洲金融危机的惨痛教训至今令人记忆犹新。看

---

[1] 黄晋:《跨国公司并购的发展趋势及其法律问题的研究》,硕士学位论文,大连海事大学,2002。

[2] 黄晋:《跨国公司并购的发展趋势及其法律问题的研究》,硕士学位论文,大连海事大学,2002。

来如何正确、有效地对待全球化，如何在全球化的过程中发展壮大已成为发展中国家深刻思考的问题。[①]

（二） 全球化与企业并购的发展

企业并购促进了国际直接投资的发展，加速了全球化的进程。尽管2008年以来的金融危机正在向深入发展，然而正是由于经济低迷更方便企业跨国并购廉价资产，因此当前跨国并购的活动仍然有所增加，特别是以中国为首的金砖国家收购发达国家原料、金融、工业、能源与动力和高科技产业等行业的企业。2010年，跨国并购交易值上升了36%，进入发展中经济体的跨国并购值翻了一番。2011年，跨国并购上涨53%，达到5260亿美元。[②] 2013年前7个月的跨境并购交易额已达到3840亿美元。[③]

当前，企业跨国并购的一个新的重要特征是企业投资增长主要推动力来自于集合投资基金（Collective Investment Funds），包括私人股权投资基金和相关基金。由于2003年以来发达国家前所未有的低利率和金融一体化等因素的推动，私人股权投资基金开始在海外进行直接投资，2005年达到了1350亿美元，占当年企业跨国并购总值的19%。与其他类型的企业跨国并购不同，私人股权投资基金一般不做长期投资，售出股权的时间为5～10年，平均为5～6年。

此外，跨国企业在微观层面上以其卓有成效的生产有力地推动了各种生产要素的国际流动和优化组合，带动了并购数量的增加。2012年，全世界已有103786家跨国公司，海外子公司共计892114家，这些跨国公司及其子公司控制了全球产出的40%以上，世界贸易的60%以上，全球技术转让的70%以上和国际直接投资的90%左右。[④] 跨国企业通过并购实现了交易内部化、生产过程跨国化和国际生产公司化，从而真正实现了世界经济跨国企业化的目的。

[①] 黄晋：《跨国公司并购的发展趋势及其法律问题的研究》，硕士学位论文，大连海事大学，2002。

[②] 詹晓宁、葛顺奇：《2012年世界投资报告：迈向新一代全球投资政策》，http：//www.360doc.com/content/12/0713/14/2666914_223979364.shtml。

[③] 汤森路透：《前七月全球跨国并购额降31% 创2009年以来新低》，http：//finance.china.com.cn/industry/hotnews/20130826/1756827.shtml。另见http：//www.allbrightlaw.com。

[④] 李长久：《跨国公司的力量和启示》，http：//www.ssbgzzs.com/ssbg/gjds/201212/t20121204_966526.shtml。

在促进全球化发展的同时,企业并购也受到全球化的深远影响。众所周知,经济全球化和逐渐开放的世界市场,一方面给跨国企业提供了更为广泛的市场容量,使其有必要和可能展开大规模的生产和销售,以实现规模经济;另一方面也使跨国企业面临全球范围内的激烈竞争,原有的市场份额及垄断格局将不可避免地受到挑战,跨国企业面临重组的压力。为实现其全球战略与全球经营策略,企业要求在全球范围内实现低成本生产和最高价格销售,尽可能提高全球市场占有率。企业强强联合和并购正是实现这一目标的具体途径。[1]

企业跨国并购是资本主义生产进行国际规模集中的一种垄断形式,事实上,它更多地体现了现代资本主义积累的规律——剩余价值生产和实现的国际化、长期化、稳定化,其物质基础在于科技革命和国际分工的深化。企业跨国并购是以发达国家为主导的世界范围内产业结构的调整,这一过程积聚了人类历史上空前的储备资源、金融技术、法律手段、政府功能,它不仅关系到发达国家经济,而且也关系到发展中国家及其企业的发展。[2]

需要注意的是,国际金融危机不但冲击了各国经济运行,也延缓了以跨国公司跨国并购、重新配置全球价值链条为突出特征的经济全球化进程。当前,随着金融危机的继续深入,各国政府对于直接外资在本国经济不同行业中的参与程度持更加挑剔的态度。根据《2013年世界投资报告》,2008年至2012年撤销的规模最大的跨境并购交易中的211笔交易,每笔交易价值不低于5亿美元。在大多数情况下,并购计划出于商业原因而终止,但也有相当多的计划由于竞争问题、经济效益检验标准和国家安全审查等监管上的关切或政治上的反对而撤销。这类交易的总价值约为2650亿美元,在2012年撤销的所有跨境并购中所占比例约为22%,而在2010年曾达到逾30%的峰值。由于监管顾虑或政治反对而撤销的并购交易主要以采掘业为目标。

---

[1] 黄晋:《跨国公司并购的发展趋势及其法律问题的研究》,硕士学位论文,大连海事大学,2002。

[2] 黄晋:《跨国公司并购的发展趋势及其法律问题的研究》,硕士学位论文,大连海事大学,2002。

第二节　企业并购的经济学基础

一　企业并购理论

(一) 效率理论 (Efficiency Theory)

效率理论认为企业并购活动不仅能够给社会带来潜在的增量，而且能提高交易参与者的效率。这主要表现在企业管理层的效率改进或形成协同效应。所谓协同效应，指的是两个企业组成一个企业之后，其效益要大于原先两个独立企业效益算术和的情况，即 1+1>2 效应。① 效益理论主要包括以下几种理论。

1. 规模效益理论

规模效益理论，又称经营协同效应理论。它是西方经济学家解释企业并购动因的最早的理论之一。所谓规模经济，是指每个时期内，从事产品生产的业务、职能的绝对量增加时，其单位成本下降。该理论假定在行业中存在着规模经济，并且在并购之前，企业的经营水平达不到实现规模经济的潜在要求。它认为，企业并购的动因在于谋求平均成本的下降，因为企业并购将许多生产单位置于同一企业的领导下会带来经营上的规模经济。其来源有三个：一是市场营销的规模经济实力增强，从而充实了企业市场营销的经济基础；二是管理的规模经济效应；三是研究开发的规模经济效应。②

2. 管理协同效应理论

管理协同效应理论认为并购产生的原因在于并购双方的管理效率不同，具有较高管理效率的企业将会并购管理效率较低的目标企业，并通过提高目标企业的管理效率而获得收益。按照该理论，如果某家企业管理效益较高，而且有剩余的管理资源，那么，该企业就会并购那些由于缺乏管理资

---

① J. 弗雷德·威斯通等：《兼并、重组与公司控制》，唐旭等译，经济科学出版社，1998，第172页。

② J. 弗雷德·威斯通等：《兼并、重组与公司控制》，唐旭等译，经济科学出版社，1998，第174页。

源而导致效率低下的企业。[1]

3. 多样化经营理论

多样化经营理论，又称多元化经营理论，它是指企业经营那些收益相关程度较低的资产的情形。企业进行多样化经营，可以分散经营风险，稳定收入来源。多样化经营的形成原因是多样的：首先是名牌商标效应；其次是出于产品上的相互信赖；再次是出于分散固定资产成本的需要；最后是出于减少经营风险，长久占领市场的需要。多样化经营可以通过内部增长和外部并购两种途径来实现，但在多数情况下，通过并购这条途径会更有利，这是因为并购可以使企业在较短的时间内迅速进入目标企业所处的行业，并在很大程度上保持目标企业的市场份额以及现有各种资源。[2]

4. 战略重组以适应变化的环境理论

战略重组以适应变化的环境理论的理论基础在于通过并购活动可以实现分散经营，其另一理论基础是企业通过外部的分散经营，可以获得扩充其管理能力所需的管理技能。该理论隐含了规模经济或挖掘出企业目前未充分利用的管理潜力的可能性，认为并购的发生是由于环境的变化，所需能力的外部并购与内部扩充相比，可以使企业更快地适应环境的变化，并且风险也相对比较小。[3]

5. 财务协同效应理论

所谓财务协同，主要是指并购给企业在财务方面带来的种种效益，这种效益的取得不是由于效率的提高，而是由于税法、会计处理惯例以及证券交易等内在规定的作用而产生的一种纯金钱上的效益。[4] 这主要表现在两个方面：一是通过并购实现合理避税的目的。企业可以利用税法中的亏损递延条款来达到合理避税的目的。此外企业以换股的方法（或先发行可转换债券，经过一段时间再转化为股票的方法）进行并购也可达到避税的目的。二是预期效应对并购的巨大刺激。预期效应指的是由于并购使股票市

---

[1] 干春晖：《并购经济学》，清华大学出版社，2004，第26页。
[2] 干春晖：《并购经济学》，清华大学出版社，2004，第31页。
[3] J. 弗雷德·威斯通等：《兼并、重组与公司控制》，唐旭等译，经济科学出版社，1998，第197页。
[4] J. 弗雷德·威斯通等：《兼并、重组与公司控制》，唐旭等译，经济科学出版社，1998，第28页。

场对企业股票评价产生改变而对股票价格的影响。预期效应对企业并购有重大影响，它是股票投机的一大基础，而股票投机又刺激了并购的产生。

效率理论对解释并购问题有一定的帮助，但是，单纯依靠效率理论进行解释也存在不尽如人意的地方。毕竟并购问题包含着许多方面的因素。

（二） 企业低成本扩张、低风险扩张理论

企业向原有生产方向或向新的生产经营方向的扩张有两条基本途径：一是通过自身投资来扩张；二是通过并购同类企业来实现扩张。两种方法相比较而言，并购往往是效率较高、成本较低、同时风险又较低的扩张办法。这是因为：第一，并购可以有效地减少进入新行业的障碍；第二，并购可以大幅度降低企业发展的风险和成本；第三，企业通过并购的方法扩张时，不仅可以充分利用原企业的资产、销售渠道等优势，还可以获得原企业的经验，如熟练工人、生产技术和管理人员的经验，这使企业拥有成本上的竞争优势。

企业低成本扩张、低风险扩张理论有助于对企业并购进行一般解释。但是，与效率理论相同的是，它仅仅就并购的某一方面做出说明，并没有深入探究并购其他方面的原因。

（三） 市场力理论

市场力是指企业对市场的控制能力。该理论认为，企业并购的主要动因是凭借并购达到减少竞争对手，增强企业对经营环境的控制能力，提高市场占有率，并增加长期获利的机会。现有研究表明，企业通过并购提高市场份额容易使行业内"过度集中"，导致共谋和垄断。而垄断集中程度愈高，它能维持超额利润的时间愈长，强度愈大，由超额利润转化为垄断利润的数额就愈多。[1]

企业并购对增强企业市场力的影响表现在两个方面：一是提高行业集中程度，改善行业结构；二是提高对销售渠道的控制能力。

市场力理论对并购问题具有较强的解释力。研究表明：增强对企业经营环境的垄断性控制和市场上的势力，有助于一家企业顶住经济压力，增强竞争优势，获得长期发展的机会。

---

[1] J. 弗雷德·威斯通等：《兼并、重组与公司控制》，唐旭等译，经济科学出版社，1998，第29页。

(四) 交易费用理论

企业并购的交易费用理论用交易费用经济学的观点来解释企业并购的动机。交易费用经济学的基本结论是：市场机制和企业组织是可以相互替代的，且都是资源配置的有效调节者；市场交易费用的存在决定了企业的存在；对资源的配置与协调，无论运用市场机制还是运用企业组织来进行都是有成本的，市场机制配置资源的成本是交易费用，企业组织配置资源的成本就是企业内部的管理费用；企业组织取代市场，内化市场交易有可能节约交易费用；企业的边界决定于企业内部管理费用和市场交易费用，企业内化市场交易、节约交易的同时会增加内部管理费用，当企业内部管理费用的增加与市场交易费用的节省数量相当时，企业的边界趋于平衡。[①]

现代交易费用理论认为，节约交易费用是资本主义企业结构演变的动力。企业并购实质上是企业组织对市场的替代，是为了减少生产经营活动的交易费用。

交易费用理论对并购有较强的适用性。企业为谋求利润最大化，避开外部环境的干扰，通过内部组织体系和信息传递网络以较低成本在内部转移，其结果是企业在新产品和其他信息开发上的投资得到充分回报，内部价格转移使税收支出极小化。然而，交易费用理论对并购的适用性也是有限的。它仅仅从主观方面对并购问题进行了解释，而较少从国际经济大环境的角度来分析，因而有些偏颇。

(五) 税收效应理论

税收效应理论是从税收对企业并购有利的角度来考虑并购活动的。从并购方看，取得税收减免的优惠是激发企业并购发生的重要因素。企业可以利用税法中亏损递延条款来达到合理避税的目的，即如果某企业在一年中出现亏损，该企业不但可以免付当年所得税，它的亏损还可以向后递延，以抵销以后几年的盈利，企业根据抵销后的盈余缴纳所得税。另外，并购还可以为企业的剩余资金提供出路。[②]

税收效应理论在并购中虽然有一定作用，但是由于它对并购的解释不

[①] J. 弗雷德·威斯通等：《兼并、重组与公司控制》，唐旭等译，经济科学出版社，1998，第30页。

[②] J. 弗雷德·威斯通等：《兼并、重组与公司控制》，唐旭等译，经济科学出版社，1998，第188页。

能发挥主要作用,使得税收效应理论的适用性大打折扣。

二 国际直接投资理论

企业跨国并购是国际直接投资的一种重要形式,因此,国际直接投资理论对企业跨国并购也具有一定的指导作用。

(一) 垄断优势理论

垄断优势理论由美国麻省理工学院的史蒂芬·海默(Stephen Hymer)于20世纪60年代初首次提出,后经查尔斯·金德尔伯格教授等人的补充和发展,最终成为研究对外直接投资最早和最有影响的独立理论。[①]

海默摒弃了长期以来流行的国际资本流动理论惯用的完全竞争假设,提出以厂商的垄断优势来解释跨国企业的对外直接投资(包括并购)。海默认为,完全竞争是一种纯粹情况,现实中的市场条件具有不完全竞争性。在完全竞争的市场条件下,企业不具有支配市场的力量,因此,这时不会有对外直接投资发生,因为这并不会给投资企业增加任何优势。正是由于市场中的垄断结构和不完全竞争的存在,才使企业能够利用国内获得的垄断优势在国外进行直接投资,寻求更大经济利益。

垄断优势理论提出,现实市场里存在至少四种类型的不完全竞争:首先,产品市场的不完全竞争;其次,要素市场的不完全竞争;再次,规模经济引起的市场不完全竞争;最后,政府干预而产生的市场不完全竞争。

关于企业垄断优势的构成,海默和金德尔伯格等人进行了充分的论述,最后归纳为下列几个因素:技术优势、规模经济、资金和货币优势、组织和管理能力等。其中,技术优势是企业垄断优势的核心内容;规模经济则有利于生产的集中,从而形成大企业支配市场的力量源泉;货币和资金优势是企业投资的重要动因;组织和管理能力可以帮助企业最大化地利用企业自身的管理资源,减少管理成本。

垄断优势理论主要针对美国企业的对外直接投资(包括并购),且研究的对象涉及技术、经济实力雄厚的企业。因此,它存在很大局限性,不适用于发展中国家的对外直接投资和中小企业的对外投资。

---

① 干春晖:《并购经济学》,清华大学出版社,2004,第123页。

（二） 产品生命周期理论

产品生命周期理论是关于产品生命不同阶段决定生产与出口产品的国家转移理论。[①] 1966 年，哈佛大学弗农教授首次提出了这一理论。该理论既是一种以新技术为特征的国际贸易理论，也可以用来解释企业的对外直接投资。[②]

弗农将国内市场营销学的概念引入该理论，把产品的生命周期分为创新期、成熟期和标准化期。在产品创新期，创新企业开发新产品并首先在国内生产，获得技术垄断；在产品成熟期，生产企业不断增加，企业之间竞争增强，创新企业开始对外直接投资，降低成本，扩大市场；在产品标准化期，参与生产此类产品的国外企业日益增多，创新企业技术优势不复存在，只能进行新产品开发。

弗农指出，国际直接投资的产生是产品生命周期更迭的必然结果。在弗农的模型中，处于不同阶段的产品对要素条件和成本的考虑是不同的。产品周期理论的本质是从寡占厂商的角度，根据寡占产品的竞争情况，对厂商利用该产品进行对外投资获得寡占利润所作的分析。产品生命周期理论对跨国企业在特定时期对外直接投资进行了实证性研究，然而，随着国际直接投资的迅速发展和投资的多样化，该理论也表现出一定的局限性，如对跨国企业为适应东道国市场需求而进行的差异化生产以及发展中国家的企业对外投资行为无法做出令人满意的解释。

（三） 寡占反应理论

1973 年，美国学者弗雷德里克·尼克尔博克（Frederick T. Knickerbocker）在其论文《垄断性反应与跨国公司》中提出了寡占反应理论。[③] 作为弗农的学生，尼克尔博克将其论述建立在产品生命周期理论框架之内，把对外直接投资按照时间进行了分类：最先进行的对外直接投资为进攻性投资，而随后模仿前者的对外直接投资称为防御性投资。

尼克尔博克的研究主要集中在防御性投资。他指出，在对外直接投资中往往会出现跟随效应。当寡占企业率先在国外进行投资时，同行业的竞

[①] 陈同仇、薛荣久主编《国际贸易》，对外经济贸易大学出版社，1997，第 73 页。
[②] 干春晖：《并购经济学》，清华大学出版社，2004，第 125 页。
[③] Frederick T. Knickerboker, *Oligopolistic Reaction and Multinational Enterprise* (1973), Boston, MA: Harvard Business School Press.

争者为了缩小差距，降低风险并保持双方力量的均衡，往往会紧随其后向同一地区进行投资，导致相关产业的普遍国际化。①

尼克尔博克同时认为，促进企业在海外进行投资的基本条件也同样促进了企业的集中。② 此外，按照尼克尔博克的分析，企业在国外进行直接投资活动和该行业国内集中程度呈正相关，市场份额高度集中的行业其寡占反应比市场份额集中程度低的行业强，同样竞争性对外直接投资在市场份额高度集中的行业也表现得非常活跃。

（四）内部化理论

1976年，英国学者彼得·巴克利（Peter Bukley）和马克·卡森（Mark Casson）在合著的《跨国公司的未来》中首次提出了内部化理论。后来加拿大学者艾伦·拉格曼（Alan M. Rugman）于1981年出版《跨国公司内幕》一书，进一步发展了这一理论。③

内部化理论指出，市场机制的内在缺陷决定了世界市场的不完全性。而这种不完全竞争并非由规模经济、寡占行为、贸易保护和政府干预所引起，而是由于某些市场失灵而导致企业在市场内的交易成本增加。内部化理论从专有知识资产的性质和市场机制的矛盾来论述内部化的必要性，并提出内部化的目标是跨国企业将外部市场内部化，以内部市场代替外部市场，以避免外部市场不完全而造成的损失。④

与垄断优势理论强调跨国企业特有的技术优势不同，内部化理论更强调企业通过内部组织体系以较低成本在内部转移优势的能力。而这种能力使企业能够消除外部市场的不完全，从而获得最大经济利益。这种利益包括：统一协调相互依赖的各项业务而带来的经济利益；制定有效和差异化的转移价格而带来的经济利益；通过市场的内部化消除买方不确定性所带来的利益。

（五）国际生产折中理论

世界著名跨国企业问题研究专家、英国学者约翰·邓宁（John H. Dunning）提出的"国际生产折中理论"，被公认为西方指导跨国企业实践的权威理论。邓

---

① http://www.qgpx.com/a/m/m2/12_08_10_69439.asp.
② 这里的基本条件主要是生产和研究开发的规模经济。
③ 干春晖：《并购经济学》，清华大学出版社，2004，第126页。
④ 干春晖：《并购经济学》，清华大学出版社，2004，第127页。

宁将史蒂芬·海默的"垄断优势理论"、巴克利和卡森的"内部化优势论"和韦伯的"区位优势论"三者紧密结合在一起，把跨国经营的决定因素概括为三类优势，并把这三类优势的拥有程度作为判断企业跨国经营方式选择的依据和条件。①

1. 所有权特定优势（Ownership Specific Advantage）

这主要表现为企业所拥有的某些无形资产，特别是专利、专有技术和其他知识产权。实际上，此种优势是海默等人所称的垄断优势的另一种提法。不过，邓宁认为，仅仅具有某种产品或知识的所有权优势，并不能导致企业一定做出对外直接投资的选择。在其他两种优势不具备的条件下，出口和非股权的技术转让也是实现所有权优势的可行性途径。②

2. 内部化激励优势（Internalization Incentive Advantage）

内部化激励优势是指跨国企业为保护或利用市场不足将所有权特定优势进行内部化转移的优势。它包括跨国企业避免实施转移所有权的成本。跨国公司通过市场内部化避免外部环境的不确定性，同时可以利用市场转移价格机会控制市场产品。③

3. 区位特定优势（Location Specific Advantage）

区位特定优势是指特定国家或地区具有的、其他国家或者地区无法替代的优势。它包括东道国要素禀赋产生的优势如丰富的自然资源，优越的地理位置，完善的政治经济制度，灵活的政策法规形成的有利条件以及投资所具有的完善的基础设施等。④

包括企业所有权特定优势、内部化激励优势和区位特定优势在内的"国际生产折中理论"，对企业跨国并购具有重要的指导意义。对跨国企业来说，当其在国外开设工厂、建立生产基地时，较之当地企业，它的成本可能更高，而收入生产率更低。跨国企业进入国外市场，并不了解国外市场情况、投资法律法规以及诸多相关因素，而学习这些通常是极为昂贵的。但若以并购的形式进入他国市场，跨国企业可省去许多麻烦。比如说，通过并购帮助他国企业摆脱困境从而获得当地政府的广泛支持与合作，这使

---

① 张宇霖编著《跨国公司法律问题》，大连海事大学出版社，1999，第5页。
② 张宇霖编著《跨国公司法律问题》，大连海事大学出版社，1999，第6页。
③ 张宇霖编著《跨国公司法律问题》，大连海事大学出版社，1999，第6页。
④ 张宇霖编著《跨国公司法律问题》，大连海事大学出版社，1999，第7页。

跨国企业的成本更低或者说净收入生产率更高，更愿意运用内部管理协调而非外部市场。

总的来说，上述理论能够解释企业横向跨国并购和纵向跨国并购的动因，然而，这些理论对企业在海外进行混合并购还缺乏足够的说服力。有鉴于此，一些学者还提出企业跨国并购的另外一些重要动因：第一是追求利润，并购作为一种外延扩大再生产的方式，它的产生最初动力就是源于企业家追求利润最大化的动机；第二是提高竞争力，竞争的巨大压力使企业想尽办法降低企业的单位成本，以图获得更多取胜的机会；第三是增长，并购为跨国公司迅速增长提供了机会，这使企业在世界经济浪潮中能够独占鳌头；① 第四是技术，技术也是影响企业并购的因素之一，技术上有优势的企业为利用技术优势，进行并购；技术上处于劣势地位的企业也可以通过并购有优势的目标企业从而提高自身的竞争能力；第五是政府政策和法规，政府的政策和法规经常影响企业并购，如东道国的关税和配额制度以及公司母国为并购提供的宽松或者严格的法律环境；第六是汇率，外汇汇率会从多个方面影响跨国企业的并购；第七是劳动力成本和劳动生产率的差异，劳动力和劳动生产率是生产中的重要因素，提高劳动生产率，降低劳动力成本会给企业带来巨大的经济效益，因此，企业会在低廉的劳动力成本和较高的生产率刺激下，以并购形式占领海外市场；第八是追随顾客，在银行业并购中，长期的银行关系的重要性也是一个主要的因素，当银行的顾客移至他国时，银行也会通过收购其他银行扩展到海外，以便为其长期客户提供优质服务，提高客户的忠诚度，同时吸收其他客户。此外，股票市场的繁荣、确保原材料来源和市场等因素也是推动企业跨国并购的重要因素。

三 企业合并控制理论

（一）政府管制

1. 早期政府管制

在普通法国家，垄断的历史最早可以追溯到伊丽莎白一世（Elizabeth I）时代的英格兰。然而，随着资本主义的发展，大众对垄断的厌恶逐渐扎根

---

① J. 弗雷德·威斯通等：《兼并、重组与公司控制》，唐旭等译，经济科学出版社，1998，第375页。

于英国的政治思想和普通法传统中。因此，在资本主义发展初期，英国等老牌资本主义强国都实行了自由放任的经济政策（Laissez – faire），以避免政府过多干预市场和企业行为。刚刚摆脱殖民统治的美国也接受了英国民主和共和的政治思想以及普通法传统，但是由于其成立之初联邦政府的权力过于弱小，美国在发展早期一直强调联邦政府在市场发展中的重要作用。① 另外，美国宪法没有提到垄断，但是大众还是可以依靠美国宪法中的商务条款进行救济，且美国当时有些州也已经意识到垄断的严重性，因而将禁止垄断的条款明文规定在各自的州宪法中。②

19世纪末，随着第二次工业革命的完成，各资本主义国家都出现了不同程度的垄断和集中。出于对垄断和垄断者的担忧，美国国会在1888年成立了第一个独立监管机构州际商业委员会（Interstate Commerce Commission，ICC）来管理铁路费率。正当该机构开始处理铁路行业的垄断问题时，美国迎来了企业合并的高潮，这次合并高潮一直持续到20世纪初。为遏制托拉斯，减少其对竞争和价格的不良影响，美国国会在1890年通过了《谢尔曼法》。之后，有着"托拉斯轰炸机"称号的美国总统西奥多·罗斯福第一次采取了政府干预措施，以管制托拉斯行为。尽管后来接任的威廉·霍华德·塔夫托几乎无所作为，但是，在他之后当选的民主党总统伍德罗·威尔逊继续高举反对托拉斯的旗帜，通过了著名的《克莱顿法》。

1922~1933年市场失灵导致的资本主义经济空前大危机最终使各国政府认识到政府干预市场、管制企业行为的重要性，美国总统富兰克林·罗斯福在经济危机时期的"新政"成为现代政府干预市场、规制集中的重要里程碑。在美国实行新政后，英国等国家也积极采取凯恩斯（John Maynard Keynes）的经济政策，通过政府大规模干预市场、保护竞争和监管企业行为的方式缓解有效需求不足。最终，这种通过加强政府管制解决市场失灵的微观经济调整方式在第二次世界大战以后成为西方国家普遍的经济现象。

2. 当代政府管制

市场失灵使政府管制成为必然选择。现实世界里，市场存在的许多不

---

① 盛宏清：《汉密尔顿三大报告的思想财富》，http：//www.southcn.com/nflr/xssc/200609121023.htm。
② 例如，1776年马里兰州宪法规定："垄断是可憎的，与自由政府的精神相抵触……应该予以禁止"。

完善如公共产品、① 外部性、② 不完全市场、③ 不完全信息、④ 市场进入壁垒、分配不公平、宏观经济总量失衡等都影响了市场的自我调节机制。此外，市场内处于支配地位的企业滥用市场优势，以及某些企业为了获得规模经济效益，通过联合、合并等手段形成市场垄断，也造成了市场竞争机制的扭曲。有鉴于此，当代西方政府进行了一系列的立法活动，成立了大量的监管机构，以加强政府管制。目前，西方政府管制主要涉及两个方面的内容：社会管制和经济管制，前者主要涉及健康、安全和环境管制，而后者的主要目的在于保护消费者和中小企业。其中，反垄断法中的企业合并控制属于后者。

根据当代政府管制理论，反垄断和管制政策的理想化目标是促进效率的提高，并接近完全竞争的理想状态，换句话说，政府通过管制促进社会净收益的最大化。为实现这一目标，政府机构在执行反垄断管制政策时通常会就收益和成本进行计算，以便评估管制政策的成本和收益并试图使其差额最大化，从而保证经济效益的最大化。目前，西方各国没有显著改变它们限制市场力作用的反垄断政策的目的，只是将管制关注的焦点从单个垄断者转向合并、杠杆收购以及其他一些可能最终影响市场行为的合并与重组公司的金融交易。对于这些合并交易，管制经济学家建议分类进行管制，以突出管制的重点。由于横向并购比混合并购和纵向并购更容易潜在地破坏竞争机制，反垄断执行机构更加着重对横向并购进行管制。它们希

---

① 公共产品是指具有共同消费性质的物品，比如国防、基础设施等物品。它不会因为多一个消费者而被耗尽，也无法排除其他人消费该产品。这样，每个社会成员都可以从公共产品中受益，这就容易产生不付费就受益的"免费搭车"（Free－Ride）问题，导致公共产品的提供者在成本与收益上发生不对称问题。因此，如果单纯依靠市场机制的调节，其结果必然会导致社会所需要的各种公共产品在供应量上不足。

② 在现代经济学理论体系中，所谓"外部性"也称外在效应或溢出效应，主要是指一个经济主体的活动对旁观者福利的影响，这种影响并不是在有关各方以价格为基础的交换中发生的，因此其影响是外在的；如果给旁观者带来的是福利损失（成本），可称为"负外部性"或者外部不经济性；反之，如果给旁观者带来的是福利增加（收益），则可称为"正外部性"或者外部经济性。

③ 不完全市场是指市场体系不完整或不完善，从而使经济主体无法获得与自己经济行为相关的价格信息或不能在时间选择上加以配合，导致市场机制无法有效运作。

④ 市场完全竞争的一个基本假定是信息是完全的。但是现实生活中的情形往往不是这样的，信息一般是不完全的，而且获得信息往往要付出成本。信息的不完全性和相应发生的信息成本会影响市场机制运行的结果，影响市场的资源配置效率。

望通过收益成本的分析方法,评估出合并是否严重损害竞争。

(二) 产业组织理论

1. 完全竞争

早期古典经济学和新古典经济学的代表人物都非常推崇市场与自由竞争。他们认为,国家没有必要去处理资本配置问题,这些问题应交给市场去完成,由"看不见的手"去调节社会经济生活的比例与秩序。在新古典主义经济学大行其道时,作为新古典主义的代表人物,马歇尔提出了产业组织概念。他指出,产业和生物组织体一样,是一个伴随着组织体中各部分的机能分化(企业内的分工和社会分工)和组织各部分之间紧密联系和联合(企业兼并和准兼并)的社会组织体;垄断企业如果忽视了直接或者间接竞争的可能性,它们很快就会失去其垄断权力。然而,这种建立在完全竞争基础上的市场均衡很快就被证明是有缺陷的。19世纪末和20世纪初,企业并购风潮兴起,资本主义从自由竞争进入垄断时代。在这一时期,大量企业通过合并获得垄断地位,严重影响了市场结构和经济的自由发展。新古典主义的完全竞争最终走到尽头,只能成为一个理论分析的参考。在现实要求推动下,垄断竞争和不完全竞争理论应运而生。

2. 垄断竞争和不完全竞争

1929～1933年的经济危机证明了市场调节的失败,人们不得不考虑采取政府干预经济生活的方式,对企业竞争予以适当的引导、限制。1933年,美国哈佛大学爱德华·张伯伦(Edward H. Chamberlin)教授提出了垄断竞争理论,从而否定了新古典学派完全竞争作为普遍存在的假设。在张伯伦看来,完全排除垄断的"纯粹竞争"和完全排除竞争的"纯粹垄断"都是极端的例外,是很少见的。产品差别的存在和现实可能性决定了现实生活中介于两种极端情况间的市场结构即"垄断竞争"具有普遍性。垄断竞争理论深化了对不完全市场的分析,该理论加强了对寡头市场的关注。张伯伦认为,寡头厂商可能会以某些方式进行合作来固定价格,这意味着寡头可能会像垄断一样导致低效率。张伯伦的垄断竞争理论得到了当时大多数经济学家的认同,时至今日,遵循张伯伦用市场结构来划分市场的做法依然是市场理论教科书的基础。[1]

---

[1] 吴汉洪:《对反垄断中合理规则的经济学思考》,http://www.bjpopss.gov.cn/bjpopss/cgjj/cgjj20041028.htm.zh。

几乎在同一时间，英国学者琼·罗宾逊夫人（Joan Robinson）也发表了《不完全竞争经济学》，放弃了新古典经济学关于完全竞争的假设，转向从不完全竞争的角度，分析市场均衡条件。在分析过程中，罗宾逊夫人特别强调，无论是完全竞争，还是垄断，边际收益等于边际成本都是基本的判断准则。在产品市场中，厂商所面对的需求曲线就是买方的边际效用曲线，供给曲线就是厂商的边际成本曲线。由于价格是由边际效用决定的，所以需求曲线既是消费者的边际效用曲线，也是厂商的平均收益曲线。如果边际成本等于边际收益，厂商就达到了均衡。

罗宾逊夫人和张伯伦一起奠定了西方垄断竞争理论，该理论对马歇尔新古典主义经济学进行了修正和补充。然而，在现实生活里很少有厂商根据边际成本计算价格，而且垄断利润的存在不仅是普遍的，而且是长期的。

3. 有效竞争

1940 年，美国经济学者约翰·克拉克（John M. Clark）在其发表的一篇论文中提出了有效竞争（Workable Competition）理论。[1] 克拉克认为，虽然完全竞争被经济学家进行了准确的定义和精心阐述，但它在现实世界中不可能且从来没有存在过，其应用的最大意义在于可以作为人们分析问题的出发点或判别是非的行为标准。[2] 既然完全竞争对评估竞争状态是一个不太现实的标准，不能充当竞争政策的指南，那么有效竞争可以看作是一个比完全竞争更适合评估竞争的基准。克拉克进一步强调，从长远来看，市场缺陷并不一定本质上就是有害的，不是所有的市场缺陷都应被竞争政策消除，这是因为市场缺陷彼此都是中性的。[3] 由于反托拉斯执行机构的竞争政策一定不会消除所有市场缺陷，而只需要判断某产业在何种程度上存在有效竞争，因此，执行机构将拥有更大的裁量权。

有效竞争理论给美国反托拉斯法、欧盟竞争法以及世界上其他国家的反垄断法律带来了深远的影响，这种影响一直延续到现在。在该理论的指导下，美国反托拉斯执行机构和欧盟委员会采用了定性或定量分析方法，

---

[1] See Clark, J. M., "Toward a concept of workable competition", *American Economic Review*, Vol. 30 No. 2, 1940.
[2] 曹建海：《试论有效竞争》，《北京师范大学学报》（社会科学版）1996 年第 6 期。
[3] See Patrick Van Cayseele and Roger Van den Bergh, "Antitrust Law", http://encyclo.findlaw.com/5300book.pdf.

以规制严重减少或阻碍市场内有效竞争的合并行为。

4. 哈佛学派或者结构主义学派

美国 1937 年之后的经济衰退加剧了 20 世纪 30 年代的经济问题。从这一时期起，哈佛学派，又称结构主义学派，开始指导美国反托拉斯法的实践，其代表人物是哈佛大学的乔·贝恩（Joe Bain）教授、爱德华·梅森（Edward Mason）教授。

哈佛学派与新古典经济学派的主要区别在于发现了传统价格理论的预言与现实存在矛盾，并通过跨行业调查认识了矛盾的普遍性，并论证了矛盾产生的原因。结构主义没有打算完全背离传统价格理论和均衡理论。相反，哈佛学派完全继承了古典主义和新古典主义对经济效益的评判标准，即一个完全竞争的零利润市场是最有效率的，而与完全竞争市场的背离则意味着无效率。[①]

哈佛学派具有经验主义性质，它形成了著名的"结构—行为—绩效"模型。按照这个模型，市场结构（如市场上卖方的数量、产品差异程度、成本结构以及供给者纵向一体化的程度等）决定行为（包括价格、研究与开发、投资、广告等），行为产生市场绩效（效率、价格与边际成本的比率、产品多样性、创新率、利润和分配等）。市场绩效背离"有效竞争"的主要原因是集中度、产品差异性、市场进入条件等结构性因素，而在所有结构性要素中，最核心的是市场进入条件。

哈佛学派认为，分散的市场结构比垄断或过于集中的市场结构具有更高的效率。结构主义的反托拉斯含义十分明显：反托拉斯政策不应该关注企业的行为，而应更多地关注市场结构，对行为调整方法是无效的，这是因为市场力的最终力量是市场结构。受结构主义理论的影响，美国反托拉斯法开始通过完善市场结构来遏制垄断和保护竞争。为此，美国国会在 1950 年通过了《塞勒－凯弗维尔法》（Cellar－Kefauver Act），改进了《克莱顿法》第 7 条，将资产收购纳入规制内容，强化控制经济的集中化。美国司法部也在 1968 年颁布了《1968 年合并指南》。

然而，哈佛学派依据的松散理论和强调经验性的产业研究使其在计量基本企业外部因素，如技术（规模报酬、进入成本、资本沉淀比例、学习

[①] 徐国兴：《市场进入壁垒理论》，中国经济出版社，2007，第 23 页。

曲线的状况、耐用和非耐用品等）、偏好和消费者行为（关于产品质量的信息结构、对声誉和品牌的忠实度等）方面时难以获得精确的基本因素和产业间可以比较的资料。此外，适用结构主义最终导致政府对企业合并的过多干预，而结构主义的僵化分析又使美国反托拉斯合并控制政策受到批评。在这种情况下，芝加哥学派或者效率学派走上了前台。

5. 芝加哥学派或效率学派

从20世纪50年代起，芝加哥大学的一群学者开始从历史、法律和经济学角度客观思考反托拉斯行为，他们都认为政府应尽量减少干预市场。这些学者的理论逐渐开始影响美国反托拉斯实践，尤其是在里根和老布什时期，他们的最大成功在于减少了20世纪60年代末美国各界对纵向合并和混合合并的压力。这一学派以效率学派闻名，也被称为芝加哥学派，其代表人物为芝加哥大学的约翰·麦杰（John S. McGee）、阿隆·戴维德（Aaron Director）、乔治·斯蒂格勒（George Stigler）、哈罗德·德姆塞茨（Harold Demsetz）等。[1]

芝加哥学派遵循自由主义传统和社会达尔文主义，信奉自由市场经济中竞争机制的作用，相信市场力量的自我调节能力，认为市场竞争过程是市场力量自由发挥作用的过程，是一个适者生存、劣者淘汰，即"生存检验"的过程。

与哈佛学派重视经验主义不同，芝加哥学派重视理论分析，并从价格理论的基础假定出发，讨论了结构、行为、绩效之间无直接相关性，因此特别反对政府对企业合并进行规模上的干预。[2] 芝加哥学派认为，反垄断法的首要目标在于促进经济效益，因此对企业合并的分析重点应从市场结构转向经济效益，并以经济效益作为评价和是否干预企业合并的依据。

芝加哥学派和哈佛学派主要分歧和争论在于市场的竞争效率。芝加哥学派的主要理论思想是竞争性均衡模型，其关键是提出了在长期均衡中的配置效率和技术效率，配置效率的条件是价格等于长期边际成本，技术效率的条件是价格等于企业长期平均成本曲线最低点。[3]

---

[1] http://www.ccper.org/new/list.asp?no=691&sort=%E7%90%86%E8%AE%BA.
[2] 王晓晔：《企业合并中的反垄断问题》，法律出版社，1996，第26页。
[3] 任剑新：《美国反垄断思想的新发展——芝加哥学派与后芝加哥学派的比较》，《环球法律评论》2004年第2期。

芝加哥学派认为，从长期的竞争效率出发，市场在长期过程中能够达到效率水平。而政府反对高集中度的产业必然带来垄断租金，因此芝加哥学派反对政府对市场的干预。这一学派的代表人物斯蒂格勒从产业成长角度分析了厂商的规模大小和市场的集中度与产业周期和经济效率相关性：在产业初期，由于市场范围狭小，产业的各环节不足以专业化分工，而由全能型企业承担；随着产业发展，市场范围扩大，厂商内部分工转化为市场分工；到了产业成熟和衰退时期，市场范围缩小，市场分工再次转化为厂商内部分工，因此，产业的集中度与市场范围和产业周期相关。斯蒂格勒还从规模经济角度用生存技术确定了最佳规模水平。他指出，凡在长期竞争中得以生存的规模都是最佳规模，因此最佳规模存在多种不同的规模，大厂商的规模经济也是生存技术的结果。在价格行为上，斯蒂格勒进一步讨论了在高集中度产业中大厂商的竞争行为，认为在高集中度产业中，大厂商仍然受到了竞争的压力，其价格水平将制定在可维持水平，这个水平符合效率标准。此外，芝加哥学派另一个代表人物德姆塞茨也认为，高集中率导致高利润率是生产效率的结果，而不是资源配置低效率的指标。

从 20 世纪 80 年代起，芝加哥学派的理论成为美国企业合并控制政策的基本依据，并集中反映在这一时期的三个合并指南和一些重大案件的处理上。按照该学派的理论，法律所禁止的只是严重减少竞争的一些合并，甚至某些严重减少竞争的合并也可以在权衡其效益和非效益的基础上得到豁免。在芝加哥学派理论的指导下，20 世纪 80 年代以来的美国企业合并控制政策较以前有所松动，这种松动的政策也或多或少地影响着其他国家对企业合并的态度。[1]

6. 新产业组织理论

在芝加哥学派的影响达到顶峰的时候，博弈论（Game Theory）和信息经济学的引入使产业组织理论发生了革命性变化，经济学界把这些采用了新方法研究合并控制的理论统称为"新产业组织理论"。[2] 新产业组织理论的代表人物有吉恩·泰勒尔（Jean Tirole）、奥多瓦（Ordover）、夏皮罗

---

[1] 卢代富：《反垄断中的企业合并控制政策》，http://law.cec-ceda.org.cn/files/info_600.html。

[2] 唐晓华：《产业组织与信息》，经济管理出版社，2005。另见周茂荣、辜海笑《新产业组织理论的兴起对美国反托拉斯政策的影响》，《国外社会科学》2003 年第 4 期。

(Shapiro)、萨勒普（Salop）、施瓦兹（Schwartz）、施马兰西（Schmalensee）等。该学派大致包括三个分支理论：一是强调具有支配地位的企业可通过事先对准备进入市场的企业施加一定的威胁，以便策略性地阻止其进入；二是着重研究事后反应，即具有市场支配地位的企业在其他企业进入市场后，采取不妥协的措施；三是主张具有市场支配地位的企业实行旨在提高竞争对手成本的方法来限制其他企业进入。

新产业组织理论特别重视企业行为，并将市场的初始条件及企业行为看作是一种外在的力量。该理论认为，市场结构不是外在的，企业不是被动地对给定的外部条件作出反应，而是试图以策略行为去改变市场环境、影响竞争对手的预期，从而排挤竞争对手或阻止新对手进入市场。市场结构和绩效都被看作是企业博弈的结果，并取决于企业间博弈的类型。这样，"结构—行为—绩效"模型的单向关系就被复杂的双向或多重关系所取代。新产业组织理论主要运用数学方法以及博弈论来建立一系列的理论模型，以此来研究企业行为。

新产业组织理论也对芝加哥学派静态的"价格—产出"框架提出了挑战。[①] 芝加哥学派的研究对象主要是企业的价格行为。对企业的策略行为，芝加哥学派认为，由于不存在信息不对称，企业在没有与其他企业共谋协定的条件下不可能通过单方面的行为获得市场能力，因此否认了单个企业实施阻碍竞争对手的策略的可能。在他们看来，企业的一些单方面行为，如排他性专营、规定商品转售价格等都能提高效率。新产业组织理论批评了芝加哥学派所坚持的无视策略行为的狭隘方法，认为这种缺陷必然导致其理论和政策主张的片面性。[②] 因此，需要某种新的效率推理形式以及更为严谨的关于策略行为的经济学，为诸如掠夺性定价的评价提供一个更为可靠的经济学基础。新产业组织理论运用非合作博弈模型实现了对阻止进入定价、各种合谋与默契、广告、产品差异化、产品扩散、技术创新、设置进入壁垒等策略行为的动态分析，使人们对各种复杂交易现象的动机和效果的理解达到了新的高

---

① 唐晓华：《产业组织与信息》，经济管理出版社，2005。另见周茂荣、辜海笑《新产业组织理论的兴起对美国反托拉斯政策的影响》，《国外社会科学》2003年第4期。
② 唐晓华：《产业组织与信息》，经济管理出版社，2005。另见周茂荣、辜海笑《新产业组织理论的兴起对美国反托拉斯政策的影响》，《国外社会科学》2003年第4期。

度。[①] 一些在芝加哥学派看来非理性的或者有利于提高效率的价格或非价格行为,在引入博弈论和不完全信息后得出了不同的结论,典型的例子有掠夺性定价和排他性交易。因此,新产业组织理论反对将反托拉斯政策仅仅局限于禁止水平价格的协调,提倡加强对大企业行为的反托拉斯管制。

在柯达案中[②],美国联邦最高法院首次引用新产业组织理论进行分析。在案件中,联邦最高法院指出,反托拉斯法不支持用简单的经济理论对"市场现实"进行分析。柯达一案确立了一个新的原则,即在法院审判中必须对策略行为加以详细分析。自此,反托拉斯执行机构开始认真重视大企业策略行为。新产业组织理论的分析和概念在这之后的案件和反托拉斯执行机构的政策中得到了采用,美国反托拉斯政策也从前一时期过于宽松逐步转向温和干预。1992 年成为芝加哥学派和后芝加哥时代的分水岭。

第三节　企业并购的竞争法问题

企业并购给市场竞争带来的负面影响引起了世界各国的广泛关注,许多国家纷纷建立合并控制制度,从合并申报和审查程序、合并控制的实体问题以及管辖权等方面加强对企业集中的规制,保护市场竞争秩序和消费者利益。此外,在加强单边控制的同时,各国也就反垄断进行双边和多边国际交流与合作,减少法律冲突,促进合并控制制度的趋同。

一　合并交易的申报和审查程序

合并交易的申报和审查程序是一国合并控制制度的重要组成部分。通常情况下,交易当事人希望在合并交易开始前事先了解合并申报和审查的具体程序,在交易达成后,能够及时、完整和有效地进行申报,以节省交易时间和成本,并使合并交易顺利进行。

交易当事人想要了解的内容主要涉及三个方面:合并申报的标准、合

[①] 唐晓华:《产业组织与信息》,经济管理出版社,2005。另见周茂荣、辜海笑《新产业组织理论的兴起对美国反托拉斯政策的影响》,《国外社会科学》2003 年第 4 期。

[②] See *Eastman Kodak Co. v. Image Technical Services, Inc.*, 504 U. S. 451 112 S. Ct. 2072, 119 L. Ed. 2d 265.

并申报的时间和内容以及合并审查期限。合并申报的标准包括申报门槛、衡量门槛的方式或手段、衡量方法或手段所适用的地理区域以及时间方面的考虑；合并申报的时间和内容主要涉及合并是否需要事先申报和最初申报是否需要提供详尽材料；合并审查期限系指合并审查是否划分不同阶段以及不同阶段的时间限制。合并申报的时间和合并审查期限或者决定期限在程度上有所差异，当事人在与管辖国竞争主管机构初步接触后有时候能够延长申报的时间。虽然竞争主管机构要求当事人对提出的附加问题给予答复常会延长作出最终决定的期限，但是大多数情况下，审查期是恒定的。因此，何时决定向合并管辖国申报常常要求当事人综合协调考虑，其目标是既提早申报以满足法定期限以及在合并预计结束日期以前获得监管机构的同意，又能够令合并当事人对其活动作出一致阐述，例如确定相关产品和地理市场，股份以及合并对竞争的促进作用。

举例来说，在美国，一旦合并交易达到《哈特—斯科特—罗迪诺反托拉斯改进法》①（Hart‐Scott‐Rodino Antitrust Improvement Act，以下简称《HSR 法案》）规定的标准，合并交易当事人就应向美国司法部和联邦贸易委员会进行申报。按照《HSR 法案》的规定，交易申报门槛主要以交易双方在美国的年销售额和总资产为基础进行衡量，年度净销售额或总资产应分别通过参考最近定期准备的会计报表进行确定。申报当事人需要在合并前进行事先申报，所需要提供的材料主要包含在申请报告表（Notification and Report Form）中。美国的合并审查期限分为两个阶段，即初始阶段（Initial Period）和二次请求（Second Request）。交易当事人在提交申报后必须遵守等待期（Waiting Period）的规定。在初始阶段必须等待 30 日，现金收购的情况下为 15 日。而二次请求时，等待期再延长 30 日，或者在现金要约收购的情况下，延长 10 日。

与美国以法院为中心的二元主管机关合并控制模式不同，② 欧盟采取的是行政主导型的一元主管机关合并控制模式。③ 在交易达到《合并条例》规

---

① See Pub. L. No. 94‐435, 90 Stat. 1383 (1976).
② 美国司法部反托拉斯局是美国唯一有权根据《谢尔曼法》对托拉斯行为提起公诉的机构；联邦贸易委员会有权根据《联邦贸易委员会法》第 5 条不公平交易行为提起反托拉斯诉讼。两机构（统称为反托拉斯执行机构）都有权实施《克莱顿法》。
③ 欧盟委员会根据《合并条例》对具有共同体影响的合并进行审查。

定的标准后，交易当事人应向欧盟委员会提交申报。按照《合并条例》的规定，申报门槛以营业额为衡量标准，没有考虑相关企业是否在欧盟内或者集中是否给欧盟产生影响。营业额的计算以净销售额为基础，是企业上一个财务年度销售和提供服务等日常经营行为获得的收入在扣除销售回扣、增值税以及其他直接与营业额有关联的税款后的净值。交易当事人也需要在合并前进行事先申报，提交的材料包含在申报表（Form CO）中。欧盟的申报审查期限也分为两个阶段，即第一阶段（Phase I）和第二阶段（Phase II）。第一阶段的期限为 25 个工作日，第二阶段的期限为 90 个工作日。

跨国合并的申报和审查程序关系到交易当事人的利益。因此，为方便交易当事人申报交易，增强合并控制程序法的透明度，提高各国竞争主管机构审查合并交易的速度，国际竞争网络（International Competition Network，以下简称 ICN）的工作组特别在其《合并申报程序的建议规范》（Recommended Practices for Merger Notification Procedures，以下简称《建议规范》）中建议，各国合并申报应当有客观量化的标准；合并交易管辖国应在当事人能够证明完成拟议交易的良好愿望时允许他们进行申报；交易管辖国的最初申报要求应避免对不会产生实质性竞争问题的交易当事人造成不必要的负担；对于没有产生实质性竞争问题的已申报交易，管辖国在设计合并审查制度时应当考虑允许竞争主管机构尽快结束对这些交易的审查，准予尽早实施合并。

二 合并控制的实体问题

在合并当事人完成合并申报后，管辖国竞争主管机构将根据一定的实体分析框架对交易进行评估。实体分析框架主要涉及相关市场的界定、合并的标准、合并豁免以及合并救济方法。

界定相关市场是反垄断实体分析的第一个步骤，也是非常重要的步骤，这是因为市场界定直接关系到竞争主管机构对合并评价的结果。相关市场包括相关产品市场和相关地理市场，竞争主管机构界定相关市场的方法主要是：假定垄断者测试（Hypothetical Monopolist Test）或称 SSNIP（Small but Significant and Non-transitory Increase in Price）界定法和临界损失分析（Critical Loss Analysis）。目前，这些方法已经为美国反托拉斯执行机构、美国法院以及欧盟委员会在界定相关市场时采用。

尽管各国在合并分析的关键问题上仍有不同,但是当前不同国家竞争主管机构评估合并所使用的实体分析框架已经非常趋同。例如,包括美国、日本和澳大利亚在内的许多国家都使用了严重减少竞争标准(SLC Test: Substantial Lessening of Competition Test,以下简称 SLC 标准),而欧盟虽然在《第 139/2004 号合并条例》中引入了严重阻碍有效竞争标准(SIEC Test: Significantly Impede Effective Competition Test,以下简称 SIEC 标准),但是实践中欧盟委员会根据该标准做出的分析与美国运用 SLC 标准得出的分析结论相对一致。应该说,美国和欧盟在合并审查方面存在区别的主要原因是二者采用了不同的反垄断政策目标。比较而言,欧盟委员会更关注合并对竞争的影响,而美国反托拉斯机构更关注合并对最终消费者的影响。

当合并交易对相关市场的竞争存在有害影响时,竞争主管机构会考虑适用豁免。这里的豁免主要涉及某些抗辩的事由,包括效率抗辩、破产公司抗辩和合法利益抗辩。美国与欧盟都允许交易当事人使用效率和破产公司作为抗辩事由。对于合法利益的抗辩,欧盟《合并条例》列举了公共安全、媒体多元化和审慎原则三种合法利益,美国则通过其他立法对此做了类似规定。

在合并引起竞争问题时,合并交易当事人可以提出承诺,解决管辖国竞争主管机构提出的竞争问题。此外,竞争主管机构也有义务对严重减少竞争或者严重阻碍有效竞争、且没有与其达成和解协议的交易施加制裁。在这些情况下,笔者将其统称为对合并的救济,主要包括协议解决、初步禁止、保持分离、永久救济、私人诉讼和州总检察长救济。其中,后两种是美国反托拉斯法特有的救济手段。

当前,美国与欧盟在使用救济的目标上完全一致,都是为了减少合并当事人的市场力量,恢复合并损害的有效竞争条件。双方也都接受了结构救济和行为救济的方式。美国反托拉斯执行机构和欧盟委员会趋向于使用结构救济,这是因为结构救济减轻了主管机构持续监管被合并公司遵守和解令或者承诺的义务。而且,美欧主管机构更愿意剥离正在运营的商业单位,这些商业单位至少含有交易当事一方全部相同的商业,以保证剥离后的商业能够重新产生合并前的竞争环境,且不存在拟议的整体剥离产生严重问题的情况。偶尔,美国反托拉斯执行机构和欧盟委员会也会接受"混合匹配"的剥离(Divestiture of Mix and Match),尽管这种方式需要花费大量时间才能完成。① 美国与欧盟的监管者在合并救济上的最大区别是使用买方先行（Upfront Buyer）的剥离救济。② 实践中，它也是美国联邦贸易委员会和司法部之间在使用救济方式上的最大区别。此外，美国反托拉斯执行机构比欧盟委员会更倾向于与合并交易当事人签订皇冠宝石条款（Crown Jewel Provision）以保证当事人遵守双方同意的协议。

在使用行为救济时，欧盟委员会接受了多种非剥离救济，如终止现存的长期供应和销售合同，授予技术和商标许可，给予便于市场准入的救济如必要设施等。而美国反托拉斯执行机构在纵向合并中更赞成行为救济。对于因知识产权引起的涉及市场准入的合并案件，美国联邦贸易委员会和司法部更愿意使用许可救济的方式。

此外，由于美国与欧盟不同的合并控制程序，合并交易当事人提出救济的时间也存在着差异。

三 管辖权问题

近年来，跨国并购的迅猛发展突显了国际合并审查的重要性。在过去的一段时间里，拥有合并审查实体法律制度的国家持续增长，越来越多的国家开始实施新的或修订的合并审查制度。此外，日益增长的全球化也增加了跨国企业间并购引发多国申报门槛的可能性。由于合并当事人可能在多个国家拥有子公司、办事机构或其他重要收入来源，因此，国际合并审查已经成为几乎所有跨国合并交易需要考虑的重要因素。

然而，由于各国法律存在差异，国家对合并交易行使管辖权不可避免地会出现一定程度的冲突。一些国家为保护本国市场的消费者，积极主张对跨国合并交易行使管辖权，这在一定程度上影响了其他国家和区域性组织对其本国或者区域内企业间并购行使管辖权；有些国家和区域性组织则采取适当的地域联系标准以减少管辖权冲突。例如，1995 年 4 月美国司法部与联邦贸易委员会联合发布的《国际经营反托拉斯执法指南》（Antitrust Enforcement Guidelines for International Operations）根据效果原则提出了管辖

---

① See *Nestlé S. A. / Dreyer's Grand Ice Cream Holdings, Inc. / Dreyer's Grand Ice Cream, Inc.*, File No. 0210174 (2003), http: //www.ftc.gov/os/2003/11/0210174do.pdf.
② 买方先行是指，一项并购交易在获得执法部门的批准前，并购方应确定剥离资产的适当买方。

权适用的标准。根据指南，在涉外商业管辖权方面，美国反托拉斯执行机构将对《克莱顿法》第 7 条项下的合并交易案件适用与《谢尔曼法》相同的原则。《谢尔曼法》适用于企图并实际给美国商业造成重大影响的外国行为，因而所有与美国有关的商业活动都应予以适用；对于非进口的涉外商业，《国际经营反托拉斯指南》指出，《1982 年对外贸易反垄断改进法》[①]（The Foreign Trade Antitrust Improvement Act of 1982, FTAIA）适用于对美国商业产生直接、重大、合理可预见影响的外国行为。与美国反托拉斯法通过效果原则积极主张管辖权不同，欧盟法院考虑的是协议实施是否在共同市场内执行，即实施原则。

　　管辖权冲突在给国家和地区竞争主管机构带来不便的同时，也增加了合并交易的风险，使合并当事人双方承担更大的负担和责任。因此，为协调国家间合并交易管辖权的冲突，ICN 一直以来致力于通过提供建议减少管辖权冲突。ICN 是由澳大利亚、加拿大、欧盟、法国、德国、以色列、意大利、日本、韩国、墨西哥、南非、英国、美国和赞比亚等 14 个国家和组织的高级政府官员在 2001 年 10 月共同组建的、致力于促进反垄断法律在全球健康和有效实施的国际主体。当前 ICN 的成员共有 80 多个。[②] ICN 向所有国家和被授予实施竞争法的跨国竞争主管当局开放，参加 ICN 的成员都是自愿的。ICN 并没有任何决策功能，它的所有提案都是项目导向，且围绕工作组自由组织。工作组成员主要通过互联网、电话、传真以及视频会议协同工作。每年一度的讨论会和大会为讨论这些方案和实施建议提供了机会。一旦 ICN 就建议规范和最佳实践方案达成一致，这些意见和方案将由各竞争主管当局决定是否和怎样通过单边、双边或者多边安排实施建议规范。2002 年，工作组向第一届年会提交了《建议规范》，并就管辖权问题进行了详细地说明。工作组建议，各国合并控制主管机构在行使管辖权时应注意只对与该国有适当联系的交易行使管辖权，且应该就交易的地域联系规定适当的标准，以减少各国竞争主管机构的管辖冲突，减少合并交易的风险，促进企业的跨国并购。

---

① The FTAIA is an amendment to the Sherman Act, which governs conduct. H. R. Rep. 97 – 686, at 3.

② http://europa.eu/pol/comp/overview_en.htm.

四 反垄断国际合作

经济的融合迫切要求促进反垄断国际合作。全球化的进程促进了国家间经济的融合和发展，随着国家间经济联系的日益紧密，投资者和国际组织要求减少和消除贸易与投资壁垒的呼声越来越高。他们尤其认为，减少贸易与投资壁垒以及管辖国竞争主管机构之间的有效合作能够增进全球福利。在此呼吁下，反垄断逐渐由各国采取单边行动走向国际合作。

当前的反垄断国际合作主要涉及通知、交换信息、调查和执行等四个领域，并在双边和多边两个层面上展开。

双边合作的形式主要是两个主权国家或者一个主权国家与一个区域性国际组织之间就上述问题签订双边合作协定。双边协定通常要求各国竞争主管机构紧密合作，减少涉外管辖权的冲突，确保国际贸易的竞争。因此，双边协定也意味着单方面适用效果原则。双边协定建立在国际法基础上，在一定程度上可以减少国际反托拉斯法上存在的问题。这些协定强制要求协定双方应当互相通知彼此调查的行为，交换信息，执行合作以及制定一些保密条款。双边协定主要存在于美国、欧盟、加拿大、日本、德国以及澳大利亚之间。其中，最具代表性的协议是美国与欧盟签订的1991年竞争合作协议[1]和1998年积极礼让协议。[2]

多边合作包括区域性合作和全球性合作。区域性反垄断合作的主要形式是自由贸易协定、关税同盟或共同市场协定。在区域协定中，区域内的国家能够组织起来构成区域性国际组织共同发挥着重要的作用。区域性组织是国家组成的国际组织中一种特殊形式，它是指在一定区域范围内，因共同利益或政策而结合起来的国家集团。区域性组织的成员一般具有地理上的相邻性、文化和历史等背景的同质性以及社会、政治、经济等涉及国

---

[1] See Agreement between the Government of the United States of America and the European Communities regarding the application of their competition laws (OJ L 95, 27.4.95, at 45 – 50 as corrected by OJ L 131 \ 38 of 15.6.95), Agreement between the Government of the United States of America and the Commission of the European Communities regarding the application of their competition laws (OJ L 95, 27.4.1995, at 47 and 50).

[2] See Agreement between the European Communities and the Government of the United States of America on the application of positive comity principles in the enforcement of their competition laws, OJ L 173, 18/06/1998, at 26 – 31.

家重大事务方面的关联性和相互依赖性的特点。因此，各成员有着共同关心的利益和议题，并且能够围绕利益、议题，让渡部分国家权力，签订条约和协定，并共同遵守之。区域性国际组织的法律人格不是其本身固有的，而是依据组织的基本文件及其制定者的意志，因此，区域性国际组织可以有效制定和执行实质性的竞争法律和政策规则。在反垄断区域合作中，最具典型性的区域性国际组织是欧盟。在全球合作中，联合国贸发会议、经济合作与发展组织（Organization for Economic Cooperation and Development，以下简称 OECD 或经合组织）、世界贸易组织（WTO）以及国际竞争网络（ICN）是推动反垄断合作的主要全球性国际组织和团体。它们充分发挥各自的作用，共同促进了反垄断在全球的合作与发展。

第二章
并购的申报和审查程序

分析和研究并购的申报和审查程序有着重要的理论和实践意义。由于并购容易给一国经济发展和市场结构造成影响,为规制并购,识别合并对市场竞争的影响,许多国家都要求符合一定条件的合并进行申报,并根据法定程序对这些合并进行审查,这也是国家行使反垄断审查权力的重要表现。本章主要从合并申报的标准、时间和内容、审查期限等三个方面,比较美国和欧盟反垄断法律制度的异同,并根据 ICN 的相关建议规范作出分析。

第一节 合并申报的标准

一 美国合并申报标准

1976 年,为补充旨在萌芽状态下消除反竞争合并的《克莱顿法》第 7 条,美国国会颁布实施了《HSR 法案》。《HSR 法案》为合并当事人提交合并前申报以及在交易完成前等待规定期限建立了一套程序,这套程序适用于合并、集中、股权收购、个人购买、表决权股的其他类型收购和某些资产的收购以及以公司形式建立合资经营企业。为帮助合并当事人进行申报,联邦贸易委员会也发布了一系列实施规则和相关申报表格。[①] 从技术层面讲,《HSR 法案》与相关实施规则的技术性较强,比较复杂。

根据《HSR 法案》,申报门槛是以收购方与被收购方在美国的年销售额

---

① See 16 C. F. R. § 801.40 (2001), modified, 66 Fed. Reg. 8680 (FTC Feb. 1, 2001).

和总资产为基础来进行衡量的。反托拉斯执行机构结合资产和销售额进行考虑确保了只有潜在影响美国商业的交易能够符合合并前申报标准。在与建立合资经营公司有关的表决权股份收购的情况下，按照法律规定，每一个建立合资经营公司的当事人都是一个收购方；合资经营公司是被收购方，但免于申报。另外，收购新成立或者先前存在的有限责任公司在某些情况下也应根据《HSR 法案》进行申报。①

《HSR 法案》规定，合并交易同时符合当事人规模标准（the Size‑of‑the‑parties Test）、交易规模标准（the Size‑of‑transaction Test）和商业标准（the Commerce Test）等三种标准时，应向联邦反托拉斯执行机构进行申报。②

2000 年 12 月 21 日，美国第一次对《HSR 法案》进行了修正。③《2000 年 HSR 改革法》改变了交易必须满足申报的标准。尽管适用当事人规模标准需要依赖交易规模标准，但是商业标准、交易规模标准以及当事人规模标准都保留了下来。此外，当事人标准和交易规模标准的门槛也改成了适当的美元价值。

根据《2000 年 HSR 改革法》，商业标准是指收购方或被收购方必须从事美国州际商业或影响美国州际商业的活动，这里的商业是指美国各州之间或与外国之间的贸易或商业。只有符合商业标准的并购才可能需要履行《HSR 法案》规定的申报义务。当事人规模标准的要求是：交易一方当事人年度净销售额或总资产（Annual Net Sales or Total Assets）必须在 1 亿美元或 1 亿美元以上，而另一方当事人年度净销售额或总资产必须在 1000 万美元或 1000 万美元以上。这里的年度净销售额或总资产应分别通过参考上一年度定期准备的年度损益表（Annual Statement of Income and Expense）和资产负债表（Balance Sheet）来确定。这里参与合并的企业有时候不仅是参与合并的某个公司本身，更有可能是整个集团公司。④ 因此，总资产和年度净销售额也是指整个公司集团在全球的总资产和年度净销售额，而不是指某个具体进行合并的公司总资产和年度净销售额。根据美国反托拉斯执行机

---

① See 64 Fed. Reg. 34804 (FTC Oct. 13, 1999).
② See 15 U. S. C. §18a (2000).
③ See HSR Reform Legislation, Pub. L. No. 106‑553, 114 Stat. 2762 (2000).
④ See 16 C. F. R. §801.1 (d) (2001).

构的规定，需要进行合并申报的企业集团是指一个企业拥有另一个企业的至少50%的表决权股票；或者在没有发行表决权股的情况下，拥有另一企业至少50%的利润；或在破产清算情况下拥有该实体至少50%的资产；或者根据合同，有权指定某一法人至少50%的董事，或某一信托的托管人或理事。

《2000年HSR改革法》把交易规模标准的门槛从以前的1500万美元调整为5000万美元，取消了收购15%以上被收购公司表决权股或资产的交易规模替代标准。相应地，新标准要求，如果合并引起收购公司包括其分支机构持有被收购方价值至少在5000万美元的表决权股或资产时，该项合并应当申报。[①] 为确定已满足交易规模标准，需要将收购方已持有的被收购方表决权股和本次交易收购的表决权股或资产合并计算。

任何价值在5000万美元以上2亿美元以下、且满足当事人规模标准的合并交易应向反托拉斯执行机构申报。然而，《2000年HSR改革法》取消了价值在2亿美元以上交易的当事人规模标准门槛，这些交易只要符合商业规模标准就可以直接申报。

《2000年HSR改革法》授权美国联邦贸易委员会在2004年9月30日后的每个财政年度对上述数据根据国民生产总值的增长比例进行调整。[②] 根据联邦贸易委员会2007年1月16日发布的《克莱顿法》第7条A之管辖权门槛，[③] 申报交易的美元价值调整为：收购方取得被收购方表决权股或者资产超过2.392亿美元；或者收购方取得被收购方表决权股或者资产至少5980万美元、但未达到2.392亿美元时，如果收购方或者被收购方任何一方的年度净销售额或者总资产至少达到1200万美元，另一方的年度净销售额或者总资产至少达到1.196亿美元。

为有效适用《2000年HSR改革法》，美国联邦委员会会同美国司法部对有关规则和申报表格进行了修改。根据当前规定，"申报门槛"调整为：被收购人的表决权股和资产超过5980万美元，但少于1.196亿美元；被收购人表决权股和资产在1.196亿美元以上，但少于5.979亿美元；被收购人

[①] See Pub. L. No. 106－553, 630 (a), 114 Stat. 2762 (2000).
[②] 与中国不同，美国的财政年度从每年的10月1日开始计算，到次年9月30日为止。
[③] 新标准于2007年2月21日起正式生效，http：//www.ftc.gov/os/2007/01/P859910Revised Section7AClaytonAct2007.pdf。

的表决权股和资产至少达到 5.979 亿美元；发行人 25% 已发行的表决权股如果价值超过 11.958 亿美元；发行人 50% 已发行的表决权股如果价值超过 5980 万美元。① 举例来说，A 公司购买了 B 公司 10% 的表决权股共计 6000 万美元。A 公司符合 5980 万美元的申报门槛。A 公司后来又购买了 B 公司所有已发行的表决权股总计 6 亿美元。此时，A 公司应在下次申报中说明其已经达到 50% 的申报门槛，即使由于并购已经跨过了 1.196 亿美元和 5.979 亿美元申报门槛。

然而，尽管合并交易满足了这些标准，但是如果交易属于免除申报范围的交易，那么可以考虑免除申报。举例来说，重要的免除包括但不限于：在商业经营期间购买货物和不动产；为投资目的，收购人持有发行人不超过 10% 的表决权股；某些公司内部之间的交易，如收购子公司、回购公司自己的股票以及建立全资子公司；以及除非达到很高的门槛，对原油，天然气和煤炭储备的收购也免于申报。

此外，对于收购外国资产而言，在被收购方最近一个财务年度内，如果由于收购，收购方持有的外国资产从美国市场获得的销售额少于 5980 万美元，则该项收购外国资产的交易免于申报。即使外国资产超出这种标准，但是外国收购方对外国资产的收购符合下列情况，依然可以免于申报：收购方和被收购方都是外国人；收购方和被收购方在各自最近的财务年度内在美国或向美国市场销售的总销售额少于 1.315 亿美元；收购方和被收购方在美国的总资产少于 1.315 亿美元；收购价值不超过 2.392 亿美元。

对于收购外国发行人的表决权股而言，除非外国发行人在美国公开市场上持有价值超过 5980 万美元的资产或者外国发行人在最近的财务年度内在美国或者向美国市场销售的总销售额超过 5980 万美元，否则美国法人收购外国发行人的表决权股不需要申报。即使外国发行人超出这种标准，但是符合下列情况的股票收购，依然可以免于申报：收购双方都是外国人；收购双方各自在最近的财务年度内在美国或者向美国销售的总销售额少于 1.315 亿美元；收购双方在美国的总资产少于 1.315 亿美元；收购价值不超过 2.392 亿美元。

值得注意的是，美国联邦贸易委员会和司法部近来开始反对那些没有

---

① See Id. 16 C. F. R. §801.1 (h): Notification threshold.

达到 HSR 交易规模标准无须按照《HSR 法案》进行申报的交易。这些事实表明，联邦贸易委员会和司法部已经在警告那些小规模交易，即使不符合《HSR 法案》也不能免除反垄断审查。① 此外，美国反托拉斯执行机构也不会避开已经结束的合并交易。②

收购当事人可以就交易是否需要申报向美国联邦贸易委员会合并前申报办公室电话咨询或通过写信方式取得非正式解释。当事人也可以请求书面正式解释，正式解释一般由联邦贸易委员会或者合并前申报办公室的工作人员会同司法部签发。③

在美国，《克莱顿法》中所指的年度销售净额和总资产包括持有的不管处于外国或者美国国内的所有销售净额和资产。④ 其中，这里的"销售额"是指销售净额，也就是，在扣减折扣（Discounts）、销货退回（Returns）、备抵损耗（Allowances）和消费税（Excise Taxes）后的销售总额。"销售额"包括相关产品的销售额，不论该产品是由公司自己生产的或者还是从公司以外渠道所购买并由该公司以与公司自己生产的产品相同的销售方式转售。

销售净额是对公司发生的实际销售额或者公司所收取金额更为准确的反映。一旦向消费者交付商品或者履行服务，公司将登记其收入。然而，在销货退回情况下，既然消费者取回了货款，那么它就不应该考虑为一项

---

① See Joseph J. Simons, Director of the FTC's Bureau of Competition stated: "…the Commission reaffirms its practice of pursuing acquisitions that harm consumers, even where the acquisition may not be reportable to the Antitrust Agency under the Hart – Scott – Rodino Act. This practice is particularly important now because the thresholds for reporting acquisitions recently were raised…" at http://www.ftc.gov/opa/2001/10/msc.htm.

② See *MSC Software Corporation*, FTC docket No. 9299 (Oct. 9, 2001) (FTC challenged non – reportable transaction because the transaction eliminated competition and monopolized the market, where MSC was the dominant supplier of a popular type of advanced computer – aided engineering software known as "Nastran", and UAI and CSAR were the only other suppliers of the advanced versions of Nastran.); *United States v. 3D Systems Corporation*, Civil No. 1: 01CV 01237 (D. D. C., filed June, 2001) (DOJ challenged 3D Systems Corp's $45 million acquisition of DTM Corp, which was not reportable under the HSR Act, arguing that 3D Systems and DTM control 80% of the U. S. industrial rapid prototyping market, a process by which a machine transforms a computer design into a three – dimensional prototype or model).

③ See 16 C. F. R. § 803. 30 (2001).

④ 见《联邦法典》第 801. 11 条的规定。

销售，因此，它需要从销售总额中扣减。

这里的销售折扣，属于可抵销收入的科目，一般是指消费者或者客户在规定时间内支付价款后被给予的折扣。在美国，许多公司也经常在消费者提前支付价金时提供折扣，特别是在赊卖时。由于该折扣减少了总收入，因此也应从销售总额中扣减。例如，总价款须在30日内支付完毕，如果商品价款在前15日内支付，消费者将获得1%的折扣。

备抵损耗（或者销货折让）也属于可抵销收入的科目，是指商品出现问题或者在重视客户情况下，卖方提供的折让。备抵损耗在某种程度上反映了商品在运输途中损坏或者不是消费者期望的情况，因此不属于收入。

此外，还需要注意的是，在英语中表达的 Excise Tax，是指对商品销售课征的一种税收，通常直译为国内产品税、国内商品税或简称商品税。西方税制中的商品税或产品税为什么是我们讲的消费税，这里有一个演变的过程。商税在欧洲中古时代就有，Excise 一词最早的词源为拉丁语中的 Accensus，是指税或征税，随着社会经济发展，商税逐步发展演变为对商人（商业经营行为）征税和对商品征税（如茶税、盐税、酒税等）两种形式。前一种形式后来发展为营业税或销售税，即对商人销售行为的课税；后一种形式发展为产品税或商品税，而且随着其他更合理税种的出现，产品税或商品税的征收范围逐渐缩小，目前在很多国家仅是指对一部分消费品的征税。现代英语中 Excise Tax（产品税或商品税）的词意范围也随之缩小为专指对有选择消费品征收的税，即相当于我国现行税制中消费税的概念。①

在合并申报中，美国反托拉斯执行机构认为，企业合并的销售额构成

---

① 在我国，这种含义的消费税属于典型间接税范畴，税收虽然由生产经营者缴纳，但最终是由购买商品的消费者支付。通俗地说，消费税就是为了一些特定的目标对一些特定的消费品课征的税。由于消费税具有目的明确、调节灵活，税负弹性大、政策鲜明，财源集中、征收方便等特点，目前世界上有130多个国家开征了消费税，有的国家征收范围较广、有的征收范围较窄。各国消费税征收项目多少、税率高低、征收方式方法，是根据自己国情确定的，而且随着发展而变化。但大多数国家的共同点都是把非必需品、奢侈品、嗜好品、高档消费品等列入征收范围。在美国，烟草制品的联邦消费税、州消费税实行的是价内税，你购买卷烟时并看不到。但你购买卷烟时，确实还需要支付一个商品标价百分之几的价外税。这是商品的销售税（Sale Tax），不是仅对烟草制品的，而是一般商品销售时都要征收的（有一些免税规定）。各州销售税率不一样，一般都在4%~7%，这是当地县市政府的主要财政收入来源。

要素主要包括参与收购的当事人、参考期间和日常活动。

1. 参与收购的当事人

美国反托拉斯法对参与集中的当事人做了详细的解释。"当事人"包括自然人、公司以及所有其他实体。"实体"可以是任何自然人、公司或者任何其他集团，但不包括外国、外国政府或者不从事商事活动的其他机构。

在美国，需要进行合并申报的企业集团是指一家企业持有另一家企业的至少50%的表决权股票；或者在没有发行表决权股的情况下，持有另一家企业至少50%的利润，或在破产清算情况下持有该实体至少50%的资产；或者根据合同，有权指定一公司至少50%的董事，或某个信托的托管人或理事。其中，"持有"是指除在信托的情况外拥有可享受利益的所有权。此外，配偶和他们的未成年儿女的持有应予以合计，且应考虑为他们各自持有。①

根据美国《联邦法典》第16编第801.2条的规定，因收购而成为参与集中的收购人是直接或者间接持有有表决权股或者资产的当事人。被收购人，除了为计算营业额之外，是股票或者资产被出售的企业的最终母公司。例如，如果美国电报电话公司收购库尔提斯－赖特公司持有的美国钢铁信贷公司的表决权，那么被收购人是美国钢铁，它是美国钢铁信贷公司的最终母公司，而不是库尔提斯－赖特公司。

收购人（也就是收购企业的最终母公司实体）以及被收购人（也就是被收购企业的最终母公司实体）是必须进行申报的当事人。收购人报告自己和所有它控制的实体，包括它控制的合伙企业。被收购人仅包括被收购股份的发行人和该发行人控制的所有实体。在资产收购情况下，被收购人仅报告被出售的资产。

需要注意的是，在非公司实体或者非营利公司没有流通的有表决权证券情况下，转让该实体控制的交易是一项收购。② 收购人是取得该实体控制的当事人，被收购人是该实体收购前最终的母公司实体。此外，当某个当事人将资产或者有表决权证券投向一家非公司实体时，该交易属于非公司

---

① 见《联邦法典》第801.1条。
② 《1976年哈特—斯科特—罗迪诺反托拉斯改进法》规定，为实施该法之目的，联邦贸易委员会经与美国司法部反托拉斯局协商后可以制定必要的规则。

实体实施的一项收购。例如，某个当事人可能将资产或者有表决权证券投向一家非公司实体，以换取该实体的权益，这时候交易不应考虑为设立一家非公司实体。

美国最高法院在美国诉费城国民银行案中指出，《克莱顿法》没有对收购进行明确界定。[①] 更确切地说，该词汇是一般性的、不精确的，包含了不同的交易形式。[②] 因此，将两个或者两个以上当事人企业的任何部分结合在一起的合并或者其他交易都属于收购，交易的各个当事人是收购人和被收购人。这同样也适用于各企业成为被合并实体全资拥有的子公司的交易。

此外，由于收购，收购人获得了对一个当事人的控制，而该当事人持有它不控制的另一发行人的证券，因此，收购人间接取得另一发行人表决权股视为从属性收购，应单独受到美国反托拉斯法的调整。需要注意的是，即使收购人的最初收购可以得到豁免，这种从属性收购也可以是需要申报的，反之亦然。

美国《联邦法典》对设立合营企业、公司或者非公司实体情况下的收购人和被收购人也做了具体说明。

在设立合营企业或者其他公司情况下，出资设立合营企业或者其他新设公司的当事人为收购人，合营企业或者其他新设公司为被收购人。其中，新设公司的资产应包括任何人在任何时间同意向其转让的所有资产。此外，公司资产还应包括促成企业设立的任何出资人在任何时间同意扩大或者保证向新公司履行的任何义务。

在设立非公司实体情况下，促成设立非公司实体企业的出资人仅为收购人，非公司实体仅为被收购人。其中，新实体的资产是被当作合营企业或者其他公司资产的那些资产。

美国法对当事人内部交易给予豁免。当事人内部交易包括一家法律实体合并其两家全资所有的或者控制至少50%的子公司，一家企业设立一家新的全资所有的子公司，以及证券的赎回注销。

---

① See, e.g., United States v. Philadelphia Nat'l Bank, 374 U.S. 321, 83 S. Ct. 1715, 10 L. Ed. 2d 915 (1963). （合并、联合、收购和混合都属于《克莱顿法》第7条的调整范围）。

② See, e.g.: First Circuit: Addamax Corp. v. Open Software Found., 888 F. Supp. 274 (D. Mass. 1995)（法院在衡量"资产收购、股份收购或者其他股本收购时"一般会采用"灵活的方法"）。

此外，还需要注意的是，转换有表决权的证券也应视为一项收购，而取得可转换有表决权的证券应给予申报豁免，该豁免在有关证券实施转换时消失。

2. 参考期间

根据《联邦法典》的规定，年度净销售额或总资产应分别通过参考最近定期准备的年度损益表和资产负债表来确定。① 换句话说，参与并购的当事人的年度净销售额应按照当事人最近定期准备的年度损益表，以及参与并购的当事人的总资产应按照该当事人最近定期准备的资产负债表。需要注意的是，财务报表不能晚于申报日或者收购日前的15个月。② 对于新设立的实体，如公司或者非公司实体，该规定不予适用。在涉及新设公司的情况时，合营企业或者其他公司的资产应包括：促成合营企业或者其他公司设立的任何人允诺转让的所有资产或者协议保证合营企业或者其他公司在任何时间获得的所有资产，不论该人是否受该法令调整；以及促成设立合营企业或者其他公司在任何时间同意扩大提供或者保证的信用额或者任何债务。③ 在涉及新设非公司实体情况时，总资产应参考上述有关新设合营企业或者其他公司资产的规定确定。

3. 日常活动

与欧盟委员会《综合管辖权通告》的规定基本相同，在美国，某些日常营业期间的活动豁免适用《克莱顿法》的申报要求。例如，日常营业期间取得的商品和转让的不动产豁免适用《克莱顿法》的申报要求。然而，这里需要注意的是，不是在日常营业期间取得的某些商品和不动产不符合这些豁免。

（1）业务部门（Operating Unit）。取得一个业务部门的所有或者大体所

---

① 例如，假设A在1月1日出售了资产。A反映该销售的下次定期准备的资产负债表是2月1日。在3月1日，A计划向B出售更多的资产。A在3月1日的总资产是A在其2月1日资产负债表中所列出的。

② 这里15个月的规定与美国的财务年度有关。首先，企业纳税年度受到它所选择的财务年度的控制。当前美国政府的财务年度从上一日历年度的10月1日开始，到次年的9月30日为止，共四个季度。其次，作为允许合并报税的国家，美国要求属于一家企业集团的公司必须使用相同的财务年度（允许存在3个月的不同）。因此，为方便计算，这里增加了一个季度，即五个季度，共15个月。

③《联邦法典》第801.40条d款。

有的资产不属于企业日常营业活动中的收购。"业务部门"是指被收购人作为商业企业在特定地点或者为特定产品或服务而运营的资产，即这些资产没有组成一家单独的法律实体。

（2）新产品。在日常营业期间取得新产品，除了在取得产品时作为上述业务部门规定的收购部分之外。

（3）当前的供应品。在日常营业期间取得当前供应品，除了在被收购时作为上述营业单位规定的收购部分之外。"当前的供应品"包括下列类型的新旧资产：仅为转售或者租赁给一家不属于收购人范围内的实体而取得和持有的商品（如存货）；收购人企业为消费目的而取得的商品（如办公供应品、维修供应品或者电力）；以及并入最终产品而取得的商品（如原材料及零部件）。

（4）二手耐用商品。如果一件商品被设计用来重复使用、且有着超过一年的使用时间，那么该商品就是"耐用的"。如果二手耐用商品不是作为业务部门条款所述的收购部分而被收购、且能够满足下列标准，那么取得二手的耐用商品是日常营业期间的收购：①仅为向非收购人的实体再销售或者租赁之目的取得和持有商品；②从取得及持有商品仅为向非收购人的实体再销售或者租赁的被收购人处取得商品；③通过收购或者租赁，被收购人在销售被销售产品的六个月内替换了所有或者大体所有该被销售产品的生产能力，或者被收购人真诚地履行了合同，从而在销售后的六个月内通过收购或者租赁替换了所有或者大体所有被销售商品的生产能力；④被收购人使用商品仅为向其企业运营提供管理和行政支持服务，且被收购人真诚地履行合同以获得与被销售商品所提供的大体上类似的服务。管理与行政支持服务包括如会计、法律、采购、工资管理、计费以及被收购人自有设备的修理和维护等服务。生产制造、研发、检验与分配（如仓储与运输）不应考虑为管理与行政支持服务。

此外，机构投资者仅为投资目的在日常营业期间取得有表决权的股票也豁免适用美国反托拉斯法的要求。这里的机构投资者包括银行、储蓄和贷款或者建筑和贷款公司或者协会、信托公司、保险公司、根据1940年《投资公司法》向美国证券交易委员会登记的投资公司、财务公司、为他人买卖证券的经纪人、美国小企业管理局监管的小企业投资公司或者少数民族小型企业投资公司、股票分红、养老金、利润共享信托、银行持股公司、机构投资者直接或者间接控制以及机构投资者在日常营业期间活动中控制的公司、向另外受其直接或者间接控制但没有营运功能的实体提供附带服务且仅在机构投资者内持有控制利益的实体以及非营利实体。

二 欧盟合并申报标准

在欧盟，根据《合并条例》，凡具有共同体影响的合并、收购和其他形式的集中都要向欧盟委员会申报，而不具有共同体影响的集中则接受欧盟成员国合并控制法律和规则的调整。欧盟理事会对于什么是"共同体影响"采取了两种计算方法，一种是1989年《第4064/89号条例》规定的计算方法，另一种是1997年修改时所采用的较宽松的计算方法。

按照第一种计算方法，企业合并必须满足以下所有条件才可以向欧盟委员会申报：①参与合并的所有企业在全球范围内的总营业额超过50亿欧元；②参与合并的企业中，至少有两家在共同体范围内的总营业额都超过2.5亿欧元；③参与合并的各家企业在共同市场总营业额的2/3以上不是来自一个且同一个成员国。其中，"2/3"条款用来保留成员国审查交易的权力，这些交易很大程度上只影响某一个欧盟成员国。欧盟委员会承认，正是由于该条款，在同一个国家内欧洲公司之间发生的重要集中即使给共同市场产生了实质性的影响，也不属于《合并条例》的管辖范围。[①] 然而，认识到这种"辅助性原则"[②] 同时面对来自许多成员国的反对，欧盟委员会仍然不愿意修改或放弃这一条款。

由于在欧盟内许多具有跨国影响的集中并不符合这种申报标准，因此，这些集中不得不向多个成员国申报，这增加了合并交易的不确定性，提高了企业合并的成本，也引起了法律的冲突。[③] 例如在1990年Arjomari‐Prioux/Wiggins Teape Appleton的合并案中，欧盟委员会认为该项合并不具有共同市场层面的影响，因此合并当事人不得不分别向英国、德国、爱尔兰、

[①] See Report from the Commission to the Council on the Implementation of the Merger Regulation, COM (96) 19 final of January 31, 1996, where the Commission recognized certain shortcomings arising from the application of the two‐thirds rules.

[②] See XXIII rd Report on Competition Policy (1993), p. 35.

[③] See Report from the Commission to the Council on the Implementation of the Merger Regulation, COM (96) 19 final of January 31, 1996, para. 34.

葡萄牙和意大利等五个国家提交申报。鉴于这种情况，1997 年的改革降低了合并申报所适用的标准。当企业合并不能满足第一种标准，符合第二种标准也具有"共同体影响"。后一种标准是：①参与合并的所有企业在全球范围内的总营业额超过 25 亿欧元；②在至少三个成员国中，参与合并的所有相关企业在各个国家的总营业额超过 1 亿欧元；③在这三个成员国中，至少有两家相关企业在各个国家的总营业额超过 2500 万欧元；④至少两家相关企业在共同体内的总营业额超过 1 亿欧元；⑤参与合并的各家企业在共同市场总营业额的 2/3 以上不是来自一个且同一个成员国。

在决定一项集中是否需要根据《合并条例》进行申报时，欧盟委员会注重"相关企业"的营业额。一般来说，相关企业是指那些通过集中合并营业额的实体。由于可以实行共同控制，因此收购方可以存在多个相关企业；对于被收购方，一项业务的卖方不是一个相关企业，除非该业务为共同控制。

在计算相关企业的营业额时，需要考虑企业集团的整个营业额，而不仅仅是那些参与集中的子公司。为此，《合并条例》第 5 条第 4 款规定，如果一家企业能够被相关企业直接或间接地：拥有一半以上的资金或资产；行使一半以上的表决权；任命半数以上的监事会、董事会或者企业法定代表机构成员；或者管理企业事务，那么该企业的营业额应当一并计算。

与美国采用年度销售额和总资产的合并申报标准不同，欧盟在《合并条例》中使用了营业额门槛，没有考虑相关企业是否在欧盟内或者集中是否给欧盟产生影响。[①] 在确定是否满足这些标准时，欧盟委员会首先确定集中的"相关企业"，然后计算他们的营业额。在营业额通告和相关企业通告（Turnover Notice and the Undertakings Concerned Notice）中，欧盟委员会明确解释了适用《合并条例》门槛的实践情况。欧盟法规定的这种完全根据营

---

① See, e. g., In *Gencor/Lonhro*, the Commission prohibited a transaction involving foreign assets and operations that was found to have adverse effects within the EU. Gencor contended on appeal to the Court of First Instance that the Commission lacked competence over the concentration because the affected economic activities were conducted in South Africa, where the transaction had been approved. The Court was unequivocal in finding that the Merger Regulation applied to foreign transactions that affected competition within the EU.

业额的申报门槛可能会抓住更多对共同市场没有影响的交易。① 除此之外，《合并条例》没有列出任何免除，例如，关于外国人收购"外国资产"。

2004 年初，欧盟理事会采用了《第 139/2004 号合并条例》。该条例引入了简化欧盟委员会和成员国之间案件分配措施，并通过一套高效率的移送程序减少集中需要向多个成员国申报的情况。② 本次改革的总体目标是根据附属原则，适当考虑法律的确定性和一站式审查原则，使委员会与成员国之间移送案件的使用规则成为一种"有效的矫正机制"。③ 这种变化给合并企业向欧盟委员会请求对需要在三个或三个以上成员国接受审查的集中提供"一站式审查"的可能性，因而潜在地避免了企业为相同交易向多个不同国家竞争主管机构进行申报。

2005 年，欧盟委员会质疑排除《合并条例》适用于两个或两个以上企业在欧洲经济区市场内的销售额 2/3 以上来自同一个成员国的适当性。事件的起因是一家西班牙天然气经营者 Gas Natural 宣布收购西班牙最主要的电力公司 Endesa，由于这两个公司收入的 2/3 都是来自在西班牙的销售，根据《合并条例》，欧盟委员会对该项合并没有管辖权。克罗丝委员（Commissioner Kroes）在对此事发表评论意见时指出，她将会同成员国启动磋商程序以修改 2/3 规则。④ 按照克罗丝委员的意见，"近来在能源领域的实践表明，为保证具有跨国影响的案件由布鲁塞尔处理，2/3 规则是否仍然代表了最恰当的方式极具争议性。我们必须保证，对具有重要跨国影响的合并评估应该做到始终一致。因此，现在是换一种角度考虑 2/3 规则条款的时候了。"⑤

---

① See *Royal Bank of Canada/Bank of Montreal*, Case IV/M.1138, 1998 O. J. （C 144）4；JCSAT/SAJAC, Case No. IV. M. 346, 1993 O. J. （C 219）1.

② See Mario Monti, "Commission Adopts Comprehensive Reform of EU Merger Control", *Commission Press Release* IP/02/1856 of December 11, 2002 [The Commission proposal envisages that "（a）simplification of the system for the referral of merger cases from the Commission to Member State competition authorities for investigation, and vice versa, is also foreseen. This reform will seek to ensure, consistent with the principle of subsidiarity, that the best – placed authority should examine a particular transaction, while at the same time seeking to reduce the incidence of 'multiple filing,' i. e. notification to numerous competition authorities within the EU"].

③ See Recital 11, Merger Regulation.

④ See Case COMP/M.3986, Commission decision of November 15, 2005.

⑤ See Neelie Kroes, "Competition Policy's Contribution to Growth and Jobs", *Speech before the Economic and Monetary Affairs Committee of the European Parliament*, January 31, 2006（Commission Press Release SPEECH/06/60）.

欧盟《合并条例》中营业额的概念是以净销售额为基础的。在这里，欧盟委员会主要考虑到"净营业额"能够准确地"反映企业真实的经济实力"。① 营业额解释为"相关企业在上一财务年度通过出售产品和提供服务等正常营业活动所获得的款额，在扣除销售回扣、增值税以及其他直接与营业额有关联的税款后的净值。"② 因此，除了信用和金融机构以外，企业其他来源收入如投资收入一般都应予以扣除。需要注意的是，《合并条例》第 5 条第 1 款中的销售回扣应界定为"企业给予其客户的以及对销售总额有直接影响的所有回扣或者折扣"，它也应当予以扣除；"直接涉及营业额的税款"，是指与营业额有联系的间接税，如酒精税或者香烟税。③

为更好地理解和解释合并条例中营业额的概念，欧盟委员会颁布了《综合管辖权通告》（Consolidated Jurisdictional Notice），对营业额做进一步地详细解释。

在计算营业额时，欧盟委员会考虑的总金额是相关企业的正常营业活动的营业额，这通常就排除了销售固定资产和特别收入。④ 委员会更愿意接受审计后的决算，尽管委员会在许多案件中使用了未经过审计的数字。

《合并条例》规定，计算总营业额应以企业统一的营业收入为基础，不应包括企业内部产品的销售。为防止收购企业通过多次交易虚拟收购公司部分资产而规避条例，两个或两个以上产权交易行为如果在两年期间发生在相同企业之间，它们应该被视为发生在最后一个交易日的同一个合并行为。⑤《合并条例》也指出，因某种条件而紧密连接的交易，或一个在合理短期内以一系列证券交易方式而紧密连接的交易，都应视为单个合并。⑥

---

① Consolidated Jurisdictional Notice, para. 164.
② See Art. 5 (1), Merger Regulation.
③ Consolidated Jurisdictional Notice, para. 166.
④ Aid granted to undertakings by public bodies is liable to be included in the calculation of turnover if the undertaking concerned is itself the recipient of the aid and if the aid is directly linked to the sale of products and the provision of services by the undertaking and is therefore reflected in the final selling price. See, e. g., *Cereol/Continentale Italiana*, Case IV/M. 156, Commission decision of November 27, 1991, paras. 7–9.
⑤ See Art. 5 (2), Merger Regulation. See, e. g., *Norsk Hydro/Enichem Agricoltura – Terni* (Ⅱ), Case IV/M. 832, Commission decision of October 25, 1996, para. 5 (fertilizers and nitrogen compounds); and *Kingfisher/Grosslabor*, Case IV/M. 1482, Commission decision of April 12, 1999, para. 13 (retail of photographic development services).
⑥ See Recital 20, Merger Regulation.

在销售产品情况下,欧盟委员会通常通过确定所有权转让的各个商事行为而确定营业额。[①] 在提供服务情况下,营业额的计算方法通常与销售产品时营业额的计算一致:欧盟委员会将考虑销售总额。然而,当销售总额取决于所提供的服务以及相关部门内根本性的法律和经济安排时,这种计算可能更为复杂。

当一项服务通过中间商提供时,营业额的计算可能更为困难。在此情况下,即使中间商向最终客户寄出发票并标明总金额,欧盟委员会仍会坚持充当中间商的企业的营业额只包含其佣金总额。注意到"许多不同情况可能会出现,且根本性的法律和经济联系不得不予以仔细分析",《综合管辖权通告》提供了两个范例。[②] 在一揽子度假旅游情况下,通告规定,最终消费者支付的总金额,包含旅行社佣金,都应分配给包价旅游承办商。在广告业,既然媒体代理机构作为中间商对广告时间的卖方来讲并不构成销售渠道,而为安排广告的那些企业所选定,那么,只有收取的金额(无佣金)应考虑构成电视频道或者杂志的营业额。第三个范例是恩德萨(Endesa)案。在该案中,欧洲初审法院拒绝了西班牙电力销售商的主张,即应当把它偿还给向它提供电力的有关公司的费用排除在其收入之外,其理由是,就这些收入而言,该电力销售商仅是一家中间商。[③]

根据条例,欧盟和成员国的营业额应以共同体内或一成员国内的销售为基础,因此,营业额通常通过参考产品或服务最初购买者的地点来分配,这等同于交货地点。[④] 然而,在某些行业,委员会通过争议产品或服务竞争

[①] Consolidated Jurisdictional Notice, para. 157.
[②] Consolidated Jurisdictional Notice, para. 160.
[③] Endesa v. Commission ("Endesa"), Case T-417/05, 2006 E. C. R. II-2533, paras. 201-216. (为使其年度营业额低于合并条例门槛,恩德萨主张,由于电力销售商如恩德萨根据西班牙的有关法律需要向提供给其电力的那些公司返还从他们消费者处取得的一部分收入,因此这些收入不应归于恩德萨;法院拒绝了这种主张,理由是恩德萨不是一家中间商,此外,还由于恩德萨从其他供应商处购买电力再转售给消费者。)
[④] See, e. g., *Air France/Sabena*, Case IV/M. 157, Commission decision of October 5, 1992, paras. 17-20 (Commission expressed a preference for the second option, since it takes into account the two points between which the service is rendered, although it calculated turnover by applying each test). See also *British Air-ways/TAT*, Case IV/M. 259, Commission decision of November 27, 1992, para. 14; Dan Air, Case IV/M. 278, Commission decision of February 17, 1993, paras. 87-108; and British Telecom/MCI (II), Case IV/M. 856, Commission decision of May 14, 1997 (1997 O. J. L336/1), para. 8 (Commission considered alternative approaches on the question of geographical allocation of turnover earned by telephone companies on international calls).

发生地来分配营业额。在运输行业，欧盟或不同成员国分配销售额存在着特别的困难。欧盟委员会考虑了分配营业额的三种可能方法：把收入归于运输公司母国外的最终目的地国；在原产国和最终目的地国之间平均分配；以及归于车票销售（ticket sale）的成员国。① 当在地理上分配营业额不十分确定时，欧盟委员会将会考虑这种情况的经济现实。②

对于国营和国有企业，《合并条例》规定，在计算相关企业营业额时，应考虑具有独立决策权、构成了一个经济实体的相关企业。③ 换句话说，相关企业是国有企业时，营业额是相关经济单位的营业额，不是国家所有的全部企业的营业额。

此外，条例还包含了计算银行、保险、金融控股公司以及租赁行业营业额的特别规则。

（1）信贷与金融机构。根据《1989年合并条例》，信贷与金融机构的营业额应当根据这些机构的资产进行计算。这里的全球营业额应当以一家金融机构1/10的总资产价值为基础进行计算，并且共同体营业额等于全球营业额乘以（a）与共同体居民交易中对信贷机构和客户的借款与预付和（b）借款与预付总金额之间的比率。成员国营业额以类似原则为基础进行计算。然而，为简化银行部门营业额的计算，规则在1997年为符合银行损益表的新的营业额概念所代替。信贷与金融机构的营业额等于下列项目之和：利息收入和类似收入；来自有价证券的收入、即来自股票和其他可变收益证券、来自分享的权益以及来自关联企业的股票；应收佣金；金融业务的净利润；以及其他营业收入。④ 尽管应付利息和类似费用、应付佣金以及金融业务的净损失不应予以扣减，然而增值税及其他直接与这些项目有关的税收应当予以扣减。在计算营业额时，非常收入（利得）或者非常利润不应包含在内。至于营业额的地理分配，欧盟或者成员国的营业额应当归于欧盟或成员国国内取得这些收入的信贷与金融分支机构。⑤ 此外，欧盟

---

① See Turnover Notice, para. 7.
② See Turnover Notice, para. 7.
③ See Undertakings Concerned Notice, para. 55; Recital 22, Merger Regulation.
④ 1986年12月8日的欧盟理事会第86/635/EEC号指令对这些项目作了说明（1986 O. J. L372/1）。
⑤ Art. 5 (3) (a), second subparagraph, Merger Regulation.

委员会指出，为界定全球营业额，适用银行收入标准不会引起任何困难。①

（2）保险公司。《合并条例》在计算保险公司的营业额时评估了从全球范围或者从欧盟居民取得的总保费价值，它们各自分别替代了全球和欧盟范围内的营业额。根据《合并条例》第5条第3款，保险企业的总承保保费价值应包括保险企业签发的或者代表保险企业签发的保险合同所包含的已收和应收总额，也包括支出的再保险费，并且扣除税金以及参考个别或者总保费收取的准捐税或者特别征费；此外，在计算总保险费时，保险合同从共同体居民和某个成员国居民处已收保费也应当分别予以考虑。需要注意的是，支出的或者输出的再保险费（也就是相关企业为得到再保险承保已付和应付的总额）仅是与提供保险承保有关的成本，不能从总承保保费中扣减。② 欧盟委员会《综合管辖权通告》指出，应当考虑的保险费是被考虑会计年度期间内达成的新保险合同包含的保费以及在以前年度达成但在考虑期间内仍然有效的保险合同所包含的保费。③ 此外，为构成适当储备以应付未来出现的保险赔付，保险企业通常会持有股票、附息证券、土地和房地产以及其他可提供年收入的资产等投资组合。来自这些收入源的年收入不应考虑为保险企业的营业额。④ 然而，保险企业没有取得授权、不能对上述投资企业行使特定"权利与权力"的纯粹金融投资和满足"权利与权力"标准、取得权益的投资存在巨大差异。在后一种情况下，投资企业的营业额应计入保险企业的营业额。⑤

（3）金融控股公司。由于金融控股公司和信贷与其他金融机构经济活动的相似性，金融控股公司的营业额计算与信贷与其他金融机构的营业额计算是相似的。然而，由于金融控股公司取得和参与经营管理其他企业，因此，欧盟《合并条例》规定，金融控股公司所持有股份能够对其他企业产生决定性影响，那么这些企业的营业额也应包含在金融控股公司的营业额计算中。⑥ 认识到"不同的会计规则可能需要予以考虑"，欧盟委员会要

---

① Consolidated Jurisdictional Notice, para. 210.
② Consolidated Jurisdictional Notice, para. 214.
③ Consolidated Jurisdictional Notice, para. 215.
④ Consolidated Jurisdictional Notice, para. 216.
⑤ Consolidated Jurisdictional Notice, para. 216.
⑥ Art. 5 (4), Merger Regulation; Consolidated Jurisdictional Notice, para. 217.

求仔细审查被控制企业的数量和多样性以及对子公司、关联公司和金融控股公司持股的其他公司行使控制的程度。然而，委员会也注意到，金融控股公司的营业额计算在实践中可能会"承担过重的义务"。① 因此，只有在金融控股公司可能接近欧盟《合并条例》门槛的情况时，"该方法的严格和详细适用"是必要的。② 而在其他情况下，营业额是否满足《合并条例》门槛显而易见，已公布的会计报表足以建立欧盟委员会的管辖权。

（4）融资租赁公司。融资租赁与经营租赁存在显著区别。通常而言，融资租赁比经营租赁期限更长，且所有权一般会在租赁结束时以购买选择权的方式转移给承租人。相反，在经营租赁情况下，所有权在租赁结束时不会转移给承租人，且维持、修理费以及租赁设备的保险一般都包含在租赁款内。因此，融资租赁的作用可以理解为出租人提供某种借贷从而使承租人能够购买既定资产。因此，欧盟委员会规定，融资租赁公司应当被视为金融机构，其营业额应根据适用于这种机构的营业额计算规则进行计算。此外，由于经营租赁活动通常没有该功能，因此，经营租赁公司应当适用一般性营业额的计算规则。

欧盟认为，企业合并的营业额构成要素主要包括参与集中的经营者、参考期间和日常活动。

1. 参与集中的相关企业

根据《合并条例》，确定一项集中是否需要申报，欧盟委员会将考虑相关企业的合计营业额和各自的营业额，即直接参与集中的那些企业的营业额。③

相关企业是因集中导致营业额被合并或者合计的那些企业。④ 在收购情况下，相关企业是指目标公司和收购人；在计算营业额时，收购人控制的以及控制收购人的企业的营业额应当包含在内。⑤ 此外，由于控制可以共同

---

① Consolidated Jurisdictional Notice, para. 220.
② See Consolidated Jurisdictional Notice, para. 220.
③ Consolidated Jurisdictional Notice, para. 129.
④ 在确定特定交易是否具有共同体规模时，"相关企业"的概念不应与在《合并条例》下具有法定权利和义务的"企业"的宽泛概念相混淆。后者包括申报当事人、其他相关当事人、第三方当事人以及接受罚款或者定期罚款（periodic penalty payments）的当事人。
⑤ Consolidated Jurisdictional Notice, para. 177.

行使，因此收购一方可能存在一个以上的企业。就被收购一方而言，除非企业的卖方保留了同另一个企业一起共同控制的权利，否则它就不是相关企业。

在计算相关企业营业额时，那些直接参与集中的企业所在集团的收入需要予以考虑。

（1）合并。在数家独立企业结合在一起组建一家新的企业或者成立一家单独经济体时，各个合并企业都应视为相关企业。[1]

（2）单独控制的取得。在取得单独控制的情况下，收购人只有一家相关企业。欧盟委员会发展了一套明确的规则，用来计算被收购企业的营业额。A. 取得对整个公司的单独控制。取得对整个公司的单独控制是最为简单的情况。在此情况下，相关企业是评估管辖权相关日期内所形成的收购企业和目标公司。[2] 这同样适用于对消极控制的取得，但不适用于从消极控制向积极控制的改变。[3] B. 通过企业集团的子公司取得单独控制。当企业集团通过一家子公司收购一家企业时，相关企业为从事收购行动的子公司与目标企业。[4] 需要注意的是，从事收购行动的子公司属于相关企业，为确定是否满足适用的申报门槛，同一企业集团内所有其他公司的营业额都应包含在内。这时，实际申报可以通过相关子公司或者其母公司进行。C. 取得对一家企业部分的单独控制。《合并条例》规定，在一项集中涉及对一家或者多家企业的重要部分收购时，只有属于交易对象的那些重要部分才应当从卖方角度进行考虑。[5] "部分"的概念应解释为企业部门、子公司、子部门、生产设备、或者市场营业额能够明确归属的其他资产（如商标或者特许权），实质上以及永久地影响相关市场结构的销售。[6] 在涉及对一家企

---

[1] Consolidated Jurisdictional Notice, para. 132.
[2] 确定欧盟委员会管辖权的相关日期为缔结具有约束力的法律协议、宣布公开投标或者取得控制权益的日期，或者初次申报日，以先到为准。
[3] Consolidated Jurisdictional Notice, para. 83.
[4] Consolidated Jurisdictional Notice, para. 135.
[5] Art. 5（2），Merger Regulation.
[6] See, e. g., Zurich/MMI, Case IV/M. 286, Commission decision of April 2, 1993, para. 4 (assets of MMI relating to the writing of direct contracts of non‐life insurance in the United Kingdom); Matra Marconi Space/Satcomms, Case IV/M. 497, Commission decision of October 14, 1994, para. 7 (main assets of Ferranti Satcomms, the satellite and communications division of Ferranti); and AT&T/Philips, Case IV/M. 651, Commission decision of February 5, 1996, paras. 6–7 (three business units of Philips).

业进行部分收购的情况时,相关企业将是收购人和卖方的被收购部分。① 卖方的剩余部分不应予以考虑。D. 连续交易。当相同企业实施的一个或者一个以上交易单独或者累计计算满足营业额标准时,它们在两年内连续实施的交易在最近交易时须进行申报。这里需要进行集中申报时,相关企业为收购人和目标公司的被收购业务。E. 从共同控制向单独控制的转变。在从共同控制向单独控制转变情况下,相关企业是收购人和以前被共同控制的实体。② 现有股东不是相关企业。③ 在此情况下,为避免重复计算,共同被控制实体的营业额应排除在收购股东的营业额之外。

（3）共同控制的取得。在涉及合营企业的集中时,五种情况可能会出现:取得对新设公司的共同控制;取得对既存公司的共同控制;现有合营企业控制性质的变化;合营企业取得的控制;以及合营企业的结算或者资产交换。A. 取得对新设公司的共同控制。在对新设公司取得共同控制的情况下,相关企业为取得新设合营企业控制权的各个公司。在合营企业没有存续时,合营企业不能视为一家相关企业,因此,不存在营业额的问题。B. 取得对既存公司的共同控制。在取得对现有公司或者企业的共同控制时,相关企业是取得共同控制的各个公司和既存的被收购公司或者企业。④ 在既存公司或者企业处于一家公司的单独控制之下,且一家或者数家其他公司同原母公司一起取得对该既存公司或者企业的共同控制时,相关企业为各家从事收购的公司,包括原股东。在此情况下,被收购公司或者企业不是相关企业,其营业额应累计计入原母公司的营业额中。C. 现有合营企业控制性质的变化。新的具有控制权的股东加入合营企业,不论他们是否代替现有的具有控制权的股东,当引起合营企业结构内控制性质发生变化时,一项须申报的集中就会出现。⑤ 当一项交易减少了具有共同控制权的股东数量、但没有从共同控制转向单独控制,也没有任何新股东取得控制时,一

---

① Consolidated Jurisdictional Notice, para. 136.
② Consolidated Jurisdictional Notice, para. 138.
③ Consolidated Jurisdictional Notice, para. 138. See, e. g. , *ICI/Tioxide*, Case IV/M. 23, Commission decision of November 28, 1990, paras. 2 and 4 （欧盟委员会首次对涉及共同控制向单独控制转变的交易主张管辖权;相关企业为取得单独控制的企业和被取得单独控制的实体）。
④ Consolidated Jurisdictional Notice, para. 140.
⑤ Consolidated Jurisdictional Notice, para. 142.

般不存在须申报的集中。例如,交易发生前,一家企业的五名股东各自拥有20%的股份,当一项交易发生后,一名股东退出合营企业,其余四名股东各自拥有25%的股份。然而,需要注意的是,如果一个或者多个新股东,通过进入或者通过取代现有股东的方式取得对一家合营企业的控制,相关企业应为行使共同控制的股东(包括现有的和新的股东)和合营企业。至于现有的股东,欧盟委员会的意见是新股东的进入在本质上不仅是取得一项新的控制,对剩下的控股股东而言也导致了控制性质的变化,这是因为合营企业控制性质由控股股东的身份和组成以及他们间的关系所决定。
D. 合营企业取得的控制。合营企业取得对另一家公司的控制时,合营企业是否应当视为一家单独的相关企业(其营业额包含该合营企业的母公司)或者各个母公司是否应视为单独的相关企业的问题就出现了。这里需要注意以下两种情况。在有着充足的财务和其他资源、能够进行长期经营的全能型合营企业实施收购时,欧盟委员会通常考虑相关企业为合营企业(而不是合营企业的母公司)和目标公司。相反,在合营企业是其母公司进行一项收购的"纯粹工具"时,欧盟委员会将考虑相关企业为各个母公司本身和目标公司,而不是合营企业。① 当一家合营企业为取得目标公司目的而设立或者仍没有开始经营时;当一家现有的合营企业没有全能性质或者是企业协会时;或者,如在交易发起、组织和资助方面母公司"有重大参与"已经证明它们是交易背后的"实际参与者"时,这将成为事实。因此,一般原则是,作为取得控制的直接参与者,合营企业应当被看作是相关企业。然而,当母公司有效地组织了集中或者收购通过某种特定的目标收购工具完成时,欧盟委员会会注意交易的经济现实,并单独将母公司视为相关企业。E. 合营企业的解散或者资产交换。为快速分割公司或者集团资产之目的取得一家公司或者集团的资产时,欧盟委员会通常会将此确定为数个交易,各个交易涉及对被收购公司部分或者资产取得单独控制。对于各个交易而言,相关企业将是收购公司和目标公司的被收购部分。② 同样,在两个或者多个企业交换资产③或者分立一家合营企业并将资产进行分割时,一般将会有一个以上的

---

① Consolidated Jurisdictional Notice, para. 147.
② Consolidated Jurisdictional Notice, para. 148.
③ Consolidated Jurisdictional Notice, para. 150.

控制取得。在此情况下，相关企业（对各个交易而言）将是从事收购的当事人和合营企业的被收购部分，欧盟委员会将分别考虑各项交易。

（4）自然人取得控制。如果自然人执行进一步的经济行动（且凭其自身情况被归为经济性企业）或者控制一家或者多家其他的经济企业，那么控制也可以为自然人所取得。① 在这种情况下，相关企业为目标企业和自然人，包括该自然人控制的所有企业的营业额。

（5）管理层收购。一家公司的经理人对控制权进行收购时，他们将被视为自然人。然而，在某些情况下，公司的管理层可能会通过"媒介公司"以"一致行动"和"促进决策"方式集中他们的利益。该媒介公司可以是相关企业，受到上述取得媒介规则的调整。②

（6）国有企业取得控制。在一家国有企业合并或者取得相同国家（或者省）控制的另一家企业的控制权时，③ 这一交易是否构成须申报的集中的问题就出现了。④ 事实情况是，两家企业都由相同国家（或者省）拥有并不一定意味着它们属于相同"集团"。如果有争议的企业以前曾经是具有独立经济决策力的不同经济单位的一部分，那么该项交易构成一项集中。⑤

2. 参考期间

在《综合管辖权通告》中，欧盟委员会指出，营业额应当根据"最靠近交易日财务年度的"那些"可以获取的最为准确和可靠的数据"进行计算。这通常是指上一财务年度。⑥ 如果企业无法取得上一财务年度的审计报

---

① Consolidated Jurisdictional Notice, para. 151.
② Consolidated Jurisdictional Notice, para. 152. See, e. g., *Nordic Capital/Transpool*, Case IV/M. 625, Commission decision of August 23, 1995, paras. 3 – 9, 涉及 2 家投资公司 Nordic Capital and Electra 通过为一家旅游公司 Transpool 提供可转换贷款，从而取得对该公司的共同控制；and *KKR/Willis Corroon*, Case IV/M. 1280, Commission decision of August 24, 1998, paras. 2 – 4, 涉及一家投资公司 KKR Associates Ⅱ 对 Willis Corroon 集团的收购。
③ Id. para. 55.
④ Id. para. 8.
⑤ See, e. g., CEA Industrie/France Telecom/Finmeccanica/SGS – Thomson, Case IV/M. 216, Commission decision of February 22, 1993, para. 1 (electronic valves, tubes, and other components), 该案涉及 CEA – Industrie, France Telecom, and Finmeccanica 等 4 家公司以资本结构重组方式取得对 SGS – Thomson 公司的共同控制。
⑥ See, e. g., Paribas/MTH/MBH, Case IV/M. 122, Commission decision of October 17, 1991, para. 9（尽管上一财务年度是计算营业额的参考期间，然而，为确定一家企业在共同体活动中的重要性，参考集中完成的时间以及确定在那一时间企业的共同体营业额才是适当的。）

告，例如一项集中发生在一年里的第一个月且审计报告还未能取得，那么欧盟委员会将使用前一年的数据。在某些情况下，欧盟委员会可以决定使用非决定性会计说明。① 例如，在企业从来没有定期准备财务审计报告时。

欧盟委员会尝试依赖"适用于争议企业审计后的以及在相关财务年度属强制性的账目"。② 在共同体会计标准与非欧盟国家的会计标准存在显著区别时，欧盟委员会可以根据共同体标准重编会计报表。③ 除了在极特殊情况下，委员会不愿意依赖管理性或者临时性会计账目。④ 由于相关企业重要和永久性变化，两套会计账目间存在明显分歧时，特别是在最近年度以来的最终草拟的会计数据已经为董事会批准时，欧盟委员会可能会决定考虑这些数据。⑤

欧盟委员会认识到，在某些情况下，有必要对审计数据进行必要的调整"以说明相关企业经济现实的永久性改变"，例如审计报告中没有或者没有充分反映收购或者剥离，从而能够确定"被集中的真实资源以及更好地反映相关企业的经济情况。"⑥

欧洲初审法院也指出，只有"相关企业经济现实的重要和永久性改变"才应当予以考虑，并且如果对合并关系的适用以委员会对公司账目完全再审查为条件，那么这就违背了效率和法律确定性的目标。⑦ 因此，对公司审计账目进行调整应该在"本质上有所选择"，且不应危及这样一个原则，即在确定欧盟委员会管辖权上应当是一套"简单和客观的机制"。⑧ 实践中会出现两种主要情况。

首先，账目审计日之后发生企业收购、剥离或者倒闭情况时，归于该类活动的营业额应当在适当情况下从申报当事人的营业额（需要注意的是，

---

① Consolidated Jurisdictional Notice, para. 170.
② Consolidated Jurisdictional Notice, para. 169.
③ Consolidated Jurisdictional Notice, para. 171.
④ Consolidated Jurisdictional Notice, para. 170. See, e. g. , Gas Natural/Endesa, Case COMP/M. 3986, Commission decision of November 15, 2005; confirmed in Endesa v. Commission ("Endesa"), Case T‑417/05, 2006 E. C. R. Ⅱ‑2533, paras. 176, 179.
⑤ Consolidated Jurisdictional Notice, para. 170.
⑥ Consolidated Jurisdictional Notice, para. 172.
⑦ Endesa v. Commission ("Endesa"), Case T‑417/05, 2006 E. C. R. Ⅱ‑2533, para. 179.
⑧ Consolidated Jurisdictional Notice, para. 172.

该营业额为上一审计账目中所说明的营业额）中予以增加或者扣减。[①] 如果当事人达成销售企业重要部分的协议但交易还没有结束时，除非销售对申报交易来说是前提条件，否则这种改变不应予以考虑。[②] 相反，在准备最近审计账目之后、但在确定管辖权相关日之前结束收购的那些企业的营业额，为申报目的，必须增加到公司的营业额中。[③]

其次，企业的部分收购、剥离或者关闭发生在审计账目起草的财务年度期间时，调整不得不进行，以便从审计账目中排除被剥离或者关闭企业直到企业分离时所产生的营业额，并将被收购企业在该年度内直到它们并入会计报表时产生的营业额计入。结果就是，被剥离或者关闭的企业的营

[①] See, e.g., Deutsche Bank/Banco de Madrid, Case IV/M. 341, Commission decision of May 28, 1993, para. 6（德意志银行收购马德里银行的交易中，委员会在计算德意志银行的营业额时主要依靠上一财务年度的数据，而在计算马德里银行的营业额时考虑的是最近的财务数据，这是由于该公司最近发生了结构性改变）。See also VIAG/EB Bruhl, Case IV/M. 139, Commission decision of December 19, 1991, para. 6, 尽管大陆罐头公司在1991年为VIAG所收购，然而欧盟委员会还是在计算营业额时将大陆罐头公司在1990年发生的营业额包括在内。（VIAG/Continental Can, Case IV/M. 81, Commission decision of June 6, 1991）。假如1990年为参考年限，那么集中将不具有共同体规模。

[②] See, e.g., British Airways/Dan Air, Case IV/M. 278, Commission decision of February 17, 1993, para. 6（欧盟委员会的意见是，在已经达成协议的剥离没有在合并时完成，只要合并以实施剥离为条件，那么关联的营业额不应予以考虑）；see Air France v. Commission ("Dan Air"), Case T-3/93, 1994 E.C.R. II-121）。See also Ingersoll-Rand/Clark Equipment, Case IV/M. 588, Commission decision of May 15, 1995（欧盟委员会作出决定，该交易不属于合并条例的范围，这是因为 Ingersoll-Rand's 购买 Clark Equipment 的要约是以 Clark Equipment 剥离其在德国掘土设备公司 VME50% 的股份为前提的；一旦VME的销售额被扣除，Clark Equipment'的营业额将不再满足合并条例的门槛）；Rhone-Poulenc/Fisons, Case IV/M. 632, Commission decision of September 21, 1995（Fisons 主张，Rhone-Poulenc Rorer'对 Fisons 的公开报价在门槛之下，这是因为 Fisons 已经作出出售部分资产的公司决议，即使这些决议仍然需要监管机构和股东的批准。委员会作出决定，不同于出售某些资产为交易合同前提条件的情况，该案件中相关资产的营业额不得不包含在内，这是由于它们的营业额在委员会决定时仍然需要股东的批准，且 Rhone-Poulenc Rorer 的公开报价不依赖于这些资产的预先销售）；and MCI WorldCom/Sprint, Case COMP/M. 1741, Commission decision of June 28, 2000（2003 O.J. L300/1），on appeal Case T-310/00, 2004 E.C.R. II-3253, 欧盟委员会将 Sprint 的份额包含在 Global One 合营企业营业额内，这是由于 Sprint 从 Global One 撤出的承诺没有在签署合并协议时实现，且不是申报合并的先决条件。欧洲初审法院取消了该决定，主张欧盟委员会在当事人通知欧盟委员会它们意图放弃集中后仍然采用该决定是超越权限的。

[③] Consolidated Jurisdictional Notice, para. 173.

业额必须完全排除，被收购企业的全部年度营业额必须包含在内。①

《综合管辖权通告》明确指出，对于可能暂时影响营业额的其他因素，如在交易前某产品订单减少或者生产过程放缓，不应给予调整。②

此外，在将销售收入转换为欧元时，一家企业的年营业额应当根据12个月的平均汇率进行转换。③ 在公司的销售以多种货币结算时，合并审计报表所提出的以及根据公司申报货币计算得出的总营业额都应根据年平均汇率转换成欧元。④

3. 日常活动

在出售产品情况下，营业额可以通过确定涉及所有权转让的各个商业行为进行确定。

根据《综合管辖权通告》，总营业额必须与相关企业的"日常活动"相符。即收入应来自企业在正常营业期间的产品销售或者服务供应。一般而言，这就排除了在企业会计账目中列入"财务收入"或者"特别收入"的科目。其中，特别收入包括来自企业销售或者固定资产销售。

需要注意的是，如上所述，总收入不一定非得来源于日常活动的产品销售或者提供服务。例如，在欧盟，企业还可以从公共部门那里获得援助，且如果企业是援助的接受者，并且这种有争议的援助与该企业销售产品和提供服务有着直接联系，那么这种援助也应包含在营业额的计算中。这项援助也就成为该企业销售产品或者提供服务取得收入的一部分（除了消费者支付的价格以外）。

一般来说，在计算过去只有内部收入的企业部门的营业额时（例如，通过转让企业个体外包服务的交易），特定问题会出现。这时，欧盟委员会认为，营业额应根据内部转让价或者现有的公开报价（如石油领域）进行计算。《综合管辖权通告》规定，在内部营业额似乎没有与争议活动的市场价值相适应（并因此达到市场预期的未来营业额）时，取得的计划收入可以构成适当的替代品。⑤

---

① Consolidated Jurisdictional Notice, para. 173.
② Consolidated Jurisdictional Notice, para. 174.
③ Consolidated Jurisdictional Notice, para. 204.
④ Consolidated Jurisdictional Notice, para. 205.
⑤ Consolidated Jurisdictional Notice, para. 163.

三 ICN 的相关建议规范

经济全球化和多国管辖合并交易的日渐增多使得越来越多的国家规定了合并申报的门槛，然而，许多国家规定的申报门槛并不是非常清楚。这种模糊的申报门槛严重影响了企业跨国并购交易当事人的合并行为，损害了他们正当的商业利益，也不利于各国的资本市场的发展。由于商业团体、竞争主管机构以及资本市场的有效运转都需要清楚、易于操作且明确的申报门槛，因此，在 2002 年 9 月 ICN 的第一届会议上，合并工作组在其提交的《建议规范》中建议，各国应采用简单、清楚和易于理解的申报门槛，减少对不具有市场影响的合并交易的干预，方便企业并购的外国当事人了解东道国合并申报门槛，从而促进各国经济和商业的繁荣和发展。

根据《建议规范》，合并申报门槛应完全以客观量化的标准如资产和销售额（或营业额）为基础。其中，客观的标准要求管辖国明确说明三个要素：第一，管辖国必须说明衡量手段，即资产或销售额。第二，管辖国必须说明衡量手段所适用的地域，即全国范围或全球范围。第三，管辖国必须说明时间要素。在使用某些衡量手段如收入、销售额或营业额的情况下，时间是指进行测量的一个期间，如日历年。在使用其他衡量手段如资产的情况下，时间是指进行测量的某个特定日。在上述两种情况下，所指的标准可通过已存在和定期准备的财务报表如年度收支决算表或年终资产平衡表予以详细说明。

合并工作组认为，这种客观量化的特定标准应当以清楚和易于理解的术语来表述，包括说明包含的或者被排除的因素如税收、公司销售额的内部转移、资产折旧以及在上一个定期财务报表后发生的重大事件或交易；标准也应对销售额或者资产的地域分布给予说明。此外，为使合并当事人能够按照同一标准搜集多个管辖国所需要的数据，管辖国应努力对普遍使用的标准寻求采用一致的定义或指导意见。[①]

相对于客观量化标准，工作组指出，非客观量化标准，如市场份额和与交易有关的潜在影响对合并控制过程的后期阶段较为合适，比方说，确定当事人申报中所获信息的数量以及交易的合法性，但是这种非客观量化

---

① http://www.internationalcompetitionnetwork.org/media/archive0611/mnprecpractices.pdf.

的标准不适宜作为初步确定交易是否需要申报的标准。

为方便合并交易当事人申报,《建议规范》还要求,申报门槛应建立在合并当事人易于获得的信息基础之上。合并工作组认为,申报门槛的信息一般应是当事人在日常经营活动中可以获得的信息。此外,管辖国还可以要求合并当事人说明其收入或者资产,即使他们在日常经营活动中并没有保存这些资料。在保存指定数据所使用的方法上,管辖国应给予当事人适当指导,特别是在管辖国要求报告信息的方式与合并当事人通常营业实践并不相同时,这种指导尤为必要。

在确定申报门槛的资金标准时,工作组认为,管辖国应优先考虑当地币值,这是因为当事人在日常经营活动中一般是使用当地币值来说明其财务状况的,而且与当地币值相关的公开数据一般也便于管辖国通过标准的国际文献来获取。然而,应当承认,货币不稳定的国家有必要采用更加灵活的经济数据,如月度工资的增长倍数。此外,管辖国优先使用当地货币并不妨碍其使用普遍认可的国际贸易货币作为申报门槛的资金标准。然而,不管出现何种情况,相关的标准包括外汇兑换适用规则都应该是透明的和能够被清楚说明的,且无论合并当事人在管辖国地域内是否有住所都应当能为当事人所理解。

第二节 合并申报的时间和内容

一 美国合并申报的时间和内容

在《HSR法案》公布之前,美国一直对合并实行事后申报制度。1956年美国诉厄尔帕索天然气公司案[①]彻底推翻了美国以往的做法。在该案中,司法部根据《克莱顿法》第7条反对厄尔帕索天然气公司收购太平洋西北管道公司的股票和资产。在经过长达7年的诉讼后,美国联邦最高法院最终作出判决,支持司法部的诉讼请求并要求立即进行剥离。随后司法部又花了三年时间才彻底完成资产剥离,整个案件历时十年之久。然而,尽管最

---

① See *United States v. El Paso Natural Gas Co.*, 376 US 651 (1964).

终完成了资产剥离,但是在剥离之前厄尔帕索天然气公司已经控制太平洋西北管道公司达七年之久,且每年从该公司非法获得 1000 万美元的利润。

厄尔帕索只是一个中等规模的并购案件,在司法部发现之前当事人已完成了并购。该案件说明,并购后发生的诉讼可能旷日持久,完成剥离又多半耗费时日。此外,合并一旦完成,被收购资产得以处置和混同,如果再重新分割和重组混合后的资产是非常困难的。为此,从 1969 年开始到《HSR 法案》公布,美国联邦贸易委员会通过实施自己的合并前申报程序对厄尔帕索案提出的问题进行救济。然而,联邦贸易委员会的合并前救济程序缺乏在强制等待期间前禁止完成合并的权力因而被证明是没有任何效果的。基于这种原因,美国国会在 1976 年颁布了《HSR 法案》,改变了事后申报制度,要求对合并实行事先申报制度。

根据《HSR 法案》,影响美国州际商业或者对外商业且满足《HSR 法案》规定的申报门槛的交易都应向美国司法部和联邦贸易委员会提出申报。资产收购和表决权股交易的当事双方或者在股权收购情况下的收购方应根据指定的申请报告表提交申报。一旦交易当事人完成原则性协议、意向书或合同,倘若他们能够证明有良好意愿结束交易,那么就可以提交合并前申请报告表。[1] 此外,在第三方交易情况下,例如股权收购、公开市场购买、私人购买以及换股或者履行某些期权或保证,一旦第三方给予被收购方适当通知,或者在股权收购的情况下,第三方公开表明收购意图时,就应提出申报。收购方提出申报后,被收购方必须在 15 日内提交报告。对于现金要约收购,被收购方应在 10 日内提出申报。

在美国,合并当事人可以选择在签署意向书或者谅解备忘录后的任何时候提出合并申报,他们可以推迟申报以便与美国反托拉斯执行机构进行申报前讨论。当事人如果想在反托拉斯执行机构开始二次要求(Second Request)前为初次审查留出更多的时间,可以撤回和重新申报。

为防止当事人进行投机性申报,《2000 年 HSR 改革法》要求,所有提交报告的收购方应向联邦贸易委员会支付申请费。申请费依交易规模而变化。根据美国司法部最新调整的申报标准,少于 1.196 亿美元的交易,申请费用是 45000 美元;价值至少在 1.196 亿美元、但不超过 5.979 亿美元的交

---

[1] See 16 C. F. R. 803.5 (a) (2001).

易，申请费用是 125000 美元；价值至少在 5.979 亿美元的交易，申请费用是 280000 美元。①

在当事人完成合并交易前，满足法定标准的、或者没有被《HSR 法案》或其条例免除申报义务的交易方必须提交申请报告表，遵守等待期的要求。申请报告表要求合并申报人提供：申报人的信息和所报告交易的性质；合并引起有关收购当事各方以及各收购人持有被收购人资产和表决权股的比例以及以美元计价的总体价值；对收购、被收购资产或表决权股以及提交的收购协议文件的描述；近来提交给美国证券交易委员会的文件、最近的年度报告、管理人员和董事准备的或为他们准备的分析拟议交易竞争影响的报告；根据北美工业分类制度编纂的报告人所有经营的年度收入数据；按照等级和持有报告人所有实体的表决权股数量列出外部股东，以及报告人持有的外部表决权股清单；确定报告人和任何其他交易当事人所从事的行业，以及根据这些行业，确定报告人影响的地理市场；披露收购人以前对美国国内公司的收购。

根据有关规定，特殊收购的申报将在等待期结束一年后失效。② 如果该项收购没有在一年期间内完成，当事人必须就没有完成的收购部分提交新的申请以便继续完成收购。③ 在资产收购情况下，这项规则必须无条件遵守。然而，在收购表决权股的情况下，倘若没有满足更高一层申报门槛，该规则会被取消，当事人能够在等待期届满后五年内继续购买股票。这项规则受到一定制约，即如果在申报时，特定的最高申报门槛在等待期届满后一年内没有得到满足，申报只有是在这期间达到最高申报门槛时才有效，且在之后的四年内对累进收购的免除也相应受到限制。在收购表决权股的情况下，收购人如果在等待期届满后一年内没有越过任何申报门槛，那么它必须在完成交易前再次提交申报并等待。另一方面，在等待期届满后的第一年，如果当事人越过了申报所包含的任何门槛，那么在等待期间届满后的五年间它可以在任何时间再次越过这些门槛而无须额外的申报。

在美国，申报当事人一般很少在签署协议或者发布合并声明前与反托

---

① 《克莱顿法》第 7 条 A 之管辖权门槛，http://www.ftc.gov/os/2007/01/P859910RevisedSection7AClaytonAct 2007.pdf.

② See 16 C. F. R. 803.7.

③ See Statement of Basis and Purpose, 43 Fed. Reg. 33, 512 (1978).

拉斯执行机构接触。唯一的例外是在美国联邦贸易委员会和司法部之间因许可而发生争论（Clearance Battle）时，早期接触在努力"控制"交易由某一执法部门处理以及保证《HSR 法案》所规定的初始等待期没有被严重耽搁的问题上是有价值的。除了在工作量极大的案件中，美国反托拉斯执行机构不太愿意过早分析实体交易。这也与申报当事人可以根据原则性协议、意向书申报有关。

根据《HSR 法案》，反托拉斯执行机构可以提起民事诉讼，要求法院对任何没有遵守《HSR 法案》的当事人处以每天高达 11000 美元的民事处罚，不论当事人是美国公司，还是外国公司。除了金钱赔偿，美国法院也可以采取衡平救济，包括撤销合并交易或者要求交易当事人交出从非法合并中取得的利润。对没有申报的合并，反托拉斯执行机构可以审查不同的出版物，并从当事人的竞争对手、客户和其他行业消息来源获得信息。在实施《HSR 法案》时，反托拉斯执行机构是不遗余力的，特别是在合并没有理由免除申报或者合并被当事人精心策划规避申报时。1999 年，反托拉斯执行机构首次提起民事诉讼要求法院对公司高层管理人员处以民事处罚。[①] 在该案中，反托拉斯机构认为，该管理人员应该清楚他证明的合并前申请报告表是不准确的。2004 年世界首富比尔·盖茨的私人投资公司由于在收购 ICOS 公司 5000 万美元以上表决权股的过程中没有根据《HSR 法案》提出申报，因此他本人接受了 80 万美元的罚款。尽管盖茨主张投资例外豁免，但是由于他本人就是 ICOS 公司的一名董事，且参与了公司日常基本的商业决策，因此没有成功。[②]

当前，许多被反托拉斯执行机构指控的情况都是因为投资银行和其客户的合并安排违反了《HSR 法案》的申报要求。其他情况则包括投资免除、申报前完成收购、没有提交申报文件以及以合并安排为手段逃避申报等。在敌意收购情况下，出价人有时似乎更愿意不申报而接受处罚，这是因为

---

① See *United States v. Blackstone Capital Partners II Merchant Banking Fund and Howard Andrew Lipson*, 1999 - 1 Trade Cas. （CCH）72，484（D. D. C. 1999），available at www. ftc. gov/os/1999/03/blkstip. htm（$2.785 million assessed against the Fund, $50,000 assessed against Lipson）.

② See DOJ Press Release, *Bill Gates To Pay $800,000 Civil Penalty For Violating Antitrust Premerger Notification Requirements*（May 3, 2004），available at www. usdoj. gov/atr/public/press_ releases/2004/203530. htm.

提前披露计划会损害他们的收购战略，使计划落空。① 一些公司干脆找股票经纪人和投资银行代持，而某些当事人则将其购买的股票分散到多个机构意图避开收购一家合伙企业 50% 或 50% 以上股票应当报告的硬性规定。②

此外，美国法律没有规定对不遵守《HSR 法案》申报要求的当事人处以刑事处罚，也没有规定在这种情况下私人诉权的问题。然而，如果当事人过失造成没有提供申请报告表，美国反托拉斯执行机构可以自由决定是否对当事人进行处罚。在这种情况下，当事人应尽快提交申请报告表，并应提供书面解释，请求对其过失行为免于处罚。

二 欧盟合并申报的时间和内容

欧盟委员会对合并也采取了事前申报的方式。根据早期的《第 4064/89 号合并条例》规定，具有共同体影响的集中不得在申报之前实施，应在签订具有约束力的协议、宣布中标结果或者取得控制利益之后 1 周内向欧盟委员会进行申报。③

从 2004 年 5 月 1 日起，根据《第 139/2004 号合并条例》，只要相关企业向欧盟委员会说明其缔结协议的良好愿望，或在公开招投标时说明招投标的意向，如果该协议或招投标具有共同体影响，这种说明就可以视为向委员会作出了申

---

① On February 28, 2003, the Antitrust Division filed a complaint against Smithfield Foods, Inc. for the company's alleged failure to comply with the Hart – Scott – Rodino notification requirements on two separate occasions when it acquired the stock of a competitor, IBP, Inc., in contemplation of a future takeover or merger. *United States v. Smithfield Foods, Inc.*, Civil Action No. 1: 03CV00434 (HHK) (D. D. C. filed Feb. 28, 2003), available at http://www.usdoj.gov/atr/cases/f200800/200813.pdf. The complaint charged Smithfield with making acquisitions of IBP stock that met the reportability thresholds and were not "solely for investment." Based on the number of days that Smithfield is alleged to have been in violation, the Antitrust Division sought an aggregate civil penalty of $5.478 million.

② See e. g., *United States v. Roscoe Moss Corp.*, 1988 – 1 Trade Cas. (CCH) 68, 030 (D. D. C. 1988) ($500,000); *United States v. Wickes Cos. Inc.*, 1988 – 1 Trade Cas. (CCH) 67, 966 (D. D. C. 1988) ($300,000); *United States v. First City Financial Corp.*, Ltd., 1988 – 1 Trade Cas. (CCH) 67, 967 (D. D. C. 1988) ($400,000); *United States v. Trump*, 1988 – 1 Trade Cas. (CCH) 67, 968 (D. D. C. 1988) ($750,000).

③ 根据《1989 年合并条例》，当存在当事方不能单方废除的具有法律约束力的协议和各当事方都信赖协议产生的法律关系时，欧盟委员会将确定协议的结果已经发生。此外，当事方可以凭一份需要股东同意或者法律认可的协议进行申报。而在公共招标情况下，申报方必须凭具有法律约束力的投标证据进行申报。

报。申报当事人有责任向委员会证明，他们意图达成的、拟议申报的集中是"足够具体的"，这通常要求当事人在实践中出示他们有明显意图继续从事集中的证据。《第139/2004号合并条例》提出了两个例子：原则性协议，理解备忘录或者相关当事人签订的意向书；在公共招投标情况下的公开声明。

以前的条例要求申报需要有约束力的协议，《第139/2004号合并条例》的变化使合并申报具有更大的灵活性。条例将合并申报的时间提前，现在只需要意向书和当事人完成交易的诚信即可。这种做法给予当事人更大的灵活性来选择何时将交易提交委员会进行审查。然而，未经批准不得实施合并交易的限制依然没有改变。

此外，《第139/2004号合并条例》从2004年5月1日起放弃了七天的申报要求。在这以前，需要申报的交易不得不在完成合并协议、宣布招投标或者取得控制利益后七天内提交给委员会。① 事实上，在实践中，欧盟委员会官员从一开始就对给予延长一周申报期限掌握得非常灵活，特别是在申报方事先与委员会官员进行适当接触，且在接受许可前当事人实施交易没有危险。② 在采用《1989年合并条例》后，欧盟委员会延长申报时间两周或者三周是非常普遍的。在复杂的案件中，欧盟委员会给予了更长的宽限期，为广泛和延长的合并前讨论给予申报当事人更大的余地。③ 相应地，《第

---

① See Art. 4 (1), 1989 Merger Regulation.
② On some occasions, the Commission has encouraged notifying parties to delay filing Form CO around the summer and winter vacation periods due to pressure on the Commission's resources and a concern on the part of its officials that they may not receive timely responses to information requests submitted to third parties.
③ See, e.g., *Exxon/Mobil*, Case IV/M.1383, Commission decision of September 29, 1999 (2004 O.J. L103/1) (petroleum products and natural gas) (notification was accepted several months after the filing obligation was triggered). See also *Torras/Sarrio*, Case IV/M.166, Commission decision of February 24, 1992 (the main purchase agreement was signed on February 7, 1991, and notified in January 1992) (pulp, paper and paperboard); *MCI WorldCom/Sprint*, Case COMP/M.1741, Commission decision of June 28, 2000 (2003 O.J. L300/1) (telecommunications) (the triggering event occurred on October 4, 1999, and notification followed on January 11, 2000); *Framatome/Siemens/Cogema/JV*, Case COMP/M.1940, Commission decision of December 6, 2000 (2001 O.J. L289/8) (building and civil engineering) (the parties signed binding agreements on December 6, 1999, but only notified to the Commission on July 10, 2000); and *General Electric/Honeywell*, Case COMP/M.2220, Commission decision of July 3, 2001 (2004 O.J. L 48/1) (aerospace engines, avionics, and aerospace components) (the binding purchase agreement was concluded on October 22, 2000, and the notification to the Commission was made on February 5, 2001).

139/2004 号合并条例》放弃了没有任何具体实质性含义的七天申报要求。

与美国的做法不同,欧盟委员会规定,根据申报表提交申报不需要支付任何申请费用。根据《第 139/2004 号合并条例》,涉及单边控制的交易由收购方申报,而共同控制的交易由共同取得支配权的当事人共同申报;在公共招投标情况下,必须由投标人完成申报。当一项申报由申报当事人代表提交时,该代表必须提供书面授权证明;共同申报必须由一名共同任命的、且经授权代表申报当事人传递和接收文件的代表提交。在合并当事人共同申报时,欧盟委员会可以直接向各申报当事人个别要求提供信息。

此外,申报当事人可以在任何时候自由撤回申报表。在许多案件中,当事人会在第一阶段撤回申报,以便修改原来的交易,重新以修改后的交易进行申报,目的是避免第二阶段的调查。[1] 在其他情况下,当有迹象表明欧盟委员会不可能许可交易时,申报人会撤回申报以避免委员会禁止合并的决定。[2] 在这些情况下,欧盟委员会通常的实践是召开新闻发布会,而不是发布正式决定。在某些情况下,申报方会改变最初交易的形式以便使交

---

[1] See, e. g. , *Procter & Pumble/VP Schickedanz*, Cases Ⅳ/M. 398 and Ⅳ/M. 430 (feminine protection products), where a filing was withdrawn, amended, and renotified within a few days in an effort to avoid the opening of a phase Ⅱ investigation.

[2] See, e. g. , *Ahlstrm/Kvaerner*, Case IV/M. 1431, Commission Press Release IP/99/665 of September 8, 1999 (machinery for paper and paperboard production); *Alcan/Pechiney*, Case IV/M. 1715, Commission Press Release IP/00/258 of March 14, 2000 (aluminum); *Time Warner/EMI*, Case COMP/M. 1852, Commis - sion Press Release IP/00/1122 of October 5, 2000 (recorded music); *ForeningsSpar - banken/SEB*, Case COMP/M. 2380, Commission Press Release IP/01/1290 of Sep - tember 19, 2001, where the parties abandoned their transaction shortly after issuance of a statement of objections; the Commission commented that "[t]he banks' decision to withdraw the notification of the deal comes as a surprise. The Statement of Objections, issued on 11 September, represents only a preliminary view of the Commission…. The Commission notes that it is extremely unusual for the parties to a merger to withdraw at such an early stage of the review process"; *ICA/AIG/SNFA*, Case COMP/M. 3093, Commission Press Release IP/04/92 of January 23, 2004 (bearings) (notifying parties abandoned their merger after the Commission issued a statement of objections raising concerns about a 50% -60% share of angular contact ball precision bearings), discussed in Franois - Xavier Rouxel, Geraldine Emberger, and Oliver Koch, Merger Control: Main Developments 1 January to 30 April 2004 (Summer 2004) Competition Policy Newsletter, 75 - 78. (n141) Footnote 141. Case COMP/M. 1741, Commission Press Release IP/00/668 of June 28, 2000.

易脱离《第 139/2004 号合并条例》的管辖范围。①

欧盟委员会要求，申报必须根据申报表或者在适当交易情况下通过简式表格（Short Form）作出。这些表格旨在简化和加速申报审查。共同申报必须在一张单独的表格上提交。截至目前，欧盟委员会已经对申报表修订了三次。最新的申报表是在 2004 年修订的，它考虑了 2004 年 5 月 1 日起生效的《第 139/2004 号合并条例》所发生的变化。

申报表需要当事人提交广泛信息、解释和数据。填写完成申报表是令人头疼的，且通常要求律师和商业人士投入大量的时间和精力。欧盟委员会承认，申报表内的所有信息并不都是必要的。申报方被鼓励请求委员会免除其提供某些信息的义务。但是不管怎样，由于申报是委员会开始调查合并案件的起点和基础，它很大程度上决定了委员会调查案件的方法、地域和焦点，因此欧盟委员会要求提供的申报是准确和完整的。

从 2004 年 5 月 1 日起，合并当事人需要在申报表中提供下列信息：合并执行摘要，摘要中应当说明交易的当事人、合并的性质、申报方活动的地域、集中影响的市场以及合并交易战略和经济的合理性；申报方全部信息和财务信息，包括其董事会成员以及前三年从事收购之间联系的信息；关于交易价值和性质的详细信息，特别是在建立有关合资公司时，确定适用《第 139/2004 号合并条例》可能不总是直接的；辅助性材料，包括最后协议的副本、内部商业计划文件；相关产品和地理市场范围的解释；所有受影响市场的扩大销售和销售份额的数据以及比较成员国与欧洲自由贸易联盟国之间以及欧盟与欧洲自由贸易联盟国之间的价格水平；在所有受到影响的市场上有关竞争条件的详细信息和解释，包括主要客户、竞争对手和供应商的名称、联系地址、电话和传真号；一旦适用，解释建立合资公司是否会产生与母公司协调的危险可能性；在全球环境下对拟议合并进行描述，并解释集中如何可能影响中间和最终消费者利益以及技术进步和经

---

① See, e.g., *Aker Maritime/Kvaerner*, Cases IV/M. 2117 and IV/M. 2683; and *Hutchison/ECT*, Case COMP/JV. 56, Commission Decision of November 29, Commission Press Release IP/00/1445 of December 12, 2000 (shortly after the Commission opened a phase II investigation, Aker Maritime restructured the concentration by reducing the Kvaerner shareholding it had intended acquiring, as a result of which it did not acquire control and no concentration within the meaning of the Merger Regulation resulted).

济发展；以及如果当事人想让委员会考虑合并引起的效率增进是否可能有利于消费者，那么他们必须解释效率主张并提供相关证明文件。①

在许多方面，申报表与其说是一个普通表格，不如说是一项答辩表。与美国合并控制程序相比，当事人仅需要向美国反托拉斯执行机构提供适当的直接数据，而欧盟的申报表要求当事人应提供广泛解释和证据以支持申报方就相关市场范围、竞争环境以及申报交易的影响等问题作出的解释。然而，在信息无法获得的情况下，例如在激烈的招投标场合，目标公司拒绝合作，欧盟委员会可以接受申报，宣布信息是完整的。在一些情况下，倘若当事人能够展示某些信息对委员会的调查没有必要，或者一经请求可以在一到两日内提供这些信息，即使当事人没有提供这些信息，委员会也可以接受，并且宣布信息是完整的。欧盟委员会还经常通过要求完成申报表的某些部分来减少申报方的负担，特别是在没有涉及或者涉及少量竞争重叠的案件里。

此外，为减轻当事人的申报负担，1994 年欧盟委员会在合营企业案件中减少了要求当事人提供信息的数量，既然合营企业在欧洲经济区没有或只有最低限度的活动。2000 年 7 月，欧盟委员会采用了《简易程序通告》(Simplified Procedure Notice)。该通告公布了欧盟委员会采用简式表格同意决定的条件，并为适用简易程序提供了指导。2004 年 7 月，欧盟委员会公布了新的通告以适应 2004 年 5 月采用的修订后的简式表格。② 从 2004 年 5 月 1 日起，所有符合简易程序的集中都能够凭简易表格申报。当前，下列类型的集中可以使用简易申报程序，这是因为根据欧盟委员会的经验，除非有特殊情况，否则这些集中不会产生市场关注：①在建立合营企业情况下，合营企业在欧洲经济区内（European Economic Area, EEA）没有或者只有微不足道的实际或者可以预见的活动，这是因为（i）合营企业从欧洲经济区获得的销售额少于 1 亿欧元，且（或者）（ii）从欧洲经济区转移到合营企业的资产少于 1 亿欧元；②两家或两家以上企业合并或者一家或一家以上

---

① See FORM CO relating to the Notification of a concentration pursuant to regulation (EC) No. 139/2004, 2005 O. J. C 56/32, available at http：//eur – lex. europa. eu/LexUriServ/LexUriServ. do? uri = CELEX：32004R0802：EN；NOT.

② See Commission Notice on a simplified procedure for treatment of certain concentrations under Council Regulation 139/2004, 2005 O. J. C 56/32.

企业获得另一企业的单独或共同控制权,且这些当事人不是横向竞争对手或者在上、下游或邻近市场没有频繁活动;③两家或两家以上企业合并或者一家或一家以上企业获得另一企业的单独或共同控制权,且这些当事人或者(i)是横向竞争对手但共同占有份额低于15%;或者(ii)在集中交易另一方当事人活动的任何上、下游或邻近市场上占有份额不超过25%;④一当事人对已经共同控制的企业获得单独控制权。

与美国反托拉斯执行机构不重视早期接触不同,欧盟委员会非常重视与申报方的早期联系。欧盟委员会官员表示,如果当事人在早期能够充分利用可能的机会与委员会官员协商,那么许可合并的程序将非常容易进行。欧洲初审法院认识到,从健全管理的观点看,非正式联系程序起到了重要的作用。[1] 前任委员马里奥·蒙帝(Mario Monti)在解释这些会议的价值时指出:经验表明,在申报前阶段的联系非常有用,特别是在如下两个方面:帮助申报方提交完整的申报表,知道哪些问题可能发生;通过帮助欧盟委员会获得有价值的技术知识来提高审查的效率,特别是相关市场的信息,这可以使委员会在早期阶段就着重调查。[2]

欧盟委员会在2004年采用的《最佳实践指南》(Best Practices Guidelines)中指出,合并前申报联系是整个合并审查程序的一个重要部分,即使对于表面上没有任何问题的案件。[3] 指南建议,首次申报前会议最好在申报预期日前至少两周举行。[4] 在涉及复杂的案件和情况时,更长的合并前申报期是适当的,这有可能包括数次申报前会议。

为方便选择案件受理小组,申报方应尽快提交一份描述交易背景和受影响市场的简略备忘录(Short Memorandum),且应该在会议前适时提交。第一次申报前会议通常以相当详细的呈递书或者第一稿申报书为基础,在

---

[1] See Societe Anonyme a Participation Ouvrire Compagnie Nationale Air France v. Commission ("Dan Air"), Case T-3/93, 1994 E. C. R. Ⅱ-121, para. 67.

[2] See Ky Ewing Jr., *Interview with Professor Mario Monti, European Commissioner for Competition Policy*, (2001) 15 Antitrust 9. See too Gtz Drauz, former Deputy Director for Mergers, *Merger Control Law in the European Union: Situation in March* 1998, *Introduction*, p. 13.

[3] See DG COMPETITION Best Practice on the conduct of EC Merger control proceedings, available at http://e c. europa. eu/comm/competition/mergers/legislation/regulation/best_ practices. pdf.

[4] See Best Practices Guidelines, para. 10.

这之后的会议可以包含其他附加信息或者未解决的问题。①

无论当事人是否申请召开申报前会议，欧盟委员会都会考虑与当事人召开申报前会议，因为这对申报方在提交正式申报前系统地提供完整申报表是很有价值的。申报前会议通常包含下列事件的讨论：①根据《第139/2004号合并条例》，这种业务是否需要申报。②程序事项，如在提交申报表时，是否可以要求免除某些信息的申报义务。举例来说，申报表需要申报方提交大量涉及受影响市场和当事人在市场内情况的信息。在许多情况下，申报方就申报表中某些部分可以请求并且获得免除某些信息的申报义务。在许多情况下，欧盟委员会援引缺乏有意义的申报前联系作为相关因素，宣布申报不完整。③从欧盟委员会的实践和以往的经验来看，拟议交易是否在初步审查时存在竞争关注的可能性。④交易是否需要向其他管辖国申报，特别是向美国反托拉斯执行机构申报。在这些情况下，欧盟委员会可以要求申报方放弃某些权利，允许委员会与这些竞争监管机构进行协调。

此外，在关于使用何种语言进行申报的问题上，欧盟委员会规定，申报必须以欧盟任意一种官方语言进行，这也将成为申报审查程序的语言。在根据欧洲经济区协议（EEA Agreement）作出申报时，申报可以根据欧洲自由贸易联盟（European Free Trade Association，EFTA）的任意一种官方语言或者欧洲自由贸易联盟监督机构的工作语言进行。如果申报当事人利用这种可能性，他们有义务以任何一种欧盟官方语言补充材料，这也成为审理程序时的语言。辅助性文件必须以申报方最初语言提交，在不是欧盟官方语言的情况下，应翻译成审理程序的官方语言。辅助性文件是副本时，申报方必须证明这些副本是真实和完整的。

根据《1989年合并条例》，欧盟委员会可以对在申报前故意或者过失实施合并的企业处以不超过相关企业年度营业额10%的罚款。2004年5月1日起，该罚款额度减少到不超过企业或者企业联合组织总营业额的1%。在确定罚款数量时，《第139/2004号合并条例》规定，欧盟委员会应考虑违法行为的性质、严重程度和持续的时间。

实践中，欧盟委员会对忽视申报义务的企业，特别是有善意理由怀疑

---

① See Best Practices Guidelines, para. 13.

申报交易义务的企业都进行宽大处理。在 Hutchison/RCPM/ECT 案中[①]，由于合并当事人认为他们之间的交易是合作协议，不涉及共同控制的申报，没有对共同控制的收购进行申报。为此，欧盟委员会签发了反对合并的声明。在收到反对合并的声明后，当事人适时地进行了申报，欧盟委员会最终没有给当事人处以罚款，并在第二阶段调查后同意了这项交易。

此外，申报当事人有义务向欧盟委员会完整和诚实地披露所有相关事实和情况。委员会可以对故意或者过失提供不当或引人误解的情报资料，或者懈怠提供情报资料或对当局的调查不予以协助的企业合并当事人，处以 1000~5000 欧元的罚款。当前，欧盟法加强了对上述违法当事人的处罚力度。根据《第 139/2004 号合并条例》，欧盟委员会可以对这些违法当事人处以相关企业总营业额 1% 的罚款。

根据《第 139/2004 号合并条例》，欧盟委员会还可以作出决定，从决定确定之日起，每迟延一个工作日征收不超过企业每日总营业额 5% 的日罚款。如果违反的个人、企业或者企业联合组织迫于日罚款的压力履行了义务，委员会可以降低日罚款数额。另外，法院也有权撤销、减少或者增加罚款或者日罚款。

三 ICN 的相关建议规范

（一）申报时间

企业并购交易当事人遵守管辖国法律规定及时进行交易申报是管辖国对并购进行审查的重要环节之一。然而，实践中，何时允许当事人提交正式的申报，各国存在很大差异。某些国家直到协议生效才允许正式申报，而其他国家允许根据完成拟议交易的良好愿望的证据或者基于意向书、原则性协议或参与竞标的公告进行申报。企业并购管辖国之间调整申报时间的法律规定不同给企业跨国并购交易当事人的申报造成了许多困难，统一申报时间的做法成为跨国交易当事人的诉求。为协调多重管辖审查程序，提高合并审查的效率，ICN 合并工作组在 2002 年 9 月的《建议规范》中建议，合并交易的管辖国在当事人能够证明完成拟议交易的良好愿望时允许

---

① See *Hutchison/RCPM/ECT*, Case COMP/JV.55, Commission decision of July 3, 2001 (2003 O. J. L223/1).

他们进行申报。①

　　实践中，企业并购的管辖国允许交易当事人一旦能够证明完成拟议交易的良好愿望就可以进行申报的情况并没有引起投机性申报的问题。这是因为，申报成本如申报费、收集资料的负担以及与申报程序有关的公开披露都减少了交易当事人进行投机性申报的可能性。此外，管辖国允许交易当事人在他们认为可以最有效率地协调多重管辖申报时间时提出申报并不意味着合并申报不受任何限制。管辖国的竞争主管机构不会接受当事人投机性申报，管辖国可以要求当事人提交某些适当证据证明他们正在进行交易，并以此作为申报的前提条件。管辖国的竞争主管机构也可以将公布的申报事实或者符合本国公开披露要求的事实作为接受申报的条件。

　　在确定何时允许申报时，工作组指出，管辖国可以考虑审查期间的保密要求是否会妨碍竞争主管机构从事有效调查的能力，例如对第三方当事人进行调查，或者考虑保密要求是否与管辖国国内施行的信息公开披露原则的要求相冲突。②

　　考虑到各国法律的不同和一些国家法律需要修改的困难，如果并购管辖国的法律规定只有协议生效才允许进行正式申报时，工作组认为，竞争主管机构应当给予当事人申报前秘密磋商的机会，以便当事人能够预先提出和讨论计划的交易，以促进及时提交申报和审查正式申报。③ 此外，管辖国竞争主管机构应当对达成"最后协议"（Definitive Agreement）的标准予以明确规定，以便合并交易当事人能够确定他们的申报在何时能被接受。

　　根据《建议规范》，在竞争主管机构审查交易时或者申报后特定时间内禁止实施合并协议的管辖国不应对合并前申报设定最后期限。由于不同国家的申报制度对交易申报时应当提交的信息种类和数量有着不同的要求，且交易当事人在达成协议后需要耗费大量时间准备必要的申报材料，因此，工作组认为，在竞争机构审查交易前禁止实施合并协议的管辖国不应对当事人设定最后期限，要求他们在达成协议后特定时间内提交申报。④ 一般情

---

① See *Recommended Practices for Merger Notification Procedures*, http://www.internationalcompetitionnetwork.org/media/archive0611/mnprecpractices.pdf.
② Id., at 5.
③ See *Recommended Practices for Merger Notification Procedures*, ibid, at 5.
④ Id., at 6.

况下,交易当事人愿意在达成协议后立即提出申报主要是由于他们清楚合并交易在受到审查前是不能予以实施的,而并购管辖国不对申报设定最后期限有利于协调多重管辖的申报和审查。

此外,工作组指出,管辖国如果允许当事人在管辖国竞争主管机构审查期间实施合并,它应当给予当事人合理时间,使他们能够在明确规定的引发申报的事件发生后进行申报。① 当前,某些交易管辖国要求当事人申报合并交易,但同时允许当事人在竞争主管机构审查交易时实施合并,即所谓的"不中止的管辖"(Non-suspensive Jurisdictions)。在这种情况下,工作组认为,管辖国要求当事人在一个允许竞争主管机构及时进行审查的期限内提交申报是合理的。② 但是,如果要求当事人在引发申报的事件发生后的特定期限内进行申报,那么该期限应当使当事人有足够的时间为其申报准备必要的材料。另外,为计算申报最终截止日期以及避免给处于协商阶段还未达到适当发展水平的拟议交易设定强制性申报要求,交易管辖国还应清楚地说明能够引发申报的事件,以方便当事人确定其履行申报义务的时间,这毋庸置疑会避免不合理的申报要求,推动执法资源的有效配置,并且避免给打算开始进行交易但尚未全面着手的当事人造成不必要的成本和负担。

(二) 最初申报要求

交易当事人在进行合并申报时应当给管辖国竞争主管机构提供它所要求的所有资料,这些资料的信息量大小完全取决于管辖国采用申报门槛的方式。一般而言,管辖国在最初申报时要求提供的信息量过大容易给价值较低的交易、地域联系有限的交易以及因管辖权门槛太低而不得不需要申报的交易造成不合理的负担。为减轻当事人不必要的负担,工作组在《建议规范》指出,最初申报的作用主要是:搜集信息,以证明合并交易根据管辖国适用的管辖权要求和申报标准是适当的,以及确定交易是否引起值得进一步调查的竞争问题;或者搜集竞争主管机构许可交易所需要的信息

---

① See *Recommended Practices for Merger Notification Procedures*, at 6.
② Comment1: Where notification is required within a specified period following a triggering event, such period should accord the parties a period of time to prepare the necessary submissions that is reasonable in view of the information requirements to be satisfied.

或者结束审查程序所必需的其他文件。① 因此，最初申报的要求应仅限于证明交易已进入管辖门槛的必要信息，以便确定交易是否引起值得进一步调查的竞争问题，以及是否有必要采取措施对无需进一步调查的交易结束审查。由于大多数交易没有引起实质性的竞争问题，因此，最初申报只需阐明发起合并审查程序所需要的最小信息量。

工作组认为，最初申报要求或者做法应避免对不会产生实质性竞争问题的交易当事人造成不必要的负担。② 既然申报义务适用于可能具有竞争性影响的交易，那么，任何一种最初申报要求都不会理想地适用于这些交易。为此，为了使管辖国的竞争主管机构能够完成其使命而又不给合并当事人造成不必要的负担，管辖国应就最初申报的内容以及在最初申报审查阶段可以取得的其他信息等问题做出灵活的规定。管辖国通常可以采用下列一种或多种方式。

（1）可选择的申报形式（Alternative Notification Formats），即最初的申报形式可以随着交易竞争分析的复杂性而变化，这包括：预先的裁决证明，即合并当事人可以用简化的预备程序代替正式申报；简单和复杂的申报选择，即给予不会产生实质性竞争问题的合并申报人选择提供简单信息的方式。

（2）经自由裁量决定放弃（Discretionary Waiver），即竞争主管机构的工作人员对于最初申报的信息量有自由裁量权。据此，如果提供广泛信息的要求与该机构处理的交易缺乏足够的相关性，且不能说明当事人因提供这些信息而产生负担的正当性，竞争主管机构的工作人员可以不要求提供这些信息。

（3）经自由裁量可以补充信息（Discretionary Supplementation），即竞争主管机构的工作人员通过自由裁量可以在最初申报中要求提供简单信息，然后在接下来的最初审查期限内要求提供补充信息。在要求补充信息时，竞争主管机构应该考虑提供可以用来确定交易是否产生实质性竞争问题的各种信息，如商业报告和计划、交易文件和客户名单。

然而，无论采用上述哪种机制，管辖国的竞争主管机构都应尽量限制

---

① See *Recommended Practices for Merger Notification Procedures*, ibid, at 11.

② Id., at 11.

从不会产生实质性竞争问题的当事人那里获得信息。尽管竞争主管机构要求合并当事人提供足够的信息以证明交易没有问题、无可非议，但是竞争主管机构完全可以采用灵活方式许可当事人通过参考日常经营活动中客观量化的信息，而不是通过申报时提供详细的市场信息来证明其交易不具有实质性竞争问题。

此外，管辖国的竞争主管机构有权要求当事人申报时提供与其管辖权有关的特定原始材料。如果管辖国规定的申报要求指明了提交信息的形式，竞争主管机构就应考虑接受实质上相符的信息，尽管这些信息可能是当事人在日常经营活动中以不同方式准备的或者是向其他管辖国提交的。工作组指出，应当予以考虑的情况包括：①根据会计年度准备财务数据的当事人向某一管辖国申报，而该管辖国要求以年度资料数据为基础进行申报；以及②以地域为基础进行统计数据的当事人无法完全符合相关管辖国申报表所要求的格式。①

工作组指出，管辖国的竞争主管部门还应允许合并当事人在自愿的基础上提供超出最初申报要求的信息，以帮助该机构更加准确地解决潜在的竞争问题，或者帮助其集中调查这些问题。②

在交易的申报和申报内容方面，工作组在《建议规范》指出，考虑到竞争主管机构和合并当事人的利益，管辖国应尽早阐明申报交易会遇到的法律和实施问题，以便给当事人提供申报前的指导。③

管辖国可以根据当事人的请求进行申报前磋商，以便向当事人说明交易是否需要申报，以及申报中需要提供哪些信息。如果管辖国规定了经自由裁量可以弃权的灵活机制，申报前磋商应使合并当事人有机会免于提供所要求的信息，理由是收集和提供信息给当事人带来的负担远远大于它们给竞争主管机构带来的价值。

最后，为了减轻申报当事人最初申报的负担，管辖国还应当限制翻译的要求和公证的负担。工作组认为，管辖国可以要求当事人以官方语言进行申报，但他们不应要求当事人对提交申报的材料如相关交易材料和年度

---

① See *Recommended Practices for Merger Notification Procedures*, ibid, at12.
② Id., at13.
③ Id., at13.

报告进行全面翻译；[1] 管辖国有权要求申报人保证申报材料和证明资料的有效性，但这种保证不应要求当事人的高级职员亲自提供公证或领事证明就可以获得。[2]

第三节　审查程序

一　美国对申报合并的审查程序

根据《HSR 法案》的规定，当事人一经提出申报并支付申报费，美国反托拉斯执行机构应开始对合并是否给竞争造成威胁进行实质性审查。合并的审查程序分为两个阶段。对当事人来说，合并的审查期也可以称为等待期。

在审查的第一阶段，除非反托拉斯执行机构同意提前结束该初始等待期，否则当事人在申报后必须停止合并交易，等待 30 个日历日以便反托拉斯执行机构作出决定。在现金要约收购（Cash Tender offer）和在破产程序中收购卖方资产情况下，当事人必须等待 15 个日历日。

在上述等待期内，美国司法部和联邦贸易委员会将同时处理初步审查以确定在合并完成前是否需要进一步调查该交易计划。一经申请人请求，如果两机构同意，那么初始等待期可以提前结束。在初始等待期内，某一机构不反对合并的决定不能阻止州检察官或任何个人在法院反对交易或阻止一家联邦执行机构随后反对该交易。

如果反托拉斯机构在当事人提交初始申报后不反对拟议交易，那么会提前结束初始等待期或者在初始等待期届满前不采取任何行动，合并可以继续进行；如果当事人要求提前给予一个准许合并的答复，两机构将允许没有产生反托拉斯问题的交易提前结束初始等待期，并将答复发布于指定

---

[1] 竞争主管机构应接受翻译过的摘要、摘录以及其他可以减少翻译负担的方法。然而，如果一项交易出现了竞争问题，竞争主管机构有权要求当事人对材料进行全面翻译。
[2] 工作组指出，管辖国应允许当事人基于律师的代理书或公司职员的简单签名来保证申报的可信度。而在管辖国要求当事人提供公证材料的情况下，该管辖国应允许当事人通过居住在管辖国并经当事人正式授权的自然人提交申报以保证申报的可信度。

的出版物。当前,美国反托拉斯机构在 30 个日历日的初始等待期内解决了 95% 的申报交易。

根据《HSR 法案》,如果一个反托拉斯执法机构希望对合并进行更加广泛的调查,该机构需要通知另一机构,并获得准许。[①] 如果两机构都希望审查这项交易,由于法律规定只能由一个反托拉斯机构继续进行审查,那么这项工作将通过联络程序来指定审查主管机构。

被指定的反托拉斯机构在初始等待期结束前要求申报方提供有关合并计划的进一步文件或信息后,合并审查将进入第二阶段,也称为二次要求。反托拉斯机构可以在初始等待期结束前会晤交易当事人,允许当事人提供额外信息或讨论对交易可能有决定影响的问题。为获得额外信息,被指定的机构只能提出一次要求。根据《HSR 法案》的规定,反托拉斯执行机构在审查的第二阶段可以延长初始等待期 30 个日历日,或者在现金要约收购的情况下,延长十个日历日。该期限从反托拉斯机构从交易申报当事人获得所有要求的信息,或者获得所要求的信息以及当事人提供不能完全遵守的陈述理由时开始计算。

二次要求是审查机构向交易当事双方签发的、要求获得有关重要竞争问题如产品和地理市场界定、市场份额、竞争对手、市场结构、消费者、价格、成本、边际利润、市场进入壁垒以及潜在进入者等详细信息的一整套质询材料和文件。二次要求也需要当事人提供他们的战略计划、营销计划以及拟议交易的分析。交易当事人和反托拉斯机构经常会对修改要求进行协商,这将减少当事人的负担,但是仍然可以满足反托拉斯机构的要求。尽管二次要求给当事人施加了沉重的负担,但是当事人很少对此寻求司法审查,大部分原因是希望避免诉讼引起的冗长迟延。根据美国司法部和联邦贸易委员会的意见,一般来讲,二次要求调查会在四个月内结束。《2000

---

① The agencies have stated that clearance will be completed with six business days in most cases and within nine business days for all transactions. See. U. S. Department of Justice & Federal Trade Commission, Hart – Scott – Rodio Premerger Program Imporvement, Tab B (1995). In a 2000 speech, an FTC official stated that the agencies almost always resolve clearance disputes within 10 days. See Richard A. Parker, Dir. , Bureau of Competition, "Federal Trade Comm'n, Report from the Bureau of Competition", *Remarks Before the ABA Antitrust Section Spring Meeting* 2000, Federal Trade Commission Comm. (Apr. 7, 2000) available at www. ftc/gov/speeches /other/rparker springaba00. htm.

年 HSR 改革法》要求，美国联邦贸易委员会和司法部建立内部审查程序，任命高级官员听取当事人的请求，以确定要求额外信息是不是不合理追加的且过于繁重，或者完全是重复要求。近来，两机构改革了它们的二次要求程序以便使当事人能够获得二次要求阶段的加速审查。

《HSR 法案》要求对额外信息申请表和要求是"实质性遵守"（Substantial Compliance），而不是绝对遵守。《HSR 法案》没有对该用语含义提供指导，但是反托拉斯机构对此采用狭义解释。因此，"实质性遵守"条款允许当事人向反托拉斯执行机构解释为什么遵守二次请求是不可能的，但是它没有授权当事人停止提供文件或信息。

如果某当事人对要求缺乏反应，反托拉斯机构将签发反应不足函（Deficiency Letter），告知当事人没有遵守《HSR 法案》，并延长等待期。直到所有当事人实质性遵守规定，等待期才能继续开始。二次要求的等待期只能通过出示缺乏实质性遵守申报要求或额外信息请求的证据，请求美国地区法院延长。[1] 一旦等待期开始计算，当事双方可以同意在没有向反托拉斯机构特别通知前不去结束交易，以便给反托拉斯机构更多的时间进行审查，由此或许可能避免该机构反对合并。实践中，申报当事人在这里给予了反托拉斯机构超过法令规定的交易审查时间。

根据《HSR 法案》，申报方提供给美国司法部或联邦贸易委员会的信息或文件材料是保密的，只能向国会或者根据行政或司法程序披露。根据《自由信息法》，这些信息和材料不能向州执法人员[2]或外国政府披露。

此外，反托拉斯机构官员有时候会建议当事人，为避免反托拉斯机构签发二次要求，他们应该取消 HSR 申报，重新申报。这种方法的目的是给反托拉斯机构更多的时间评估合并，且提供给当事人避免二次要求的可能

---

[1] See 15 U. S. C. 18a（h）（g）（2）（2000）; see *FTC v. McCormick & Co.*, 1988 – 1 Trade Cas. (CCH) 6, 7976, at 57, 986 (D. D. C. 1988)（enjoining parties from consummating proposed transaction until 20 days after complying with FTC'S second request, based on findings that parties had failed to comply with that request and had demonstrated an intention to consummate the transaction absent an injunction）.

[2] See *Texaco, Inc.*, (FTC Complaints & Orders 1983 – 1987 Transfer Binder) Trade Reg. Rep. (CCH) 22146, at 22993 – 94 (FTC 1984) (Letter to Leroy S. Zimmerman, Attorney Gen., Commonwealth of Pa.). The courts have upheld these determinations, see also *Mattox v. FTC*, 752 F. 2d 116, 124 (5th Cir. 1985).

性。然而，在许多场合，这会使当事人产生选择上的困难。

经过进一步审查，反托拉斯审查机构可以发布正式决定允许当事人完成合并；或者与合并当事人进行谈判，对合并附加一些限制性条件。如果当事人同意，那么就可以按照反托拉斯审查机构的要求继续完成合并；如果当事人不同意，反托拉斯执行机构认为需要阻止该合并，则向法院申请禁止令。

如果申报后的当事人没有按时提交关键性文件，① 根据《HSR 法案》，反托拉斯执行机构可以提起民事诉讼，对其处以高额的民事处罚。此外，美国法院还可以命令当事人遵守《HSR 法案》的规定、延长等待期以及采取其他衡平救济手段等。

一般情况下，反托拉斯执行机构处罚的对象是收购方。然而，在一些场合，如果被收购人积极从事违法活动，或者积极加入或同意不遵守《HSR 法案》要求的决定，或者加入或同意避免或延迟申报的计划，或者在履行申报义务时没有尽到恪尽职守（Due Diligence），那么被收购方也会受到处罚。②

根据《HSR 法案》的规定，申报方在合并前等待期限内必须保持分离和独立的商业运营，不得从事协调行为。然而，如果合并当事人提早行动（Gun–jumping），协调价格，不遵守等待期的规定，那么当事人会受到处罚。举例来说，在冠群电脑公司以股权收购白金国际的案件中，③ 冠群在等待期内通过使用合并协议的合同权利控制了白金国际，旨在审查和许可白金公司给客户提供有关优惠折扣和有利条款的所有合同。反托拉斯执行机构对当事人提起诉讼，申请禁止令，同时要求冠群公司支付 1267000 美元的民事罚款，双方最后达成和解。和解令要求冠群公司支付 638000 美元的民

---

① Failure to produce a key document is a very serious offense, and has resulted in the largest fine thus far imposed for a violation of the Hart–Scott–Rodino notification requirements. See *United States v. Hearst Trust*, 2001–2 Trade Cas. (CCH) 73,451, No. 1：01CV02119（D. D. C. Oct. 15, 2001）, www.ftc.gov/os/2001/10/hearstjudg.pdf（consent judgment; Hearst Corporation and its parent agreed to pay $4 million penalty as result of failing to produce key documents）.

② See Malcolm Pfunder, *Acquired Company Liability for Hart–Scott–Rodino Act Violations*, 17 ANTI-TRUST 49（Summer 2003）.

③ See *United States v. Computer Assocs. Int'l, Inc.*, Case No. 1：01CV02062（D. D. C. Sept. 28, 2001）（complaint）.

事罚款，并禁止该公司与未来合并伙伴就价格、同意或拒绝所拟议的客户协议，以及交换预期出价信息等问题达成协议。

在宝石星国际电视指南公司和电视指南公司合并案中[①]，美国司法部反托拉斯局指控两家公司在合并前等待期限内达成协议：停止竞争、分配客户和市场、固定价格、联合行动。反托拉斯局除了对两家公司征收5676000美元民事罚款外，还禁止两家公司在未来从事类似行为，并规定与电视指南公司签约的客户在合并前等待期限内可以撤销合同。

二　欧盟对申报合并的审查程序

与美国法律相同，欧盟法对申报合并的审查期限也规定了两个阶段。根据《第139/2004号合并条例》，一经接受申报，欧盟委员会应尽快对合并进行审查以确定申报业务是否构成具有共同体影响的集中；如果情况属实，合并在是否与共同市场协调方面产生了严重的怀疑。欧盟改变了计算审查期限或者等待期的方法，从以前的日历日转变为当前的工作日。整个期限由此变长。当前，欧盟委员会必须在申报后25个工作日内作出决定，该期限从收到申报材料后的工作日开始计算，或者如果当事人提交的信息不够完整，从收到完整信息后的工作日开始计算。当合并与共同市场相协调方面存在严重怀疑时，欧盟委员会将通过决定方式启动第二阶段调查。根据《第139/2004号合并条例》，欧盟委员会作出最终决定的时间应不迟于第二阶段调查开始后的90个工作日。当合并当事人向欧盟委员会提供解决竞争问题的救济条件时，《第139/2004号合并条例》还引入了延长第二阶段15个工作日的做法。此外，经合并当事人请求或者委员会请求并经当事人同意，审查期限或者等待期可以再延长20个工作日。

欧盟委员会的调查通常是在接到申报后开始进行。在接到申报后，委员会一般会在十日内将标准化形式的通告公布在官方通讯（Official Journal）上。通告主要涉及交易情况和征询第三方意见。委员会要求消费者、竞争者以及供应商提供有关信息的正式函件会在这之后发出。

如果申报方没有通知欧盟委员会已经做出的实质性改变或者任何新的

---

① See United States v. Gemstar – TV Guide Int'l, Inc., 2003 – 2 Trade Cas.（CCH）74, 082, 2003 U. S. Dist. LEXIS 12494（D. D. C. July 11, 2003）.

信息时，委员会可以中止第一阶段的审查期限。中止将一直持续到欧盟委员会收到完整和正确的信息。在两种情况下，欧盟委员会可以将该期限延长至 35 个工作日，分别是：欧盟委员会接到成员国要求移送的请求；以及申报方为使合并与共同市场相协调作出承诺。

如果欧盟委员会没有在 25 个工作日的审查期限内作出决定，申报交易将被视为已被宣布与共同市场相协调。这种假定无损于向某成员国竞争主管机构进行移送。欧盟委员会到现在只错过一次第一阶段的期限。在麦克密克/CPC/拉伯班克/奥斯特曼（McCormick/CPC/Rabobank/Ostmann）案中①，委员会由于错误计算了法律期限而没有开始第二阶段的调查。

严格的审查时间限制，加上许多交易的复杂性，经常留给欧盟委员会很少的时间去证实第三方请求或者寻求申报方对请求的意见。相应地，委员会也就没有时间决定一项交易引起的竞争关注是否能够通过承诺得到解决。反之，申报方也仅有几天时间去决定是否能够提供承诺解决任何竞争关注，并说服委员会这些关注是没有理由的，或者甘冒委员会不启动第二阶段调查的风险。

在某些情况下，为避免启动第二阶段的调查，欧盟委员会在许多情况下通过宣布申报不完整或者使用停止计算审查期限直到申报方提供某些信息的方法拖延审查时间。例如，在法国电信和意匡特（Equant）并购案中，欧盟委员会在 1 月 24 日宣布 1 月 22 日提交的申报不完整，随后委员会在 1 月 25 日给申报方发出了提供信息的要求，要求在 2 月 1 日作出反应。② 当事人在 1 月 29 日重新申报交易，但是没有提供委员会 1 月 25 日要求的信息。因此，欧盟委员会中止了审查期限，要求在 2 月 9 日提供委员会要求的信息。随后，申报方提交了承诺旨在对潜在关注进行救济，由此把第一阶段延长两周。尽管事实上没有要求任何承诺，欧盟委员会利用额外的两周完成了审查。这项交易最终在首次申报两个月后即 3 月 21 日得到许可。

在第一阶段的调查期结束时，除非在上面特别指明的两种情况下延长

---

① See Case IV/M. 330, Commission decision of October 29, 1993 (manufacturing of food products). The Commission took advantage of the possibility to make a referral under Art. 9 and referred the transaction to the German Federal Cartel Office for consideration under national law, para. 79.

② See *France Telecom/Equant*, Case COMP/M. 2257, Commission decision of March 21, 2001, (telecommunications), paras. 1, 2, and 11 – 15.

至 35 个工作日，欧盟委员会会在当事人申报后不迟于 25 个工作日作出决定。在第一阶段结束时，欧盟委员会可以作出以下任何一种决定：①《第 139/2004 号合并条例》不适用的决定；②集中属于《第 139/2004 号合并条例》范围、但在共同市场相协调方面没有产生严重怀疑的决定；① ③集中属于《第 139/2004 号合并条例》范围且在共同市场相协调方面产生了严重怀疑、有必要启动第二阶段审查的决定；② ④整个案件或者案件的部分与相关成员国竞争主管机构有关、应适用国家合并控制规则的决定。③

根据《合并条例》，欧盟委员会在作出决定后必须立即通知申报方和相关成员国的竞争主管机构。除了上面提到的启动第二阶段调查的决定，委员会委员需要与欧盟委员会主席协商后作出，欧盟委员会各委员无须征得其他委员的同意就可以作出上述其他决定。

如果发现申报方提供的信息是不准确的，许可决定是通过欺骗形式获得的，或者申报方违反决定包含的义务，欧盟委员会可以撤回第一阶段的许可决定。此后，欧盟委员会作出的新决定不受时间限制。

《1989 年合并条例》并没有明确允许欧盟委员会在审查的第一阶段作出决定时附加条件和义务。在一些情况下，申报方会撤回申报，在修改交易后重新进行申报以避免第二阶段的审查。尽管缺乏明确允许委员会在第一阶段考虑承诺的法律条款，欧盟委员会还是在大约 20 件合并案中以当事人的承诺为基础在一个月的期限内给予了许可决定。

欧盟委员会附条件的许可决定尽管灵活、实用，且经常是为了效率和申报方的利益，但是仍然受到了批评，这是因为《1989 年合并条例》没有相关的法律规定。因此，1997 年欧盟理事会对《合并条例》进行了修正。修订后的条例允许欧盟委员会在审查的第一阶段附条件许可合并。

---

① See XXXth Report on Competition Policy, para. 200. 据统计，87% 的委员会决定属于该范围。2004 年，12 项交易在审查的第一阶段以有条件承诺的方式获得许可，约占当年所有申报交易的 5%。到 2001 年 7 月采用《辅助性限制通告》（Ancillary Restraints Notice）为止，委员会的决定也包含了与实施集中直接相关的辅助性限制。从 2001 年 7 月后，欧盟委员会在根据合并条例作出决定时不再评估辅助性限制。

② See XXXth Report on Competition Policy, para. 199. 这种类型的决定通常包含了对交易的初步评估为申报交易可能受到禁止的委员会意见提供理由。2004 年，249 件申报交易中有 8 件进入了第二阶段调查。

③ 事实上，欧盟委员会作出这种类型的决定少得可怜，只占其所有正式宣布决定的 2%。

2001年欧盟《救济通告》（Remedies Notice）的发布为合并的实体和程序问题提供了指导。尽管通告旨在帮助申报方制定适当的救济方案，但是欧盟委员会仍会在申报方提交救济前就救济的普遍适当性提供指导。[1] 在审查的第一阶段，申报方提供的承诺只有在竞争问题容易被确认和救济而不需要进行第二阶段调查时才会被接受。[2] 当申报方提出的承诺无法消除竞争关注时，除非这种关注能够通过对承诺进行有限的修改而消除，且修改是迅速、清楚和精练的，并能够保证承诺是可靠和有效的，否则欧盟委员会不会放弃第二阶段的调查。

申报方在第一阶段内提出的承诺必须在接到申报之日起最迟20个工作日提交，且承诺必须具有详细和充分的解释以便欧盟委员会能够充分评估。事实上，在某些复杂的案件中，申报方通常有必要在审查期限前提前与委员会讨论救济，有时候甚至在申报前阶段与委员会进行讨论。

在申报方作出承诺后，委员会可以将25个工作日的第一审查期限延长到35个工作日。此后，欧盟委员会通常会就当事人提出的承诺向成员国竞争主管当局进行咨询，并就竞争关注问题向竞争者和客户进行调查。[3] 欧洲初审法院承认委员会有权给予第三方一段时间以便他们可以为申报方提出的承诺给予评价。

此外，法律没有要求欧盟委员会在第一阶段结束时将决定发布在官方刊物上，但是委员会还是发展了这一实践，并且通过新闻发布会解释所作出的决定。欧盟委员会为保证审查的透明性，从一开始就在其网站上公布了第一阶段审查决定。[4]

当合并与共同市场相协调方面存在严重怀疑时，欧盟委员会将通过决定启动第二阶段的调查。根据《合并条例》，欧盟委员会作出最终决定的时间应不迟于第二阶段调查开始后的90个工作日。一旦欧盟委员会的"严重怀疑"得以消除，委员会有义务就合并与共同市场的协调性作出决定。如

---

[1] See *Best Practices Guidelines*, para. 41.
[2] See *Remedies Notice*, para. 37.
[3] See *Arbeitsgemeinschaft der ffentlich - rechtlichen Rundfunkanstal - ten der Bundesrepublik Deutschland（ARD）v. Commission*（"ARD"）, Case T - 158/00, 2003 E. C. R. II - 03825, paras. 417 - 416（third party given only 24 hours to comment on proposed commitments）.
[4] http：//www.europa.eu.int/comm/competition/index en. html.

果欧盟委员会没有在该期限内作出决定,合并应视为已被宣布与共同市场相协调。在大多数情况下,欧盟委员会会充分利用90个工作日的二次审查期限,不会提早宣布结束审查期。① 从2004年5月1日起,根据新的《第139/2004号合并条例》,如果申报方在第二阶段审查程序开始后不迟于15个工作日提出延长期限的请求,90个工作日的二次审查期限可以被延长。在程序开始后的任何期间,委员会经申报当事人同意,还可以在任何时候延长上述期限。但是根据规定,予以延长的总时间不能超过20个工作日。

与第一阶段程序相同,如果申报当事人没有提供委员会要求的信息,第二阶段的期限可以中止。② 在第一阶段开始后,欧盟委员会官员经常会要求提供大量信息和寻求申报方的意见。委员会也可以与申报方进行会谈和沟通或者走访申报方以便更好地理解交易。实践中,寻找事实的程序经常会令申报方精疲力竭,这一般需要占用六周到七周的时间和大量的资源。在该程序之后,欧盟委员会将决定是否签发反对合并声明(Statement of Objections)。

申报当事人除了与竞争总司(DG COMP)的案件小组进行接触,还可以与分配处理案件的首席经济学家小组进行协商。由于首席经济学家办公室也参与到案件中,因此,竞争总司致力于推动总司的经济学家和当事人的经济专家进行广泛交流,特别是在技术问题如数据获取和分析数据的适当方法论方面。

在二次审查期间,申报方通常会与委员会官员定期会晤。根据《最佳实践指南》,当事人和委员会官员可以定期召开案件进展情况会议。第一次会议应在审查的第一阶段举行。委员会与申报方还可以在委员会决定启动二次调查的两周内、发布反对合并的声明前、当事人对反对声明给予答复后或者口头听证后,以及会晤咨询委员会之前召开案件进展情况会。

为了查明事实,在时机恰当时,竞争总司将根据《最佳实践指南》召

---

① See, e. g. , *TKS/ITW Signode/Titan*, Case IV/M. 970, Commission decision of May 6, 1998 (1998 O. J. L316/33) (fabricated metal products), where the Commission found it necessary to conduct a detailed market analysis that could be effectively accomplished only in the longer time frame of a phase II investigation.

② See, e. g. , *MCI WorldCom/Sprint*, Case COMP/M. 1741, Commission decision of June 28, 2000, (2003 O. J. L300/1), para. 11 (the parties failed to submit a response to a formal Commission request for information); and Schneider/Legrand, Case COMP/M. 2283, Commission decision of October 10, 2001 (2004 O. J. L101/1), paras.

开三方会议，听取申报方和第三方的意见。竞争总司会在调查阶段尽快举行三方会议，以便使欧盟委员会能够在发布反对合并声明前厘清实体问题，并就相关市场特性作出结论。

2003年欧盟委员会建立了同级评审制度（Peer-review System），该小组由审查办（Scrutiny Office）任命，以局外人的身份审查案件小组的结论。欧盟委员会希望这种专门小组能够对调查人员的初步结论进行有效的内部审查。① 到目前为止，专门小组通常在委员会发布反对合并的声明前进行讨论，审查委员会的初步结论。在嘉年华和铁行渣华（Carnival/P&O）的合并案中，在专门小组审查后，委员会改变了初步决定，同意了两家公司的合并。②

在少量案件中，申报方可以说服欧盟委员会搁置引起第二阶段的"严重怀疑"，在第二阶段初期提供充分的救济使委员会同意合并交易。③ 然而，在大多数情况下，委员会都会发布反对合并的声明。声明是查明事实和法律的初步结果，通常包含了竞争总司考虑应该禁止合并的详细原因。反对合并的声明通常在开始第二阶段调查后不迟于七周到八周发出。④ 近年来，欧盟委员会日渐增长的调查使得委员会发出声明的时间有所延长。⑤

---

① See Mario Monti, "Europe's Merger Monitor", *The Economist*, November 9, 2002.
② See Case COMP/M. 3071, Commission decision of February 10, 2003.
③ See, e.g., *ENBW/ENI/GVS*, Case COMP/M. 2822, Commission decision of December 17, 2002 (2003 O. J. L248/51) (gas wholesaling) (no statement of objections sent where parties accepted the competition concerns from the outset and proposed remedies at an early stage of phase Ⅱ). See Final Report of the Hearing Officer, May 23, 2001.
④ See, e.g., *Alcoa/Reynolds*, Case COMP/M. 1693, Commission decision of May 3, 2000 (2002 O. J. L58/25) (aluminum), where the statement of ob-jections was sent 10 weeks after phase Ⅱ was opened; and Tetra Laval/Sidel, Case COMP/M. 2416, Commission decision of October 30, 2001 (statement of objections was sent around nine weeks after phase Ⅱ was opened).
⑤ See, e.g., Francisco Enrique Gonzlez Daz, *Tenth Anniversary of the Merger Regulation: The Way Forward, EC Merger Control: Ten years On* (London: International Bar Association, 2000), at 422 and fn. 30 ("The combination of these elements with the increasing number of complex cases could result in a sub-optimal assessment of mergers and consequently in a lack of effective control and has resulted, in some cases, in an extension of the investigation period in phase Ⅱ beyond the average of six to seven weeks thus limiting the time available to the noti-fying parties to consider undertakings prior to the existing three-month deadline.... The average time span between the [opening of a phase Ⅱ investigation] and the is-suing of the statement of objections has been the following: 1998, around 7 weeks, 1999, around 6 weeks, up to the 11th of September 2000, slightly more than 8 weeks").

申报当事人有权就欧盟委员会反对合并的声明提出自己的意见。一旦申报方收到声明，他们应以书面形式作出回复，同时附上相关文件或者辅助性材料。然而，当事人不能以反对声明为理由提起诉讼。[①] 实践中，尽管听证官（Hearing Officer）可以延长这一期限，但是申报方通常在两周内对声明作出回复。在收到回复后，欧盟委员会一般会将合并当事人的书面回复转发给成员国。近些年来，尽管法律没有相关规定，欧盟委员会也会在申报方的要求下把非保密回复发给第三方。此外，欧盟委员会将酌情考虑当事人的回复意见。在许多案件中，委员会基于当事人的回复撤回或者放弃了反对合并的声明。[②]

申报方和其他相关第三方有机会在口头听证会上表达自己的观点。听证会通常是在申报方提交书面意见后举行，通常持续一天，有时候由于案件的复杂性，会议会持续两天。总之，听证会体现了申报方说服委员会和成员国的努力。近来，许多申报交易的当事人选择不提出听证。[③]

在大多数听证会后不久，竞争总司案件组的官员，包括竞争总司内其他相关部门的专家、综合政策协调人以及其他相关司局、委员会的法律服务机构（Legal Service）、竞争委员会专员等，都会根据听证会的情况提出自己的意见和

---

① See *IBM v. Commission*, Case 60/81, 1981 E. C. R. 2639, para. 19 (Court of Justice confirmed that a statement of objections is a preliminary act that cannot be appealed).

② See, e. g., *Sony/BMG*, Case COMP/M. 3333, Commission deci‐sion of July 19, 2004 [(2005 O. J. L62/30)] (Commission did not pursue collective dominance concerns identified in the statement of objections and approved the trans‐action unconditionally); and *Oracle/Peoplesoft*, Case COMP/M. 3216, Commission decision of October 26, 2004 (2005 O. J. L62/30) (Commission abandoned unilateral effects concerns set out in the statement of objections and approved the merger un‐conditionally).

③ See, e. g., *Exxon/Mobil*, Case IV/M. 1383, Commission deci‐sion of September 29, 1999 (2004 O. J. L103/1); *BP/Erdlchemie*, Case COMP/M. 2624, Commission decision of June 19, 2002; *Celanese/Degussa/JV* (Eu‐ropean Oxo Chemicals), Case COMP/M. 3056, Commission decision of June 11, 2003 (2003 O. J. L 38/47); *General Elec‐tric/Instrumentarium*, Case COMP/M. 3083, Commission decision of September 2, 2003 (2004 O. J. L109/1); *Lagardre/Natexis/VUP*, Case COMP/M. 2978, Commission decision of January 7, 2004 (2004 O. J. L125/54), Final Report of the Hearing Officer, December 23, 2003 (2004 O. J. C 102/26); and E. ON/MOL, Case COMP/M. 3696, Commission decision of December 21, 2005 (not yet reported), para. 20. Of the 15 transactions subjected to phase II investigations in 2003‐2004, the notifying parties waived their right to a hearing following the issuance of a statement of objections in five cases.

想法。这些非正式的意见经常影响欧盟委员会对充分救济可能性的考虑。

实践中，大多数经历第二阶段合并审查的交易并没有被阻止，而是通过救济获得许可，这些救济通常被称为承诺。近来的许多案件中，欧盟委员会在当事人提供充分救济的情况下没有发布反对声明就许可了合并交易。① 在一些案件中，欧盟委员会甚至只在第二阶段开始后的两到四个月间就签发了许可决定。②

自欧盟采用了《合并条例》，当事人通常是在第二阶段结束前提供承诺的。事实上，承诺经常是直接向委员会专员提出，且仅在专员们准备同意最终决定前才被接受。这种做法引发了成员国的广泛争议，为此，欧盟委员会近年来严格执行期限限制。③ 从2004年5月1日起，申报方可以从第二阶段开始之日起不迟于65个工作日提出改变原来合并的承诺。只有在极为特殊的情况下，欧盟委员会才会在期限结束后接受当事人提出的承诺。

近来，由于委员会召开口头听证会的时间越来越接近第二阶段审查的最后期限，因此合并当事人不得不在很短的时间内对欧盟委员会反对合并的声明给予回复，准备口头听证会，以及在更加有限的时间内提供承诺。这些情况影响了委员会在向咨询委员会提交决定草案前与成员国和利益第三方协商的时间。

有鉴于此，2002年12月，委员会提出了选择性延长二次审查期限的可能性。《第139/2004号合并条例》采纳了该提议，规定如果承诺是在第二阶段开始起55个工作日之后提出，二次审查期限自动延长15个工作日。

---

① See *Daimler Chrysler/Deutsche Telekom/JV*, Case COMP/M. 2903, Commission decision of April 30, 2003（2003 O. J. L300/62）; *Sie - mens/Drgerwerk/JV*, Case COMP/M. 2861, Commission decision of April 30, 2003（2003 O. J. L291/1）; *DSM/Roche Vitamins*, Case COMP/M. 2972, Commission deci - sion of July 23, 2003（2004 O. J. L82/73）; *Areva/Urenco/ETC JV*, Case COMP/M. 3099, Commission decision of October 6, 2004; and *Sonoco/Ahlstrom*, Case COMP/M. 3431, Commission decision of October 6, 2004（2005 O. J. L159/13）.

② See *DaimlerChrysler/Deutsche Telekom/JV*, supra（131 days af - ter phase Ⅱ was opened）; *Siemens/Drgerwerk/JV*, supra（99 days after phase Ⅱ was opened）; *DSM/Roche Vitamins*, supra（65 days after phase Ⅱ was opened）; Are - va/Urenco/ETC JV, supra（167 days after phase Ⅱ was opened）; and Sono - co/Ahlstrom, supra（154 days after phase Ⅱ was opened）.

③ See XXIXth Report on Competition Policy（1999）, at 71, where the Commission noted that "In the absence of exceptional circumstances, the three - month deadline will...be considered the strict formal deadline for submitting undertakings in Phase Ⅱ proceedings in future cases."

在通常情况下，欧盟委员会的官员将在审查的第二阶段结束前不迟于三周到四周把最终决定的草稿送交其他司局的委员、欧盟委员会的法律服务机构以及咨询委员会审查。法律服务机构的作用是从实体和程序角度检查案件在法律方面的遗漏。

欧盟委员会在作出决定前应征求咨询委员会的意见。尽管咨询委员会的意见没有约束力，但是咨询委员会的意见对欧盟委员会形成最终决定具有一定的影响力，欧盟委员会必须最大可能地考虑咨询委员会的意见。

委员会将以下列任何一种决定结束第二阶段的调查：在合并没有严重妨碍有效竞争时，委员会应宣布合并与共同市场相协调；在委员会查明合并严重妨碍共同市场或其重大部分的有效竞争，委员会应宣布合并与共同市场不协调；以及在合并已经实施的情况下，欧盟委员会可以要求恢复竞争。

如果交易当事人违反审查期内暂缓实施合并的规定提前完成合并，或者在欧盟委员会宣布合并与共同市场不协调后实施合并，或者没有遵守委员会在准予合并决定中附加的条件或义务，根据《第139/2004号合并条例》，欧盟委员会可以通过决定对相关企业、个人或者企业联合组织处以相关企业总营业额1%的罚款。委员会在确定罚款额度时应当考虑违法行为的性质、严重程度和持续的时间。如果交易当事人依然违反《第139/2004号合并条例》的规定，委员会可以通过决定，对违反规定的个人、企业或企业联合组织，从决定确定之日起，每迟延一个工作日处以不超过相关企业平均每日总营业额5%的罚款，直到迫使他们遵守规定。此外，在交易当事人履行了义务后，委员会也可以降低日罚款数额。

三 ICN 的相关建议规范

由于合并交易会产生许多复杂的法律和经济问题，因此，管辖国的竞争主管机构通常需要足够的时间对交易进行综合调查和分析，以便作出是否许可交易的决定。然而，合并交易对时间是极为敏感的，拖延审查会给交易当事人带来许多商业风险，影响交易的进展和其他具有时间敏感性的事件如资金安排等，最终导致合并交易无法完成。此外，由于市场的不确定性，延期审查交易也会给合并当事人今后的商业计划以及正在进行中的经营活动造成不利影响。因此，合并工作组强烈建议，管辖国在合理的时间期限内完成合并审查。[①] 在审查的期限内，管辖国竞争主管机构除了考虑其他因素，还应特别考虑交易的复杂性、可能出现的竞争问题、获得信息的可能性和困难以及合并当事人提供信息的及时程度。

鉴于大量的申报交易并没有产生实质性的竞争问题，管辖国在设计合并审查制度时应当考虑允许竞争主管机构尽快结束对这些交易的审查，准予提早实施合并。为了实现这一目的，当前许多国家对没有产生实质性竞争问题的交易在一个缩短的审查期内经过初步审查之后就做出许可交易的决定，而对那些可能产生实质性竞争问题的交易则规定应在一个延长后的审查期限内进行审查。这里的最初审查阶段一般称为"第一阶段"，而延长后的审查期限被称为"第二阶段"。

ICN合并工作组鼓励那些没有类似程序的管辖国也应允许没有实质性竞争问题的交易在经过一个简短的审查或者等待期后能够迅速得以实施。总之，为了保护申报交易没有产生实质性竞争问题的当事人，管辖国的合并审查制度应规定快速审查程序以及对没有产生实质性竞争问题的申报合并允许实施的程序。

在规定有"合并暂缓实施"的司法辖区（Suspensive Jurisdictions），当事人是否合法地实施申报的交易取决于等待期是否结束。因此，管辖国的竞争主管机构应当明确规定最初等待期的最后期限，以便使没有产生实质性竞争问题的交易受到最少的耽搁和损害。如果交易需要做进一步调查，与该调查相关的等待期也应在确定期限内结束。这样当事人就可以确定等待期开始和预期结束的时间，根据竞争主管机构的通知，及时补充信息。需要指出的是，管辖国要求提交补充信息的要求具有自动中止或中断等待期的效果。另外，除非竞争主管机构采取正式行动延长等待期，或者给实施交易附加了条件，或者禁止该项交易，否则当事人可以在规定的等待期

[①] 当前有些管辖国禁止在规定的"等待期"届满或提前终止前实施所申报的交易，即有着"合并暂缓实施"规定的管辖国；而有些管辖国允许当事人在竞争机构没有完成审查时就可以实施申报的交易，即没有"合并暂缓实施"规定的管辖国。然而，为了保证法律的确定性，当事人即使在没有"合并暂缓实施"规定的管辖国也愿意延期实施申报的交易。在一些情况下，得到所有并购监管机构的同意也是获得资金、完成公司合法手续或者继续进行交易所必要的条件。因此，无论管辖国是否有"合并暂缓实施"的规定，合并审查都应按照规定、在合理的期限内完成。

结束后自由实施交易。

工作组认为，如果竞争主管机构通过调查做出交易不会产生实质性竞争问题的结论，管辖国法律关于等待期的规定不应妨碍竞争主管机构准予交易尽早实施；然而，如果竞争主管机构发现交易无法在等待期内做出决定时，管辖国的程序中应有足够灵活的规定，保证在启动第二阶段程序或者做出不利于当事人的决定前，给当事人提供机会，有限制地延长等待期。[1] 在这种情况下，竞争主管机构不应主动提出或者鼓励延长等待期，除非他们有理由相信，延长期限可以避免等待期的正式延长或者竞争主管机构作出不利于当事人的执行决定。

对于没有"合并暂缓实施"规定的司法辖区而言，最初的合并审查同样应在申报后的特定期间内完成，而任何延长的审查也应在确定期限内完成。这是因为在这些国家法律虽然不禁止合并当事人在申报后实施交易，但是审查依然会影响当事人实施交易的能力和意愿。此外，工作组建议这些没有规定"合并暂缓实施"的国家努力与世界其他国家的竞争主管机构合作，增强协调性，提高审查的效率，使最初等待期在六个星期或者更短的时间结束，使延长后的等待期在初次申报后的六个月内或更短的时间结束。[2]

此外，《建议规范》指出，并购交易的各管辖国还应采用适当的特定程序，以适应因非合意交易或者破产销售而出现的特殊情况。[3] 由于双方合意达成合并交易的申报程序不适用于公开招投标等非合意性交易以及公司财务陷入困难、整个公司处于法院监督下的破产和重组情况，因此，管辖国应采取下列适当的特殊程序，以充分考虑这些交易的特殊性：加快审查，缩短审查期限；在要求收购双方共同提交申报的情况下，允许对收购方独自提交的申报适用第一阶段审查；在敌意收购情况下，放弃对目标公司的信息要求；或者在收购方不行使表决权或者仅为了维持股份的价值而行使表决权时，决定是否允许在审查期限内实施投标。

---

[1] See *Recommended Practices for Merger Notification Procedures*, ibid, at 9.
[2] Id., at 8.
[3] Id., at 10.

第三章
合并控制的实体法

合并评估的实体标准是整个并购规制体系的核心，也是反垄断法的重要内容之一。本章主要围绕相关市场、禁止合并的条件、合并的豁免以及合并的救济方法等四个方面的内容进行详细分析。

第一节 相关市场

一 相关市场概述

（一）相关市场的概念

在反垄断案件的分析过程中，相关市场是一个十分重要的概念，它为评估行为对竞争的影响提供了框架。相关市场是竞争发生的市场，也是用以确定产品之间和企业之间相互竞争的市场。对相关市场的界定有助于反垄断执行机构和法院识别市场参与者的市场地位和市场份额、评估市场参与者之间的关系、衡量竞争、审查市场结构以及判断是否形成垄断和阻碍竞争。可以说，任何反垄断法都必须有界定相关市场的方法，否则很多案件都无法审理。[1]

相关市场[2]是美国反托拉斯判例法发展起来的理论，1890年《谢尔曼

---

[1] 王晓晔：《反垄断法中的相关市场》，http://www.iolaw.org.cn/paper/paper262.asp。
[2] 1997年美国司法部和联邦贸易委员会共同修订了《横向合并指南》。该指南认为市场是指一种产品或一组产品以及生产和销售这种或这组产品的一个地理范围。在该区域内，一个假设无须服从价格管制并且追求利润最大化的企业，作为这些产品在当前和今后唯一的生产商或销售者，在所有其他产品的销售条件不变的情况下，它可能会进行一个"小幅但显著、非短期"的涨价。

法》和 1914 年《克莱顿法》都没有相关市场的法定概念。美国法院在涉及《谢尔曼法》第 2 条的案件中把相关市场解释为被告垄断、企图垄断或共谋垄断的系列商品或部分商业；而在涉及《克莱顿法》第 7 条的案件中把相关市场界定为能够感觉合并和收购所带来的竞争性影响的商业领域。在这些案件中，界定相关市场经常决定了诉讼的成败。

欧盟法院在《欧盟运作模式条约》第 102 条的指导下也承认了界定相关市场的重要性。欧盟法院认为，具体涉及合并规则，适当界定相关市场是分析合并对竞争影响的必要先决条件。申报表也提供了相关市场的定义：相关市场是指消费者根据产品的性质、价格和使用意图认为可以互换或替代的所有产品或服务。1997 年，欧盟委员会采用《市场界定通告》"为委员会运用相关产品和地理市场的概念实施理事会竞争法提供了指导"。[①] 该通告提高了委员会在竞争政策领域制定政策和做出决定的透明度。《市场界定通告》也适用于《欧盟运作模式条约》第 101 条和第 102 条，委员会认识到，界定相关产品和地理市场的范围经常会对评估一个竞争案件有着决定性影响。因此，委员会对市场界定在反垄断分析中的作用作了解释：市场界定是识别和解释公司间竞争界限的一种工具，它为委员会应用竞争政策提供了框架。界定市场的主要目标是系统识别企业面临的竞争约束。在产品市场和地理市场范围内解释某一市场的目标是识别相关企业的实际竞争者，他们能够限制这些企业的行为，阻止他们的行为独立于有效竞争的压力。从这种观点来看，市场界定使计算市场份额成为可能，这为评估市场支配地位传递了有关市场力的信息。

（二）界定相关市场的方法

1. 假定垄断者测试或 SSNIP 标准

假定垄断者测试假设某个无须服从价格管制且追求利润最大化的企业，作为这些产品在当前和今后唯一的生产商或者销售者，在所有其他产品销售条件不变的条件下，可能会进行一个小幅但显著、非短期的涨价（一般是假设在可以预见的未来价格上涨 5%～10%）。如果价格上涨后有足够多

[①] See COMMISSION NOTICE on the Definition of the Relevant Market for the Purposes of Community Competition Law, OJ C 372 on 9/12/1997, http://ec.europa.eu/comm/competition/antitrust/relevma_en.html.

的消费者转向其他产品或地理市场,那么企业就不能从涨价中获利,原先作为分析起点的市场就应该被扩大到消费者转向的目标市场,该标准过程要一直进行直到最后出现某个产品或地理市场,在这个市场上企业可以通过涨价实现盈利。

在玻璃纸案件的判决中,美国联邦最高法院提到了有关"假定垄断者测试"的基本想法。[1] 1959 年,经济学家莫里斯·阿德勒玛(Morris Adelman)在他的法学评论文章中也作了阐述:不论产品或地域延伸到何处,总存在一种标准:在目标市场内,如果价格显著提高或数量减少,那么一定数量的供给是否使价格和产出恢复到原来水平?如果答案是"是",那么这里不存在市场,市场界定必须延伸。相反,如果回答是"不是",则市场至少不是过宽。如果缩小界定的范围,仍然回答"不是",那么必须使用狭义的解释。而任何其他的界定方案与其说是错误的,不如说是无意义的。[2] 然而,这个想法没有受到关注。

在 1977 年和 1978 年,假定垄断者测试分别在 Sullivan 以及 Areeda 和 Turne 的论文中进一步得到明确。[3] 这之后,美国司法部在向国会提交的有关煤炭领域促进竞争的报告中首次公布了该标准。1982 年美国司法部发布的《合并指南》正式将假定垄断者测试纳入其中。1984 年,美国司法部在其修订的《合并指南》中轻微改变了该测试,意图阐明测试侧重于某个假定垄断者为追求利润最大化是否会显著提高价格,而不是侧重于小幅但显著的涨价是否会引起假定垄断者的利润增长。《1992 年横向合并指南》对该测试进一步进行了修改,包括非假定垄断者控制价格的价格假设。《2010 年横向合并指南》再次提出假定垄断者测试旨在确保候选市场不会过于狭窄,该测试将应用于某个特定地理范围内的一组产品从而确定相关市场。

---

[1] See *United States v. E. I. du Pont de Nemours & Co.*, 351 U. S. 377, 76 S. Ct. 994, 100 L. Ed. 1264 (1956) (Cellphane).

[2] See Morris A. Adelman, "Economic Aspects of the Bethlehem Opinion", 45 *Virginia Law Review*, 684, 688 (1959). Adelman was a member of the Attorney General's Committee to Study the Antitrust Laws, published many comments on antitrust decisions, and served as an expert witness in cases such as Cellophane.

[3] See Phillip Areeda & Donald F. Turner, *Antitrust Law* 518, at 347 (1978). See also id. 525a, at 370 ("We note again the economic definition of a market: any producer with, or any group of producers which if combined would have, some degree of power over price.").

五年以后，欧盟委员会也借鉴了美国《合并指南》的实践，公布了《市场界定通告》，引入假定垄断者测试，将该标准作为界定被消费者看成是替代产品的产品范围的一种方式。根据假定垄断者测试，市场被解释为一种产品或者一组产品以及这些产品销售的地理区域。在这里，某个假定的企业为追求其利润最大化，不受价格法规的约束，组成了这些产品独特的、现在和未来的销售者，并在当前价格之上或在正常情况下可以预见的价格之上施加一个重要和持久的价格增长。

假定垄断者测试意图通过评估为适应在普遍或有竞争力的市场价格之上进行5%~10%的"小幅但显著、非短期价格增长"，消费者是否以及在何种程度上预计改变他们的购买行为，并以此来确定在两个或两个以上产品之间经济替代性的范围。该测试认为，当需求替代没有重要意义，这种价格增长是无利润可言的。欧盟《市场界定通告》所构建的关键问题与美国反托拉斯机构发展和应用的非常类似：需要回答的问题是当事人的消费者是否能轻易转换到其他替代品或位于别处的供应商以适应在被考虑的产品和区域内所假想的小幅但显著、非短期价格增长（5%~10%）。如果由于价格增长使销售造成损失，替代品足以使价格增长无利润可言，那么另外的替代品和区域将包括在相关市场之内。这种测试将一直持续，直到发现在相对价格小幅永久增长时一组产品和地理区域能够产生利润。

2. 临界损失分析[①]

1982年美国《合并指南》对市场解释的方法受到一些人士的批评，他们认为，这种方法无法通过分析数据得到应用。然而，批评者很快就意识到，这种说法是错误的。假定垄断者测试完全可以通过"临界需求弹性"

[①] The formula used to calculate the critical loss depends only on the magnitude of the price increase being considered, and the contribution (or profit) margin (CM) of the group of firms attempting to increase prices. More precisely, in its simplest form, the critical loss is equal to Y/ (Y + CM) × (100 per cent), where: Y = the hypothesised price increase (e. g. 5 or 10 per cent) expressed as a proportion (e. g. 0.05 or 0.10), and CM = the contribution margin defined as the difference between the original price and average variable cost stated as a proportion of the original price. Barry C. Harris and Cento G Velianovski, *Critical Loss Analysis: Its Growing Use in Competition Law*, [2003] E. C. L. R. , .

或者"临界损失分析"以一种直截了当的方式予以实施。[1]

临界弹性是指假定的垄断者在候选市场上提高5%的门槛价格而得到的候选产品组和地域合并前需求弹性的最大值。临界损失是指假定的垄断者能够容忍维持假定的价格增长而引起销售数量减少的最大值。[2] 在过去的十年里,临界弹性和临界损失分析成为测试的分析工具;现在它们在大多数合并案件的调查和诉讼阶段得以使用。

美国法院使用"临界损失分析"主要用来分析在反竞争价格增长时假定的垄断者放弃施加"假定垄断者测试"前消费者离开市场的数量,评估合并案件中地理市场的范围。美国联邦政府在《1992年横向合并指南》和《2010年横向合并指南》中也使用了这种方法。在 California v. Sutter Health System 案中,法院在拒绝原告提出的市场界定后接受了一种更加宽泛的临界损失分析。[3] 法院部分通过依据5%的价格增长计算原告的临界损失范围的上限,并接受临界损失值为 10.5%。如果受管理的关怀计划和医院集团能够规制当前转移到该市场内的 2/3 数量的病人,且该数量接近于市场之外的那些病人,那么这种数量损失本身足以挫败假定垄断者测试。[4] 在 FTC v. Swedish Match 案中,持反对意见的经济学家也依靠了临界弹性分析。虽然

---

[1] There is a substantial and growing literature on this topic. See Michael G. Baumann & Paul E. Godek, *Could and Would Understood*: *Critical Elasticities and the Merger Guidelines*, 40 *Antitrust Bull.* 885 (1995); Kenneth Danger & H. E. Frech Ⅲ, *Critical Thinking About "Critical Loss" in Antitrust*, 46 *Antitrust Bull.* 339 (2001); Barry C. Harris & Joseph J. Simons, *Focusing Market Definition*: *How Much Substitution Is Enough*, in 12 *Research in Law and Economics* 207 (Richard O. Zerbe, Jr. ed., 1989; Frederick I. Johnson, "Market Definition under the Merger Guidelines: Critical Demand Elasticities", in 12 *Research in Law and Economics* 235 (Richard O. Zerbe, Jr. ed., 1989); James Langenfeld & Wenqing Li, *Critical Loss Analysis in Evaluating Mergers*, 46 *Antitrust Bull.* 299 (2001); Werden, *Demand Elasticities*, 38796; Gregory J. Werden, *Four Suggestions on Market Delineation*, 37 *Antitrust Bull.* 107, 11920 (1992).

[2] See Werden, *Demand Elasticities*, ibid, at 38791, 41012.

[3] See 84 F. Supp. 2d 1057 (N. D. Cal.), aff'd, 217 F. 3d 846 (9th Cir. 2000).

[4] See 130 F. Supp. 2d 1109, 1120, 112832 (C. D. Cal. 2001). Purporting to follow the Horizontal Merger Guidelines, the district court erroneously held that the only relevant price increase for the critical loss analysis is the Guidelines' 5%. In fact, the Guidelines require that the actual sales loss be less than the critical loss for every price increase of at least 5%. It is reasonably common for a 5% price increase not to be profitable, even though the profit–maximizing price increase is greater than 5%.

法院最终发现专家证据没有说服力，但是法院还是讨论了证据的细节，法院依靠其自己简单的临界损失分析，作出假定垄断者价格有利可图的结论……因为假想的垄断者仅仅失去了很小部分商业。[1] 在 United States v. Sungard Data 案中，法院认可了被告提出的临界损失非常低、应拒绝政府市场界定的主张，这是因为政府没有说明，面对价格增长不能转换的消费者是足够庞大，以致假想的垄断者即使施加价格增长而仍然有利可图。[2]

（三）相关市场的解释

竞争法上的相关市场包括相关产品市场和相关地理市场。界定相关产品和地理市场范围的目的在于以系统方式识别被合并实体所面临的直接竞争约束。既然关于市场份额数据是决定市场力过程的第一步，那么一个可靠的市场界定分析方法是绝对必要的。这是因为极度狭义解释市场会阻碍有利于竞争或中性的合并，而不合理的扩大市场解释也会阻止对反竞争交易的识别。

在美国，决定合并是否符合《克莱顿法》第7条规定的最重要因素是如何解释产品市场或地理市场[3]，这已成为原被告当事人辩论的主要焦点。当合并当事双方销售相同产品或同组相关产品时，原告请求法院据此限定产品市场的范围，排除其他产品，提高被合并方的市场份额和产业集中度，从而使《克莱顿法》第7条"严重减少竞争或旨在形成垄断"的责任更加明显。与此相反，被告则极力主张界定产品市场时应将销售其他产品的企业包含在内，这无疑有助于减少合并方的市场份额。

然而，扩大性解释市场定义有时并不总是有利于被告。如果两家公司在截然不同的相关市场内开展业务，扩大性解释产品市场往往会把产品的延伸性合并转变成一个横向合并。既然横向合并比产品延伸合并受到更加严格的审查，那么，对产品市场的宽泛解释可能会得出合并违法的结论。

---

[1] See 131 F. Supp. 2d 151, 16061 & n. 8 (D. D. C. 2001).
[2] See 172 F. Supp. 2d 172, 182, 18692 & n. 21 (D. D. C. 2001).
[3] See *United States v. Sunguard Data*, 172 F. Supp. 2d 172, 181 (D. D. C 2001). （界定相关市场在反垄断案件中至关重要，这是因为合并计划的合法性几乎总是依赖于有关当事双方的市场力……既然市场的范围一定会冲击交易反垄断效果分析，那么适当界定相关市场不仅成为该案件的第一步，而且是最终解决这类案件的关键所在。）

以美国诉大陆罐头公司案为例。[①] 1956 年，作为全美第二大金属容器制造商，大陆公司收购了全美第三大玻璃容器生产商 Hazel – Atlas。联邦政府以合并违反《克莱顿法》第 7 条为由将大陆公司告上法院，要求其剥离 Hazel – Atlas 的资产。然而，在界定市场时，地区法院认为，玻璃容器和金属容器界是两个分离的商业领域，该收购属于混合合并。政府请求地区法院通过对六个不同行业最终使用玻璃和金属容器情况的分析来界定六个额外市场。然而，法院只同意政府对啤酒市场的主张，驳回了原告的指控。在上诉中，最高法院最终撤销了产业间竞争形成了一个由合并后玻璃和金属容器工业以及所有具有竞争关系的最终用户组成产品市场的裁决。鉴于大陆罐头与 Hazel – Atlas 两家公司在同一产品市场内排名前六，最高法院禁止了该合并。

这种解释对界定地理市场同样适用。如果采用狭义性解释，解释往往有利于原告。例如，在 United States v. Phillipsburg National Bank & Trust Company 案中，[②] 当事双方就相关市场的地理范围展开辩论。被告提出了一个包含 38 家商业银行在内的地理市场；而政府主张在地理市场内仅有七家银行开展业务。法院最终采用了政府的主张，结果是增强的反竞争影响最终导致合并流产。

直到 1974 年美国诉通用动力公司案[③]，联邦政府根据《克莱顿法》第 7 条赢得了每个诉至最高法院的案件，这种情况促使美国最高法院大法官波特·斯图尔特（Potter Stewart）在 United States v. Von's Grocery Company[④] 案中陈述了自己不同的意见。他指出，最高法院就《克莱顿法》第 7 条裁决的唯一相同点就是"联邦政府总能胜诉"。[⑤] 批评者认为，产生这种结果的原因在于最高法院允许不公正地界定相关市场，从而产生非法结果。[⑥] 特别是在涉及横向合并的案件中，政府能够说服法院采用有利于政府的相关产

---

① See *United States v. Continental Can Co.*, 378 U. S. 441, 84 S. Ct. 1738, 12 L. Ed. 2d 953 (1964).
② See 399 U. S. 350, 90 S. Ct. 2035, 26 L. Ed. 2d 658 (1970).
③ See *United States v. General Dynamics Corporation*, 415 U. S. 486, 94 S. Ct. 1186, 39 L. Ed. 2d 530 (1974).
④ See 384 U. S. 270, 301, 86 S. Ct. 1478, 16 L. Ed. 2d 555 (1966).
⑤ See 384 U. S. 270, 301 at 301.
⑥ See *United States v. Grinnell Corp.*, 384 U. S. 563, 585 – 91, 86 S. Ct. 1698, 16 L. Ed. 2d 778 (1966).

品市场定义,即或者采用狭义解释,使合并对竞争的影响是实质性的,或者采用广义解释,从而使不同公司被看作在同一市场经营业务。

在美国诉通用动力公司案件中,[1] 地区法院拒绝了政府对产品市场的狭义性解释,而最高法院的判决支持了被告,但没有提到市场定义的问题。在这之后不久的两个案件中,法院拒绝了政府为适用其责任理论而对地理市场的解释。[2] 下级法院也在通用动力公司案之后的判决中说明,市场定义在涉及《克莱顿法》第7条的案件中是一个至关重要且极具有争议的问题,联邦政府的胜利并不是一个可预知的结论。[3]

在《克莱顿法》第7条的案件中,美国法院和反托拉斯执行机构在解释相关市场时也经常考虑时间问题,时间引起的变化使解释相关市场更加具有动态性。

此外,在《克莱顿法》第7条的案件中界定市场也可以考虑以前法院对《谢尔曼法》第2条案件所采纳的市场定义,反之亦然。最高法院指出:"没有理由区别《克莱顿法》的'商业'和《谢尔曼法》的'商业部门'。"[4] 然而,有些法院质疑使用涉及《谢尔曼法》第2条的案件为《克莱顿法》第7条案件中的相关市场提供解释的适当性。[5]

与美国反托拉斯执行机构不同,欧盟委员会通常对市场界定采用狭义解释,这反映了委员会的一种看法,即如果竞争在狭义市场内不受影响,那么在广义市场范围内也不会引起关注。欧盟委员会在解释产品市场时,通常审查几个不同因素:①产品性质和用途;②功能相互替代;③消费者替代的证据;④价格信息;⑤消费者调查证据;⑥竞争的共同条件;⑦一系列替代证据;⑧供给替代;⑨不同类型消费者的相关性或销售渠道。在解释相关市场时,委员会要求保持开放接受所有证据和所有争论。欧盟委员会强调对经济事实评估的需要,并随着时间日渐重视实证和其他经济信

---

[1] See *United States v. General Dynamics Corporation*, 384 U.S. 270, 301, 86 S. Ct. 1478, 16 L. Ed. 2d 555 (1966).

[2] See *United States v. Marine Bancorporation, Inc.*, 418 U.S. 602, 94 S. Ct. 2788, 41 L. Ed. 2d 1016 (1974), and *United States v. Connecticut Nat'l Bank*, 418 U.S. 656, 94 S. Ct. 2788, 41 L. Ed. 2d 1016 (1974).

[3] See Sullivan, *Handbook of the Law of Antitrust*, at 610–611, 1977.

[4] See 384 U.S. 563, 573, 86 S. Ct. 1698, 16 L. Ed. 2d 778 (1966).

[5] See *United States v. Mrs. Smith's Pie Co.*, 440 F. Supp. 220 (E.D. Pa 1776).

息，包括价格信息，统计调查和其他定量证据。委员会在评估相关产品市场范围时也考虑来自其他方面的信息，如①申报当事人在申报表中表达的观点；②内部商业文件；③其他市场参与者的观点；④委员会其他总司的态度；⑤成员国当局在国家层面调查执行时的意见。

对于地理市场的界定，欧盟委员会主要通过三个主要步骤进行界定：①根据市场份额和价格信息确定"初步假设"；②结合供给因素证实该假设；③考虑市场一体化的过程。欧盟委员会通常考虑几个不同因素：①实际消费者购买习惯；②价格的地理变化；③市场份额的地理变化；④贸易流动数据；⑤运输成本；⑥国别或当地偏好；⑦当地存在要求；⑧法规、技术或其他因素；⑨替代链。此外，在对相关地理市场范围作出的结论可能对整个竞争评估具有重要影响时，欧盟委员会通常会分析大量因素。

二 相关产品市场分析

（一）相关产品市场的概念

根据欧盟委员会《市场界定通告》第 7 条，相关产品市场是指根据产品的性能、用途及价格，从消费者的角度可以相互交换或者相互替代的所有产品和/或者服务。该定义说明，认定两个或者两个以上的产品是否属于同一产品市场，起决定性作用的是用户或者消费者的看法。对消费者来说，决定他们选择产品的因素有两个，一个是产品或者服务的性能和用途，另一个是产品的价格。[①] 此外，该定义包含了欧盟委员会解释市场的基本方法：需求替代，即购买者为适应相对价格小幅显著增长时从一种产品转换到另一种产品的意愿，这也是确定相关产品市场的中心环节。这种方法与欧盟法院在 United Brands 案判决中采用的方法是一致的，即合理相互替代品如果倾向于满足相同消费者的需要，那么应当考虑成同一相关产品市场的一部分。此外，这种方法实际上与美国反托拉斯执行机构界定市场的需求替代方法在很大程度上也是一致的。

根据美国反托拉斯法的司法实践，广义产品市场和产品子市场一起构成美国《谢尔曼法》第 2 条和《克莱顿法》第 7 条所指的商业。另外，因为第 2 条和第 7 条均适用于在任何商业存在严重损害竞争或垄断力的情况，

[①] 王晓晔：《反垄断法中的相关市场》，http：//www.iolaw.org.cn/paper/paper262.asp。

所以必须在每一个已知的相关产品市场内检验被指控行为的合法性。如果在任何相关市场内证明存在禁止性效果，那么该行为就违法了《谢尔曼法》和《克莱顿法》的规定。

美国联邦最高法院在 United States v. Grinnell Corp 案中指出，"涉及《谢尔曼法》第 2 条的案件，与涉及《克莱顿法》第 7 条的案件一样……存在独立经济实体的子市场。"[①] 子市场的概念没有为确定相关产品市场增加新的标准，只是规定了除价格、用途以及物理特征外的几个新因素。这些新因素包括作为独立经济体的子市场的产业或公共认知度；特殊的产品用途；特别的生产设备；独特的顾客以及专业化的销售商。[②]

（二） 相关产品市场的界定方法

1. 广义市场标准

（1） 合理替代性和需求交叉弹性

合理替代性标准侧重产品的物理特性和用途，包括市场内所有有着合理替代可能的产品，从产品价格、用途和质量等因素考虑，这些产品有着相同的生产目的。[③] 而需求交叉弹性标准则强调价格，侧重"一种产品的销售对其他产品价格变化的反应"。[④] 实际上，在合理替代性标准和需求交叉弹性标准等任何一种标准下，最关键的问题都是消费者是否以及在何种条件下用一种产品替代另一种产品。[⑤]

合理替代性和需求交叉弹性最早出现在美国联邦最高法院 1956 年关于杜邦玻璃纸案的判决中。在该案件中，最高法院肯定了下级法院对相关市场的解释，指出相关产品市场不仅包括玻璃纸，还应包括所有软包装材料。法院主要考虑了价格，最终用途和质量等三个因素，同时特别注意到玻璃纸不得不与其他材料在其使用范围的每个领域展开竞争，且玻璃纸与许多其他材料在质量上没有不同。最高法院维持了初审法院的裁决，认为在伸缩性包装材料市场中，消费者对价格是高度敏感的。

---

① See 384 U. S. 563, 573, 86 S. Ct. 1698, 16 L. Ed. 2d 778 (1966).
② See *Brown Shoe Co. v. United States*, 370 U. S. 294, 325, 82 S. Ct. 1502, 8 L. Ed. 2d 410 (1962).
③ See 351 U. S. 377, 76 S. Ct. 994, 100 L. Ed. 1264 (1956) (Cellphane), at 404.
④ Id. , at 400.
⑤ Id. , at 393.

在布朗鞋案中,① 最高法院宣布,在玻璃纸案中用以解释市场的两种标准方法适用于涉及《克莱顿法》第 7 条案件的调查。法院指出,"产品市场的外部界限由该产品本身及其替代品的使用上的合理互换性或者需求交叉弹性决定。"②

两年后,在美国诉大陆罐头案中,③ 最高法院指出,如果有效竞争的范围与产业界限交叉,那么商业相关领域也是相同的。④ 由此,法院作出判决,金属器皿和玻璃器皿行业之间的有效竞争证明确实存在一个包含两个行业的产品市场。

在欧盟,欧盟委员会把需求替代看作是对产品供应商最直接和有效的约束性力量,特别是在涉及价格决定的时候,委员会在其市场分析中对该要素给予极大重视。欧盟委员会指出,为了界定市场任何类似替代都应当有必要的效力和直观性要求。消费者替代能够通过调查消费者转换的证据直接判断或者通过调查产品价格的影响、性质和用途间接判断。欧盟委员会指出,如果两种产品的物理性能差别很大,以至实际上不具有相同目的,这两种产品不能被视为可以相互替代的产品。1991 年欧盟委员会在雷诺和沃尔沃一案中,将卡车分为运载量 5~16 吨和运载量 16 吨以上的两个产品市场,其理由是这两种卡车的技术性能差别很大,且具有不同用途。⑤ 欧洲法院在 1979 年 Hoffmann – La Roche v. Commission 一案的判决中也指出,在同一市场的不同产品间存在着有效竞争,这也预示着就产品的具体用途来说,它们之间存在着很大程度上的互换性……因此,从不同维生素的不同性能和用途出发,法院认定七种维生素属于七个不同的产品市场。⑥

在考虑产品的合理替代性时,价格也是一个重要的因素。欧盟委员会在其裁决中经常指出,如果两种产品在价格上有相当大的差异,它们不应被视为属同一产品市场。如一般市场上的便宜香水和高级化妆品店的高级香水,它们虽然有相同性能和用途,但由于价格上的巨大差异,不应被视

---

① See 370 U. S. 294, 82 S. Ct. 1502, 8 L. Ed. 2d 510 (1962).
② Id. , at 325.
③ See 378 U. S. 441, 84 S. Ct. 1738, 12 L. Ed. 2d 953 (1964).
④ See 378 U. S. at 457.
⑤ See O. J. C – 281/2, 1990.
⑥ See Case 85/76, Feb. 13, 1979, E. C. R. 1979, at 461; 3 C. M. L. R. , 1979, at 211, 24.

为属于同一个产品市场。然而，有些价格的差异事实上反映了产品的不同质量，按照产品绝对价格区分产品市场，有时会出现明显的错误。因此，欧盟委员会认为，在界定相关产品市场的时候，起决定性作用的不是绝对的价格差异，而是一种产品的价格变化是否对另一种产品产生竞争性影响。[1] 这里就涉及需求交叉弹性的问题。为了能够科学和规范化地说明需求交叉弹性，《市场界定通告》提出了界定相关市场的 SSNIP 标准。[2]

(2) 供给交叉弹性或供给替代

尽管布朗鞋案和大陆罐头案都侧重于合理替代和需求交叉弹性，但是在界定产品市场时，美国法院认为产品交叉弹性或供给设备也是需要考虑的因素。[3] 前者主要考虑购买者的观点，而后者侧重供应商的观点。具体而言，供给交叉弹性是指现有公司改变其生产设备以制造被告产品的能力，或者供应商转换产品以适应另一产品价格变化的能力。

然而，美国法院有时并不愿意过分强调供给交叉弹性的重要性。例如，在涉及皇帝铝化学公司案件中，[4] 美国第七巡回法院驳回了联邦贸易委员会的指控，判决该公司没有违反《克莱顿法》第 7 条的规定。法院指出，委员会在解释产品市场时过度依赖生产的适应性，结果导致定义过宽。尽管承认供给交叉弹性或卖方生产的适应性是产品市场分析的相关因素，第七巡回法院还是以联邦贸易委员会错误地完全依赖生产设备的适应性为由驳回了该诉讼。法院认识到，一些经济学家支持把供给的交叉弹性作为产品市场唯一的重要决定因素。[5] 然而，法院拒绝这种解释产品市场的方法，再次重复文费尔德法官（Judge Weinfeld）在伯利恒钢铁案中的判决，即任何忽视买方而侧重卖方行为或纯理论判断卖方行为的产品市场定义都是没有意义的。[6] 法院最终拒绝了原告基于事实理由提出供给弹性的主张。在实践

---

[1] See "Simon Bishop/Mike Walker", *Economics of EC Competition Law*, Sweet & Maxwell 1999, at 62.

[2] 王晓晔：《反垄断法中的相关市场》，http：//www.iolaw.org.cn/paper/paper262.asp#_ftnref12。

[3] See *Brown Shoe*, 370 U.S. at 325.

[4] See *Kaiser Aluminum & Chem. Corp. v. FTC*, 652 F.2d 1324 (7th Cir. 1981), vacating and remanding, 93 F.T.C. 764 (1979).

[5] See 652 F.2d at 1330–32.

[6] See *United States v. Bethlehem Steel Corp.*, 168 F. Supp. 576 (S.D.N.Y.)

中，法院发现，钢铁企业不能快速调整生产以适应需求的变化，并且现有的市场条件使其不可能如此行为。在皇帝铝化学公司案中，联邦贸易委员会也找到了该行业整体上的潜在生产适应性，但是，正如上诉法院所注意到的，委员会在解释每一个产品市场时无法得出生产适应性程度的明确结果。①

与美国法院一样，为了界定市场，欧盟法院在大陆罐头案中建立了相关的供给替代。② 1997《市场界定通告》指出，欧盟委员会仅在"输入市场的额外产量对相关企业的竞争行为存在规律性影响"的情况下会考虑供给替代，这相当于根据有效性和直接性考虑需求替代。③《市场界定通告》提出，供给替代仅在少数情况与需求替代一样有规律性影响。当存在供给替代可能、但要求投入相当数量时间或者资金的情况时，欧盟委员会通常会考虑供给替代在评估合并公司市场支配地位时是合并当事人竞争行为的潜在限制而不是相关市场的概念。同样，根据美国《2010年横向合并指南》，供给替代也不是解释相关产品市场范围时需要考虑的因素，而是在识别参与相关市场的企业、衡量市场份额、分析竞争效果以及市场进入时需要考虑的因素。换句话说，供给替代主要是在识别参与相关市场的企业能够潜在抑制履行市场力时给予考虑。

2. 子市场标准

在布朗鞋案中，美国联邦最高法院指出，子市场存在于一个广义的产品市场之内。随后，最高法院在许多案件中承认了子市场。在布朗鞋案中，法院在界定子市场时提出了七个标准作为实际审理案件的参考，即：①子市场

---

① See *Kaiser Aluminum & Chem. Corp. v. FTC*, 652 F. 2d 1324 (7th Cir. 1981).

② See *Europemballage and Continental Can v. Commission* ("'Continental Can'"), Case 6/72, 1973 E. C. R. 215, para. 33 ("In order to be regarded as constituting a distinct market, the products in question must be individualized, not only by the mere fact that they are used for packing certain products, but by particular characteristics of production which make them specifically suitable for this purpose. Consequently, a dominant position on the market for light metal containers for meat and fish cannot be decisive, as long as it has not been proved that competitors from other sectors of the market for light metal containers are not in a position to enter this market, by a simple adaptation, with sufficient strength to create a serious counterweight"). See also *Michelin v. Commission* ("'Michelin'"), Case 322/81, 1983 E. C. R. 3461, para. 41.

③ See *Market Definition Notice*, para. 20.

作为单独经济存在的产业或公众认知度；②产品的特殊性质和用途；③客户差异；④价格差异；⑤价格变化的敏感性；⑥生产设备的特殊性；⑦特定销售商。①

在适用这七项标准时，布朗鞋案的主审法院同意地区法院在确定两家生产商和鞋类销售商合并后影响时对市场的判定，即相关市场包括男鞋、女鞋及童鞋。主审法院拒绝了市场应进一步细分为高低端鞋、童鞋应再细分为男、女孩鞋及婴幼儿鞋的主张，认为这种市场细分并不能准确反映市场竞争的真实情况，也不能对公司合并活动进行有效区别。

美国法院在涉及《谢尔曼法》第2条和《克莱顿法》第7条的案件中肯定了子市场或狭义市场的存在。② 尽管如此，子市场的识别方法还是受到了批评，原因是如果广义市场包含所有可能的合理替代品，那么根据解释，子市场将排除一些产品，造成对行为经济重要性的扭曲。③ 然而，美国联邦最高法院明确表示广义市场与子市场两种标准并不相互排斥。④ 确切地说，法院使用这两种标准作为分析模型评估市场行为，而这些行为的效果可以在每一个竞争性很强的市场上被感知。存在广义市场不排除子市场在布朗鞋案中被明确加以规定。在罗马电缆案中，⑤ 铝制导线生产商收购了一家制造铜线和铝线的公司。地区法院认为，铝线和铜线处于同一市场之内，这是因为铜与铝具有完全的生产替代性，制造商经常检查其生产线并根据市场需求，轻易地从生产一种金属材料转换成生产另一种。然而，最高法院撤销了该判决。最高法院承认，铜线与铝线可以考虑为相同产品市场的一部分。法院也承认，铝线的成本优势，加之铝线与铜线在价格上的相互不敏感，都要求对铝线市场合并后的影响进行评估。

---

① See *Brown Shoe*, 370 U. S. at 323.
② See *Fineman v. Armstrong World Indus.*, 980 F. 2d 171（3d Cir. 1992）, cert. denied, 507 U. S. 921（1993）；*HyPoint Tech., Inc. v. Hewlett – Packard Co.*, 1990 – 1 Trade Cas. （CCH） P 69, 090（N. D. Ohio 1990）.
③ See 378 U. S. 441, 84 S. Ct. 1738, 12 L. Ed. 2d 953（1964）（Harlan, J. dissenting）（failure to include a competing product in the relevant market "reads the 'line of commerce' element out of Section 7 and destroys its usefulness as an aid to analysis."）.
④ See 370 U. S. 294, 82 S. Ct. 1502, 8 L. Ed. 2d 510（1962）.
⑤ See *United States v. Aluminum Co. of Am.*, 377 U. S. 271, 288, 84 S. Ct. 1283, 12 L. Ed. 2d 314, reh'g denied, 377 U. S. 1010（1964）.

在美国，缺少一个或多个布朗鞋案的七个因素不会排除认定适当的子市场。只要存在三到四个因素就足以解释子市场，这是因为子市场是不是具有重要经济影响的市场以及在该市场内对反竞争影响进行衡量是最终考虑因素。

欧盟委员会合并控制也承认子市场的存在。在 United Brands 案中，欧洲法院认为，香蕉是区别于其他新鲜水果的单一市场，其原因是"香蕉具有区别于其他水果的特殊特征，香蕉与其他水果只有有限程度的相互替换性，而且几乎没有能够感觉到的竞争关系。"①欧洲法院认为，香蕉的独特性质如"味道、柔软、无子以及稳定的产量使得香蕉能够满足年轻人、老人以及病人持续的需要"。②

3. 组群标准③

美国联邦最高法院在 1963 年费城国民银行案中提出了"组群"的概念。④ 在该案件中，最高法院不得不确定银行提供的支票账户、储蓄账户、信托服务和信贷服务等服务是否每一种都组成一个独立的产品市场；市场是否仅包含商业银行或也包括其他金融机构，如储蓄和信贷协会和保险公司。为解决这两个问题，美国联邦最高法院建立和发展了"组群概念"，认为"'商业银行'这个专用名词所代表的……产品和服务群……由某些独特的商业形式组成。"法院在做出这个结论时依赖于商业银行所提供的一些服务，如支票账户，是如此与众不同以至它们并没有任何有效的竞争替代品。其他服务，如个人贷款和储蓄存款，在很大程度上并没有与其他金融机构所提供的服务有竞争关系，这是因为它们或者有市场成本优势或者有"固定的消费者偏好"。

美国联邦最高法院在 Grinnell 案件中也使用了"组群"概念。⑤ 在该案中，法院在一个市场内包含了中心总站提供的综合服务，如防火和防盗。

---

① See *United Brands*, (1978) E. C. R. at 272.
② Id. at 273.
③ 产品市场有时由一组或一群相关但不同的产品或服务所组成，这些产品或服务彼此并不相互竞争，但通常归为一组。
④ See *United States v. Philadelphia Nat'l Bank*, 374 U. S. 321, 83 S. Ct. 1715, 10 L. Ed. 2d 915 (1963).
⑤ See *Grinnell Corp.*, 384 U. S. 563, 86 S. Ct. 1698, 16 L. Ed. 2d 778 (1966).

尽管认识到防火和防盗服务并不相互竞争且功能上没有替代关系，法院推定这组服务有效地组成了一个单独的基本服务——通过使用中央服务站保护财产。法院的决定受到一些情况的影响，这些情况包括顾客通常寻求购买一组服务而不是单独服务以及供应商为有效地与其他产品服务竞争必须提供所有或几乎所有类型服务。

组群概念最适合给功能上相关的产品或服务分组。最高法院在费城国民银行案中指出，只要产品划为一组或一群在商业实践中是意义的，那么分组就是合适的。但是，在一组产品中，当一个以上产品或服务面临来自替代品的有效竞争时，分组就是不合适的，这是因为分组涵盖过窄。

与美国相比，欧盟委员会对组群标准的认识和适用是近些年来的事情。根据最近的经济理论和欧盟委员会的行政管理实践，欧盟委员会提出，消费者在组群市场上对属于组群中非捆绑单独服务的实质性交易成本非常敏感，这种敏感引起消费者评估组群所有服务的价格和质量，而不是其中的任何一种。如果消费者能购买组群服务而难以获得不同公司提供的单独服务，那么这些服务构成一个组群市场。2006年6月，欧盟委员会在有关电子通信行业委员会建议规范的工作报告中指出，通信公司给他们的顾客提供了一系列服务，考虑到供给方面的规模效应，这些服务通常都是一起出售的。[1] 在大多数情况下，在该组群中，单独的服务互相不是令人满意的替代品，然而可以被视为同一相关产品市场的一个部分。

4. 单一品牌市场

通常，相关市场不限于一个公司的产品或服务。在玻璃纸案中，美国联邦最高法院认为：人们可以概括地说，在每个非标准化商品领域，我们都存在垄断竞争，每个生产商都有能力规制其产品的价格和产量。然而，汽车或软饮料生产商建立在其注册产品之上的权威并不是那种构成非法垄断的力量。[2]

法院拒绝承认单一品牌为一个相关市场的另一原因是：特殊品牌的高价格仅在较短的时间内得以维持且这并不是反垄断法所考虑的问题。然而，

---

[1] http://europa.eu.int/information_society/policy/ecomm/doc/info_centre/public_consult/review/recommendation_final.pdf.

[2] See 351 U.S. at 393.

联邦最高法院在图像技术服务案中确认,如果市场上没有某品牌的替代品,那么该品牌能够单独组成一个相关市场。① 在该判决之后,下级法院通常把图像技术服务标准限定在现有客户被锁定在一个生产商的替代部件和修理服务或一个特别供应商产品的情况。某地区法院认为,法院在做出确实存在一个禁闭市场的判断时,必须满足四个因素:高转换成本、高信息成本、不当利用客户的能力,以及不当利用的能力必须是有实际意义。尽管一些法院没有明确阐明同样的标准,但是这些法院使用了一些或所有这些因素来判断消费者是否被锁定于一个单独的产品。②

事实上,美国法院在图像技术服务案件以前和之后都不愿意将相关市场解释为仅包含一个生产商的产品。③ 但是,当"锁定"标准得到满足或者在"合理替代"标准下,单独生产商的产品是独特的且不存在替代品时,法院将认为一个产品市场仅限于一个品牌。④

三 相关地理市场分析

(一) 相关地理市场的概念及界定

相关地理市场可以解释为一定的区域,在该区域内相关产品的销售商相互竞争,而买方在实践中能够购买任何销售商的产品。地理市场必须符合当前产业的贸易现状且体现了此交易领域的经济重要性。基于此,美国法院经常拒绝相关地理市场限于某一特别区域的主张。

美国法院不接受对地理市场不切实际的狭义解释,这是因为地理市场与现实中的贸易模式相同,没有必要精确勾勒出地理界限,而少量的模糊

---

① See *Eastman Kodak Co. v. Image Technical Servs.*, 504 U. S. 451, 112 S. Ct. 2072, 119 L. Ed. 2d 265 (1992).

② See *Universal Avionics Sys. Corp. v. Rockwell Int'l Corp.*, 184 F. Supp. 2d 847, 955 (D. Ariz. 2001).

③ See *Virtual Maintenance, Inc. v. Prime Computer, Inc.*, 11 F. 3d 660 (6th Cir, .1993) (market was properly confined to software necessary to do business with Ford Motor Company).

④ See e. g.: Fifth Circuit: *Heatransfer Corp. v. Volkswagonwerke A. G.*, 553 F. 2d 964, 979, 989, reh'g denied, 562 F. 2d 1251 (5th Cir. 1977), cert. denied, 434 U. S. 1087 (1978) (air conditioner units for one brand of automobiles constituted relevant submarket); Eleventh Circuit: *U. S. Anchor Mfg. v. Rule Indus.*, 7 F. 3d 986, 997 - 98 (11th Cir. 1993), cert. denied, 512 U. S. 1221 (1994) (particular band of anchors), see also *Collins v. International Dairy Queen, Inc.*, 980 F. Supp. 1252 (M. D. Ga. 1997) (issue of whether a particular brand constituted a relevant market raised factual questions for the jury to decide).

则是不可避免的。① 在解释相关地理市场时，法院考虑了多种因素，包括运输成本，运输模式，以及进入新领域的历史记录。此外，法院认为，消费者为满足需求而转换到另一地理范围本身并不是建立地理市场范围的证据。为适应价格的增长，他们转到其他地区的证据在解释市场时是必不可少的。②

在欧盟，申报表中对相关市场进行了这样的解释：相关地理市场是指相关企业参与产品或服务供给和需求的区域，在该区域内竞争条件充分同质，且可与邻近区域相区分。欧盟委员会承认，评估一项在某地域内计划完成的合并其对竞争的影响应该考虑所有经济上可以向该地域提供服务的供应商，而不论供应商的生产设备位于何处。③ 此外，未来价格歧视的可能性也是描述相关地理市场的重要因素。申报表要求合并申报方说明相关地理市场的范围以及例证相关信息和解释。申报表通常会给申报方提供最好

---

① See, e. g. : Fourth Circuit: *Consul, Ltd. v. Transco Energy Co.* , 805 F. 2d 490, 496 (4th Cir. 1986), cert. denied, 481 U. S. 1050 (1987) (impossible to measure defendant's "market power in an area as ethereal as sources of natural gas not owned by [defendant] but in close proximity to their pipeline and which would not be available to plaintiff as a broker"); Seventh Circuit: *Elliott v. United Center*, 126 F. 3d 1003 (7th Cir. 1997), cert. denied, 118 S. Ct. 1302 (1998) (refusing to define the geographic market as a particular sports arena in Chicago); Eighth Circuit: Double D Spotting Serv. , Inc. v. Supervalu, Inc. , 136 F. 3d 554, 560 (8th Cir. 1998) (finding that a proposed geographic market consisting of a particular warehouse in Iowa was as a matter of law "too narrow").

② See *Phillipsburg Nat'l Bank & Trust Co.* , 399 U. S. 350, 363, 90 S. Ct. 2035, 26 L. Ed. 2d 658 (1970) ("In determining the relevant geographic market, we held in Philadelphia Bank, ...that the proper question to be asked...is not where the parties to the merger do business or even where they compete, but where, within the area of competitive overlap, the effect of the merger on competition will be direct and immediate.... This depends upon 'the geographic structure of supplier customer relations.' More specifically we stated that the 'area of effective competition in the known line of commerce must be charted by careful selection of the market area in which the seller operates, and to which the purchaser can practicably turn for supplies.'"); First Circuit: *Coastal Fuels, Inc. v. Caribbean Petroleum Corp.* , 79 F. 3d 182, 197 - 98 (1st Cir. 1996), cert. denied, 519 U. S. 927 (1996) (evidence that resellers of bunker fuel in San Juan purchased 99% of their supplies from a refinery in San Juan was not sufficient to establish San Juan as the relevant geographic market since vessels could go anywhere in the Caribbean and Southeastern United States to obtain bunker fuel).

③ See *SCA/Mets Tissue*, Case COMP/M. 2097, Commission decision of January 31, 2001 (2002 O. J. L57/1), para. 48.

机会提出和支持其界定地理市场。委员会也会在法律行动中审查内部文件以证实内部文件与申报方提供的材料相一致。在调查期间，委员会寻求消费者和竞争者对相关产品市场的看法，并对此非常重视。欧盟委员会也非常看重实际消费者行为的证据。近来，随着委员会逐渐看重以经济学为基础的分析方法，欧盟委员会非常重视定量证据，特别是地区价格和利润差异。此外，委员会其他重要考虑还包括：不同地域市场份额的变化，技术或法规等贸易壁垒以及国家或者地区偏好。欧盟委员会《市场界定通告》强调，需求替代在界定地理市场时具有非常重要的作用。在界定地理市场时，欧盟委员会也使用假定垄断者测试。

（二） 影响地理市场的经济因素

划定地理市场或子市场范围的重要经济因素包括运输成本、实际销售额、局部需求、产业认知，以及价格关系。

在许多行业，运输成本限定了卖方销售其产品的地理区域。然而，运输成本如果不能约束远方的销售者或者其他市场力量规制了竞争实际发生的地域，那么它是不能解释狭义市场的。

现行销售模式也能被用来确定地理市场的范围。美国法院经常通过使用 Elzinga - Hogarty 标准解释相关地理市场。[①] 该标准使用消费者原籍和目的地数据来识别相关竞争者，并依据地区间的运输装载量来解释地理市场。

销售商竞争的地区可能受到限制，这种限制可能来自有争议的产品或服务的潜在销售者把他们的商业委托给当地的销售者。地域化需求或地区销售者拥有竞争优势在服务行业如商业银行特别明显。此外，某特殊地区作为特殊市场的产业认知度也是影响相关地理市场或子市场解释的另一因素。这里提到的产业认知的两种共同来源是合并企业和其他产业成员的声明以及相关监管机构的理解。

地区价格差异也经常能区别地理市场。两个地区的价格差异可以看作是买方在两地套利的最好证明。多数情况下，10%或以上的价格差异可以考虑为分隔市场的重要门槛。这种价格差别应该在一定的期限内如两年，比

---

① See Elzinga & Hogarty, "The Problem of Geographic Market Delineation in Antimerger Suits", 18 *Antitrust Bull.* 45 (1973); Elzinga & Hogarty, "The Problem of Geographic Market Delineation Revisited: The Case of Coal", 23 *Antitrust Bull.* 1 (1978).

较的价格也应该是实际的交易价格,而不是目录价格。在 Pabst Brewing 案中,美国法院认为,"市场应被解释为地域化的地理市场,这是因为啤酒制造商能够在不同州以不同价格销售相同品牌的啤酒。尽管仅仅价格相似并不足以解释一个单独的地理市场,但是区域间的类似价格也表明这些地区应该考虑在同样的相关市场内……运输成本和地域化需求能够排除卖方在两个地域内竞争……绝对依赖价格差异可能不适当地限制市场,但是价格的敏感性必须考虑在内。"① 此外,影响地理市场范围的其他因素还包括:竞争强度、政府监管、产品易腐败属性。

美国某些法院在解释相关市场时使用了联邦政府《合并指南》阐述的假定垄断者测试。② 根据该标准,地理市场是指这样一个最小区域,当其他地域所有产品的销售条件保持恒定,而在该区域内假定的垄断者作为相关产品现在和将来唯一的生产商能够在有利可图的情况下对市场施加一个轻微但有效的非短期价格增长。此外,法院也使用了临界损失分析,主要用来分析在反竞争价格增长时,假定垄断者放弃施加 SSNIP 标准前消费者离开市场的数量。联邦政府在其《横向合并指南》中也使用了这种方法。

(三) 地理市场范围

地理市场可以是全国性的,地区性的或局部性的;两个或两个以上非邻近市场可以在某一个案件中出现;在某一较大市场内可以划分若干地理子市场。

1. 全国性市场或国家市场

美国法院认为,如果被告在全国范围内销售或分配产品,那么可以认定存在全国性市场。③ 当然,竞争者能够在全国销售产品或服务的事实也表明相关地理市场是全国性的。然而,当事人不需要在本国任何地域内的相

---

① See *United States v. Pabst Brewing Co.*, 384 U. S. 546, 86 S. Ct. 1655, 16 L. Ed. 2d 765 (1966).

② See e. g.: *FTC v. Tenet Health Care Corp.*, 186 F. 3d 1045, 1053 (8th Cir. 1999); *California v. Sutter Health Sys.*, 130 F. Supp. 2d 1109, 1120 (N. D. Cal. 2001), modifying 84 F. Supp. 2d 1057 (N. D. Cal. 2000), aff'd mem., 217 F. 3d 846 (9th Cir. 2000).

③ See, e. g.: Supreme Court: *FTC v. Procter & Gamble Co.*, 386 U. S. 568, 578, 87 S. Ct. 1224, 18 L. Ed. 2d 303 (1967); *United States v. Pabst Brewing Co.*, 384 U. S. 546, 549 – 52, 86 S. Ct. 1665, 16 L. Ed. 2d 765 (1966); *United States v. Grinnell Corp.*, 384 U. S. 563, 575 – 76, 86 S. Ct. 1698, 16 L. Ed. 2d 778 (1966); *United States v. Continental Can Co.*, 378 U. S. 441, 447, 84 S. Ct. 1738, 12 L. Ed. 2d 953 (1964); *Brown Shoe Co. v. United States*, 370 U. S. 294, 328, 82 S. Ct. 1502, 8 L. Ed. 2d 510 (1962).

同程度上相互竞争。① 如果存在全国性相互依赖的价格证据或者其他非统计证据表明产业价格和供求的地域模式是相互关联的,那么认定存在全国性市场也是适当的。②

在欧盟,当产品在一国范围内根据在该国注册的商标进行流通销售,或者产品在欧盟各地区价格不同,特别是在产品运输和其他成本限制了产品跨越国界进行贸易时,欧盟委员会把相关地理市场解释为国家市场。在对碳酸饮料界定地理市场时,欧盟委员会根据某些考虑解释英国是一个不同的地理市场:不同消费偏好的存在;高昂的跨境运输成本、低廉的产品价值以及频繁的运输需要;国家品牌忠诚度的重要性;进入英国销售网络的困难程度;以及碳酸饮料在英国与其他成员国之间最小限度的跨境贸易。③

2. 区域或地方市场

当市场太小以至在经济上没有多大意义时,把地理市场解释为地方市场并不是很合适。④ 然而,在涉及商业银行领域的案件中,相关产品市场极度地域化,美国法院因此赞成把相关地理市场仅限定在拥有 90000 人口的两个城市⑤和有着 23733 人口的一个市区。⑥ 在美国诉爱达荷州第一国民银行案中,⑦ 美国法院认定,拥有 25000 多人口的爱达荷市及其市郊在经济生活上的重要性并不足以构成《克莱顿法》第 7 条意义上的相关地理市场。此

---

① See, e. g., *A. G. Spalding & Bros.*, 301 F. 2d at 607 (upholding a finding that the relevant geographic market was nationwide, despite defendant's contention that the acquired company did most of its business in only nineteen states); see also *RSR Corp. v. FTC*, 602 F. 2d 1317, 1323 (9th Cir. 1979), cert. denied, 445 U. S. 927 (1980).

② See, e. g., *Jim Walter Corp. v. FTC*, 625 F. 2d 676 (5th Cir. 1980) (national market not established); *RSR Corp. v. FTC*, 602 F. 2d 1317, 1323 (9th Cir. 1979), cert. de – nied, 445 U. S. 927 (1980); *Kennecott Copper Corp. v. FTC*, 467 F. 2d 67 (10th Cir. 1972), cert. denied, 416 U. S. 909, reh'g denied, 416 U. S. 963 (1974).

③ Case COMP/M. 2263, Commission decision of April 9, 2001, para. 20.

④ See, e. g., *Carter Hawley Hale Stores, Inc. v. Limited, Inc.*, 587 F. Supp. 246 (C. D. Cal. 1984) (neither individual shopping malls nor shopping malls in the aggregate forms a relevant geographic market).

⑤ See *United States v. Phillipsburg Nat'l Bank & Trust Co.*, 399 U. S. 350, 90 S. Ct. 2035, 26 L. Ed. 2d 658 (1970).

⑥ See *United States v. County Nat'l Bank*, 339 F. Supp. 85 (D. Vt. 1972).

⑦ See *United States v. Idaho First Nat'l Bank*, 315 F. Supp. 261, 268 (D. Idaho 1970).

外，在 Apani Southwest v. Coca – Cola Enterprises 案中，法院拒绝把地理市场解释为单独消费者所组成的市场。①

与美国相比，在少量案件中，当市场的竞争条件与欧盟和其他地区之间类似、运输和其他可能的壁垒没有限制地区间贸易时，欧盟委员会会考虑区域市场的范围大于欧盟市场、小于世界市场。通过这种方法界定的地理市场包括可以交易的原材料。在有关天然气的发展、产能和销售问题上，欧盟委员会指出，相关地理市场"可能包括欧洲经济区（EEA），阿尔及利亚和俄罗斯"。这是因为，欧盟从俄罗斯和阿尔及利亚进口天然气价格的小幅波动不影响 EEA 成员国天然气价格是不可能的。②

当某些产品的运输和其他因素限制了来自其他地区竞争的范围，欧盟委员会通常把这些产品确定为在某个地方市场范围内或某个次级国家市场内（Sub – national Market）。在界定航空燃油供给的地理市场范围时，欧盟委员会确定在英国存在次级国家市场或地方市场，即伦敦盖特威克机场：尽管航空公司对航油采购采取全球招标，但是航空公司一般根据机场的特殊性质依赖相对供应商在特定地区的优势选择最具吸引力的投标者；每个机场都有特别的燃油供给设施，供应商需要进入该特别场地，在供应链最后阶段卸载航油；在盖特威克机场运营的航空公司不能通过转换需求从发生在其他机场的价格变化中获利；以及既然供给依靠后勤设施的准入，航油的供应商也不能从盖特威克机场转换到其他机场。③

---

① See *Apani Southwest, Inc. v. Coca – Cola Enterprises, Inc.*, 128 F. Supp. 2d 988, 1000 – 1002 (N. D. Tex. 2001). （法院拒绝把相关市场限定为 Lubbock 市所有的 27 家市政设施，这是因为原告能够向该市的其他消费者销售；法院进一步指出，除非消费者拥有买方垄断力，一个单独的消费者不能组成相关市场）。

② See Case IV/M. 1672, Commission decision of March 14, 2000 (2001 O. J. L143/74), paras. 47 and 66 – 70.

③ See *Voith/Sulzer* (II), Case IV/M. 478, Commission decision of July 29, 1994, para. 25 (3.8%) (machinery for paper and paperboard production); and *RWE – DEA/Enichem Augusta*, Case IV/M. 612, Commission decision of July 27, 1995, para. 19 (4.4%). See, however, *Enso/Stora*, Case IV/M. 1225, Commission decision of November 25, 1998 (1999 O. J. L254/9), para. 56 (Commission considered duties of around 4% – 6.6% on imports from the United States as one of the elements insulating the European market for liquid packaging board).

3. 世界市场

根据美国法院的判例，相关地理市场还可以是全球性的。① 然而，包含进口产品在内的相关市场提出了许多独特的问题。消费税、外国补贴、货币汇率波动以及进口配额使美国法院很难评估外国进口商品与本国商品的竞争程度。此外，衡量美国以外生产商的市场份额也使问题变得更加复杂。

实践中，《克莱顿法》第 7 条案件中的地理市场是否能够超越美国的领土范围提出了许多问题。然而，美国法院在布朗鞋案中提出把地理市场适当地扩大到美国之外。法院指出，相关市场应有足够的范围以容纳任何一个合并公司的竞争产品，并识别实际上存在竞争的地域。② 然而，另一方面，一些法院认为，应这样理解美国国会对《克莱顿法》第 7 条"在该国任何地域内"的表述，即涉及第 7 条案件的市场分析应当侧重美国市场。③

然而，一些美国学者认为，《克莱顿法》"在该国任何地域内"的表述并不排除法院在涉及第 7 条的案件中把市场解释为全球性市场或跨国市场。他们考察第 7 条的立法史没有发现不允许把市场解释为世界市场，而第 7 条的语义本身也排除了这样的解释。他们认为，"在该国任何地域内"的表述至多表明美国国会意图规范和禁止在美国境内、对美国国内商业有不利影响的合并和集中，并不禁止对外国市场有反竞争结果的合并，因为忽视全球或跨国竞争对美国的影响会造成严重的危险，妨碍有利于国际竞争的交易。④

如果某种产品的美国消费者能够转而购买外国供应商的产品，美国司法部、联邦贸易委员会和法院对来自外国供应商的竞争必须在解释相关市场和

---

① See e. g. , *United States v. Eastman Kodak Co.* , 63 F. 3d 95, 103 (2d Cir. 1995) (termination of consent decree in Section 2 case); *Gearhart Indus. , Inc. v. Smith International, Inc.* , 592 F. Supp. 203, 212 (N. D. Tex. 1984), aff'd in part and modified in part, and vacated in part, 741 F. 2d 707 (5th Cir. 1984) ("The relevant geographic market in this case is the world."); *FMC Corp. v. Manitowoc Co.* , 654 F. Supp. 915, 937 (N. D. Ill.), aff'd, 835 F. 2d 1411 (7th Cir. 1987) (relevant geographic market for cranes is world – wide).

② See 370 U. S. 294, 326, 82 S. Ct. 1502, 8 L. Ed 2d 510 (1962).

③ See, e. g. , *Crane Freehauf Ltd. v. Freehauf Corp.* , 1977 – 2 Trade Cas. (CCH) P 61, 708 (S. D. N. Y. 1977); *United States v. Tracinda Inv. Corp.* , 477 F. Supp. 1093, 1106 n. 11 (C. D. Cal. 1979).

④ See IV Earl W. Kintner, *Federal Antitrust Law* § 38. 22 (1984).

评估合并对美国的竞争性影响时给予考虑。当竞争来自外国公司时，进口也应当给予考虑。正如美国司法部和联邦贸易委员会所确认的，在解释市场时考虑实际进口并没有违反《克莱顿法》第7条的基本精神或语义。[①]

同样，对于某些在全球范围内销售的产品，欧盟委员会把他们的相关地理市场解释为全球地理市场。关于铜精矿，欧盟委员会考虑该产品处于全球地理市场，这是因为铜精矿是全球海运市场散货运输的最大宗货物之一；铜精矿从智利、印尼和澳大利亚等产地运输到日本、中国、韩国以及欧洲的成本变化不是很大；海运运费在铜精矿价格中的比例相对较低；在亚洲和欧洲提炼商征收的提炼费用处于相近水平；以及欧洲提炼商从南美、东南亚和澳大利亚进口铜精矿。[②]

4. 欧盟市场和欧盟内部区域市场

当形式相似、价格类似的产品在运输成本低廉、不存在实质性贸易壁垒的整个欧盟销售时，欧盟委员会通常会把相关地理市场解释为欧盟市场。这种对地理市场的解释包括了工业产品、化学品、汽车零配件。此外，欧盟委员会根据下列因素把冷轧钢的相关地理市场确定为西欧市场：在欧盟成员国之间以及在欧盟与欧洲自由贸易联盟之间存在高强度贸易；与争议商品的价值相比，在西欧间的运输成本很低；产品输入西欧的数量极低，仅占西欧消费量的3%；冷轧钢扁平轧材的价格水平明显区别于世界其他地区；产品在西欧价格的显著增长没有引起输入西欧的数量增长；来自EEA以外国家的进口商受6%的进口税约束；以及位于西欧地区以外地区的生产商其运输成本占据了销售价格的一定比例，大约为4.6%。[③]

[①] See The 1992 Horizontal Merger Guidelines assign market shares to foreign competitors. U. S. Dep't of Justice & Federal Trade Comm'n, Horizontal Merger Guidelines § 1.43 (1992).

[②] See *Merloni/General Electric/GDA JV*, Case COMP/M.2703, Commission decision of March 4, 2002, para. 18 (Commission took account of differing pricing strategies and price levels, as well as differing margin structures, cost structures, and local taxes to conclude that the United Kingdom and/or Ireland likely comprised a distinct market for certain household electrical appliances).

[③] See *Continental/Kalciko/DG Bank/Benecke*, Case IV/M.363, Commission decision of November 29, 1993, para. 20; *Rhne - Poulenc/Caffaro*, Case IV/M.427, Commission decision of June 17, 1994, para. 24; *Akzo Nobel Monsant o*, Case IV/M.523, Commission decision of January 19, 1995, para. 20; and *AstraZeneca/Novartis*, Case IV/ M.18 06, Commission decision of July 26, 2000 (2004 O. J. L110/1), para. 79.

当出现欧盟内部不同区域存在共同竞争条件以及来自欧盟其他地区进口可能性较低的情况，欧盟会把地理市场解释为欧盟内部区域市场。在对转运贸易中的搬运工条款分析中，欧盟委员会确定北欧作为欧盟内部一个独特的区域市场，其理由是南欧的一些港口给赤道贸易提供分程传递，而对于支线贸易，它们不是北欧港口的替代服务；大多数班轮运输没有考虑向南欧的港口转换支线或分程运输量；南欧转运贸易的任何增长都是由于南欧区域内分程中心的增长，这只与北欧主要港口存在最低限度的竞争。[1]

第二节　禁止合并的条件

一　实质减少竞争标准

美国 1914 年《克莱顿法》第 7 条禁止一项收购在任何商业或在该国任何地域内影响商业活动"严重减少竞争或旨在形成垄断"，即实质减少竞争标准或 SLC 标准。从那时起，SLC 标准就成为美国反托拉斯法律的一部分。SLC 标准明确指出，如果合并的效果可能严重减少竞争或企图产生垄断，那么该项合并是违法的。[2]

关于 SLC 标准的定义，1997 年的《合并指南》提出"合并不得产生或加强市场力或者推动行使市场力"，而市场力的概念又进而被定义为"从事不同于有效竞争条件下所可能从事的行为"。[3] 例如，通过合并提供市场力使买方在相当长的时间内将产品价格维持在竞争价格以上，或者让买方将产品价格压低到竞争性价格水平以下并从而压低产量。

市场力的存在与否，需要考虑包括当事人所属行业的实际情况、相关市场内的市场份额、供应商和需求方的各种情况、进口商品替代以及替代商品，以及新业者进入市场的难易程度等各项经济条件，并且必须对每个具体案件进行综合判断和分析。但是，在这些判断基准中，最受重视的是

---

[1] See Case COMP/M. 3056, Commission decision of June 11, 2003 (2004 O. J. L38/47), para. 32.
[2] See Clayton Act §7, 15 U.S.C. §18.
[3] 传统上，市场力（Market Power）通常是根据相关市场的情况来进行界定，它对市场的规制程度要逊于垄断力（Monopoly Power）对市场的影响。

市场份额和市场集中度。尽管美国联邦最高法院在布朗鞋案中指出，在合并分析过程中综合考量所有相关因素是有必要的，但是随后的下级法院判决提出，市场份额和市场集中度统计是法院确定合并是否合法最为倚重的因素，这些因素建立了合并是否违反《克林顿法》第7条的初步证据。在费城国民银行案中，美国联邦最高法院详细说明了这种初步证据："法院注意到在布朗鞋案中……在1950年《克林顿法》第7条修正案立法时，整个国会都在担忧美国经济日渐集中的趋势。这种对合并集中的强烈担忧使得在某些情况下无须提供有关市场结构、市场行为，或者可能发生反竞争影响的证据。特别是，产生以不适当比例控制相关市场的企业和引起企业集中度在市场内显著增长的合并本身就有可能严重减少竞争，而这种合并必须在缺乏明显证据表明合并不可能出现这种反竞争影响的情况下予以禁止……"

同时，1997年《合并指南》也规定，市场份额和市场集中的数据是分析合并竞争效果的起点，在一个经过合理界定和测度的市场上，如果合并不能显著提高市场的集中度并且导致市场集中化，合并就不可能产生或加强市场力，或者推动行使市场力。可以看出，市场份额统计也是合并企业市场力的指示器。当一家公司市场的份额大幅增长，该公司给其弱小竞争对手造成损伤的能力也显著提高。规模意味着在市场上定价的能力；一家公司占据的市场支配地位能够导致其他弱小公司的服从，随之导致竞争变得无效。因此，美国法院认为合并产生的公司具有不适当比例的市场份额其本身就可能减少竞争。此外，法院使用的市场份额统计数据也成为商业人士判断其行为的指导。

合并除了排除合并公司间的竞争，还有可能影响相关市场的一般竞争，这容易引起市场集中度的增长。而合并导致市场集中度的显著增长是严重损害竞争的公认指标。市场集中度的增强无疑有利于形成、维持和强化对市场价格和其他交易条件的规制力量，也有利于形成、维持和强化企业对市场开放的妨碍作用，从而严重损害竞争。因此，考量市场集中度成为评估合并的重要手段，尽管这种手段不是唯一的。在市场集中度的计算方面，美国经历了市场份额、四家企业集中度（集中比率）以及HHI指数三次调整，如今HHI指数已经成为美国反托拉斯执行机构衡量市场集中度水平的主要指标。该指数是将市场所有参与者的市场份额平方后再相加计算出来的。

HHI 指数测量将市场集中大致分为三种情况，即没有集中的市场（HHI < 1000），中度集中的市场（1000 < HHI < 1800）和高度集中的市场（HHI > 1800）。与四家企业集中度的计算方法不同，HHI 指数不仅反映了市场上四家最大企业的市场份额，而且反映了其他企业的市场份额。

在对市场份额和市场集中分析之后，美国反托拉斯执行机构将分析合并后市场结构是否使厂商的行为更加容易在寡占市场内走向协调并以此减少竞争，又或者是合并是否使合并后的企业能够通过单边效应实质减少竞争。

此外，市场准入的分析也是一个十分重要的因素，市场壁垒的存在与集中度的水平有关，它们对市场行为的影响也是相似的。如果存在很高的市场壁垒，美国法院通常不看好一项合并，相反，如果市场壁垒很低，法院更愿意支持该合并。在某些情况下，相关市场存在或不存在市场壁垒是确定合并的重要因素。通常，合并能够提高市场准入的障碍，这种影响具有显著的反竞争性质。然而，是否存在市场壁垒经常是第二位考虑的因素，仅用来加强使用其他因素做出的决定，如市场份额和集中度统计。[①] 而且，其他市场因素可以反驳市场壁垒的重要性。[②]

美国反托拉斯执行机构在运用 SLC 标准对合并分析时更多考虑了经济因素，同时采用了经济学以及产业组织研究中较为复杂的微观经济理论、工具和模型等分析方法，侧重效果分析，从而更加具有灵活性。[③] 此外，在法院审理案件过程中，为满足 SLC 标准要求，美国反托拉斯执行机构或者私人原告需要提供合并可能造成的反竞争效果，并且可以使用与未来任何时间有关联的证据。这些反竞争的效果通常来自合并后企业的市场总份额超过合并当事双方任何一方以前所享有的市场份额、新公司拥有的更加庞大的资产以及合并减少的相关市场竞争者数量。

---

① See 374 U. S. 321, 367, 83 S. Ct. 1715, 1744, 10 L. Ed. 2d 915, 947 (1963); *United Nuclear Corp. v. Combustion Eng'r.*, *Inc.*, 302 F. Supp. 539, 553 (E. D. Pa. 1969).

② See *Crown Zellerbach Corp. v. FTC*, 296 F. 2d 800, 830 (9th Cir. 1961), cert. denied, 370 U. S. 937, 82 S. Ct. 1581, 8 L. Ed. 2d 807 (1962).（在市场集中度高和公司占据市场支配地位的情况下，新进入者的未来实际前景并不是都很清楚。）

③ 王晓晔、伊从宽主编《竞争法与经济发展》，社会科学文献出版社，2003，第 237 页。

二 市场支配地位标准

市场支配地位标准（Market Dominance Test）最早起源于德国的禁止限制竞争法。1978年，欧洲法院在涉及《欧盟运作模式条约》第102条的United Brands Company v. Commission 的判决中[1]对市场支配地位作了解释。法院指出："第86条下的市场支配地位是指一企业拥有的经济实力，这种实力使得它有能力在很大程度上独立于其竞争者、客户并最终独立于其消费者行事，以排除相关市场内的竞争。"在 Hoffmann – La Roche & Co AG v. Commission 案[2]中，欧洲法院再次明确，市场支配地位"并不排除某些竞争，但在垄断或准垄断市场条件下拥有市场支配地位会排除竞争……这种支配地位能够使企业即便不能决定至少也可以对市场的竞争条件产生相当程度的影响，并在任何情况下我行我素。"1989年欧盟理事会通过了《第4064/89号合并控制条例》，条例在1998年由《第1310/97号条例》修订，成为欧盟委员会在维护市场竞争秩序中最常使用的法律武器。条例第2条第2款、第3款分别规定，如果一项合并没有产生或加强市场支配地位，结果是没有引起共同市场内或者其中相当一部分地域内的有效竞争受到严重妨碍，那么该合并得宣布与共同市场相一致；如果一项合并产生或加强了市场支配地位，从而引起共同市场内或者其中相当一部分地域内的有效竞争受到严重妨碍，那么该合并得宣布与共同市场不相容。自此，市场支配地位标准成为欧盟审查合并的法定标准。

根据条例规定，一项合并是否得到准许的判断条件有三：市场支配地位的形成或强化，共同市场内的有效竞争受到严重妨碍以及二者间因果关系。而市场支配地位的基本要素是独立于竞争者、客户和消费者的能力，换句话说，能够在价格、质量和商业条件方面独立于竞争的压力。然而，市场支配地位不能像温度一样精确地衡量，必须依赖于对某些因素的考量。在任何特定市场上，市场支配地位的程度都需要根据一些因素来评估。在合并案件中，这些因素主要涉及合并后企业的合计市场份额、合并企业与其他竞争对手之间市场份额的关系、市场份额的波动情况、未来可能的产

---

[1] See Case 27/76, [1978] ECR 207.
[2] See Case 27/76, [1978] ECR 461.

品需求、原材料供给变化、产品发展情况、市场进入的时间和成本、邻近市场的过剩能力、市场过剩或短缺情况、共同体技术标准的一体化、政府采购以及企业在同一地理市场的品牌组合数量。

以通用电气和霍尼韦尔两家美国公司的合并案为例。在欧盟对该合并的审查中，欧盟委员会认为，全球第一位的商用和支线航空发动机制造商通用电气对飞行管理系统、喷气发动机点火装置、船用燃气涡轮和其他航空电子设备的供应商霍尼韦尔公司的收购提高了企业捆绑的能力，强化了合并后企业的市场支配地位。委员会的分析主要依靠合并后的通用电气未来会给其航空公司顾客提供折扣，这将刺激通用电气航空发动机的买方从霍尼韦尔购买航空电子设备。此外，欧盟委员会表达了对通用电气航空金融服务公司的担忧，认为该公司将对意图租赁新飞机客户附加只能购买通用电气产品的限制性条件。

欧盟市场支配地位标准与美国的 SLC 标准在很多方面是趋同的。例如，与 SLC 标准相同，欧盟在合并评估也非常重视合并后的市场份额。欧盟委员会日益把市场支配地位看作实质性的市场力。事实上，在欧盟委员会新的电信监管制度方面，欧盟委员会表明，实质性的市场力与市场支配地位可以看作是相等的；严重减少竞争仅在合并引起实质性市场力的情况下产生。

然而，欧盟委员会经常把市场支配地位标准当作一种必要的结构标准。如果合并引起不合适的市场结构，欧盟委员会经常可能因为合并中一家公司的市场份额超过 40% 或者因为三家公司或两家公司的集中度达到或超过 70% 就基于结构原因阻止合并。这种结构标准的依据是市场集中度越高，竞争更可能无效，以及任何单个公司拥有的市场力会通过其拥有的市场份额所表现。然而，这种经常把现实作为结构来衡量的不完美描述并不能总是很好地显示市场内的竞争水平。例如，如果市场条件相对容易形成和维持卡特尔，那么即使在许多公司存在的情况下价格仍然会显著偏离竞争水平，特别是在透明的市场内，所有公司的定价都非常清晰的情况下。

纯粹结构标准的根本问题是它没有认识合并控制的关键所在，即合并是否将损害消费者福利。以 1997 年波音与麦道的合并为例。当事人合并后的市场份额将达到 70%，而与合并前的市场份额相比，波音合并后的市场份额提高了 6%。根据纯粹的结构理由，欧盟委员会没有对合并怎样可能有害于消费者的作出任何解释，就认为合并是有问题的。然而，事实上，在该合并中，消费者如大的航空公司都支持该合并交易，但是欧盟委员会依然对波音采取了重要的救济措施。

市场支配地位标准虽然可以适用于合并的单边效果，例如 A 收购 B 引起价格的增长或产出的减少而没有涉及市场上的其他企业协调行为和未来的商业策略，也可以适用于协调影响，例如当企业与合并后的企业有集体支配的情况，合并的效果引起企业之间的协调行为，但是，标准无法适用于第三种情况，例如市场上第二大公司和第三大公司进行合并，合并的结果不可能出现协调影响，然而在市场上数量不多的参与者实际意味着这将引起不太令人满意的结果，诸如消费价格的增长。与市场支配地位标准相比，严重减少竞争标准在这种情况下能够以一种相对直接的方式适用。

此外，由于市场支配地位标准要求从当前情况开始预测未来的发展，而有些事实是没有异议的，有些却是非常有争议的，因此，根据《合并条例》，证明市场支配地位对欧盟委员会来说是非常困难的。

在 1999 年 Airtours/First Choice 的合并中，[1] 欧盟委员会在经过了第二阶段程序后阻止了 Airtours 收购 First Choice 的合并方案，理由是合并将会在英国的市场上留下三家最大的旅游公司，他们占据了 80% 的短途运输假日市场，会以集体支配方式一致行动。然而，Airtours 成功地说服欧洲初审法院改变了委员会的决定。法院严厉地批评了欧盟委员会的经济推理，明确提出，在使用集体支配地位时，必须满足三个条件：准确快速了解每个企业彼此间市场行为演进方式的充分市场透明度；默示协调的情况必须被长期存在对当事人的刺激所加强，不会由于偏离当初政策受到报复；这些共同政策所期望的结果不会因为今后来自竞争者或者消费者的反应而有任何危险。法院认为，关于当事人在多大程度上愿意和能够在产出或价格上使用默示协调、如何有效吓阻任何参与企业的逃避协同行为，以及消费者反对此项行为的能力，集体支配理论都太过抽象，无法适用于寡占市场。[2] Airtours 案成为集体支配地位适用寡占市场的经典案例。同时，也从另外一层

---

[1] See Case T – 342/99 [2002] 5 CMLR317.
[2] 寡占市场以产品的同质性、市场的成熟性、进入壁垒高、买方力量弱小、产品技术含量低、透明度高、约束寡占者的报复前景可信度高等而为人所知。

意思上提出了一个问题，寡占市场内不涉及默示协调的反竞争合并可能既不受集体支配所约束，也无法被单一公司支配所管辖，其原因是没有产生市场领导者独立于消费者和竞争者的能力。有鉴于此，欧盟成员国和欧盟委员会强烈建议修改市场支配地位标准。

2001 年 12 月欧盟委员会开始对《第 4064/89 号条例》的实施进行审查，发表了《关于修改〈合并条例〉的绿皮书》。随后，欧盟各界在是否接受 SLC 标准上展开了激烈的讨论，这场争论主要是在英国、爱尔兰和德国之间。英国和爱尔兰支持 SLC 标准，而德国希望欧盟委员会保留传统的市场支配地位标准。支持 SLC 标准的一方提出了三个理由：第一，与市场支配地位标准不同，SLC 标准从经济角度提出了正确的问题，即合并是否严重减少竞争；第二，市场支配地位标准产生了一个实施缺口，难以约束非共谋寡占市场内可以通过单边作用形成更高价格的合并，但是这种合并没有产生单一支配公司或者便利更大的默示协调；第三，采用美国和许多其他国家使用的 SLC 标准可以促进更大范围内的实体一致。而反对 SLC 标准的主要理由是：第一，完全采用新的标准将会危害根据旧有的"市场支配地位"标准发展的法律理论，进而损害法律的确定性；[1] 第二，SLC 标准太过灵活，会给欧盟委员会过多的自由裁量权，而这些权力委员会通过市场支配地位标准是无法获得的；第三，市场支配地位标准在应付产生合法反竞争关注的合并时足够灵活；第四，尽管 SLC 标准可以促进与采用该标准的盎格鲁—美国和其他管辖国之间的一致，但也将引起欧盟本身的不一致，因为许多成员国仍然保留了市场支配地位标准。

最终，成员国之间达成了妥协的解决方法。欧盟委员会认为，支配地位标准和实质减少竞争标准在处理案件的结果上是趋同的，需要解决的问题是对市场支配地位标准的适用范围进行明确，弥补缺口。这为欧盟引入新标准奠定了基础。

三 严重阻碍有效竞争标准

2003 年 11 月 27 日欧盟理事会通过了《第 139/2004 号合并条例》，条

---

[1] See Philip Lowe, "Current Issues of EU Competition Law—The New Competition Enforcement Regime", 24 *NW. J. INT'L L. & BUS.* 1, 8 – 9 (2004).

例于 2004 年 5 月 1 日正式实施。《第 139/2004 号合并条例》第 2 条第 2 款和第 3 款规定，"如果合并不会严重损害共同市场或其重大部分的有效竞争，特别是不会产生或者加强市场支配地位时，应宣布与共同市场相协调；如果合并严重阻碍共同市场或其重大部分的有效竞争，特别是能够产生或者加强市场支配地位时，应宣布与共同市场不相协调。"

合并控制条例指出，鉴于寡头垄断市场的合并可能产生的影响，维持这种市场的竞争尤为必要。许多寡头垄断市场显示了适度竞争。然而，在某些条件下，如果一项合并消除了当事人之间因竞争而产生的相互遏制力，或者给其他竞争者减少了竞争压力，即使寡头垄断企业相互不存在共谋的可能性，该合并也严重损害有效竞争……第 2 条第 2 款和第 3 款中"严重阻碍有效竞争"的含义除了市场支配地位外，还包括"不具有市场支配地位的企业非共谋行为产生合并所引起的反竞争效果"。

与修改前"产生或加强市场支配地位，以至于严重妨碍有效竞争"的市场支配地位标准相比，《第 139/2004 号合并条例》填补了市场支配地位标准产生的潜在实施缺口，引入了严重阻碍有效竞争标准或称 SIEC 标准，将一切严重阻碍有效竞争的合并交易纳入规制范围，把产生或加强市场支配地位变成了其中的一部分。条例在填补了缺口的同时，也保存了欧盟委员会过去的实践和共同体法院的案例法。[①] SIEC 标准允许欧盟委员会监管当协调或者"集体支配"不可能存在时，寡占市场结构下合并影响的问题。此外，欧盟委员会还规定，如果参与合并企业的市场份额有限，在共同市场内或其实质部分的份额不超过 25%，在不影响适用《欧盟运作模式条约》第 101 条、第 102 条的前提条件下，可以认为合并与共同市场相协调，通过审查；如果合并后企业的市场份额在 25%～40%，除非特殊情况，一般也认为不可能产生市场支配地位。在委员会以往实践中，绝大多数的市场支配地位产生于合并后企业的市场份额达到 40%～75%。如果超过 75%，虽然不是绝对垄断，但一般会被认为产生或者加强市场支配地位。

欧盟委员会在评估合并时，除了根据市场份额评估企业合并对竞争的影响外，还要结合消费者的需求、产品供应、潜在的竞争对手、市场进入障碍等因素作出分析。此外，欧盟委员会还首次发布了《横向合并指南》

[①] 《第 139/2004 号合并条例》叙述 26。

(Guidelines on the Assessment of Horizontal Mergers under the Council Regulation on the Control of Concentrations between Undertakings)。①《横向合并指南》涉及了欧盟合并审查的两个新发展：第一，指南第 7 条引入了更加结构化和透明的方法以帮助欧盟委员会考虑效率作为合并反竞争影响的抵消因素。② 欧盟委员会表明，倘若效率有利于消费者，且是合并特有的及可以证明的，那么可以考虑效率因素。第二，欧盟委员会在其准立法文件或 "软法"《横向合并指南》中肯定了消费者福利价格影响标准。委员会指出，"有效竞争有利于消费者，如能够提供低价格、高质量产品，产品和服务的多种选择以及革新。通过对合并进行规制，欧盟委员会能够阻止可能通过显著增长事业者的市场力剥夺消费者这些福利的合并。"③ 欧盟委员会比以往任何时候都更加强调合并对竞争的影响，而非市场支配地位本身，这使以 SIEC 标准为基础的合并分析框架与美国 SLC 标准为基础的实体评估体系趋向一致。

第三节　合并的豁免

一　效率

在经济学上合并产生的效率主要涉及四种：分配效率，生产效率、动态效率和交易效率。供应商生产消费者想要且愿意购买的货物和服务时，产生了分配效率；实际生产成本如机器、劳动力和原材料处于可以获得的最低水平时，生产效率出现；通过技术改变和使用而掌握的是动态效率；以及反映交易成本下降程度的是交易效率。其中，交易效率是四种效率中最主要的，它能够帮助获得其余的三种效率。一般认为，合并可以提高这四种效率，更加合理的分配和使用资源，提高对现有资源的使用。除了提高合并公司的功效之外，如果竞争导致合并利益能够传递给消费者，那么

---

① See OJ C 31, 5.2.2004, at 5 – 18.
② 《第 139/2004 号合并控制条例》叙述 29，http：//eur – lex. europa. eu/LexUriServ/LexUriServ. do? uri = CEL E X：32004R0139；EN；NOT。
③ See Guidelines on the Assessment of Horizontal Mergers under the Council Regulation on the Control of Concentrations between Undertakings, http：//eur – lex. europa. eu/LexUriServ/LexUriServ. do? uri = CE LE X：52004XC0205（02）；EN；NOT。

提高效率的合并可以有利于消费者。但是，合并在引起效率增长的同时也促进了合并后的企业行使市场力时，就会产生非常复杂的情况。在这种情况下，增长的效率不能够传递给消费者。

美国早期的几个案例强烈说明，不应该依靠效率支持具有反竞争影响的合并。在费城国民银行案中，[1] 美国联邦最高法院指出，"在合并结果严重减少市场内竞争时，如果根据经济或者社会利益和损害最终估计认定合并是有利的，并据此作出决定，那么合并真正造成的影响是无法挽救的。"[2] 因此，尽管被告主张合并虽然在费城减少了竞争，但是将提高大额贷款市场内竞争，从而有利于整个城市，然而法院还是认为合并在某一市场内产生违反《克莱顿法》第7条的反竞争影响"并不能因为它在其他市场内或对经济产生支持竞争的结果就可以抵消"。[3] 在这之后，许多下级法院的决定也拒绝了效率的考量。[4]

然而，从20世纪80年代到20世纪90年代，美国下级法院在评估一项合并的合法性时开始考虑潜在效率的问题，包括合并对经营效率的贡献、规模经济和研发。[5] 这些判决要求存在效率程度，需要通过合并获得这些效率等强有力的证据，以及能够出示有利于消费者的证据。尽管许多美国法院更愿意审理关于效率的证据，但是在拒绝反对其他非法合并时，法院判决并没有依靠效率因素。

1997年，美国联邦贸易委员会和司法部修订了《1992年合并指南》，更加清楚地阐述了反托拉斯执行机构怎样分析效率主张。[6] 修订后的合并指南解释了联邦反托拉斯机构将考虑合并怎样以及在何种程度上将获得效率。指南

---

[1] See *Philadelphia National Bank*, 374 U. S. 321 (1963).

[2] Id., at 371.

[3] Id., at 370.

[4] See *Ford Motor Co. v. United States*, 405 U. S. 562, 570 (1972); *RSR Corp. v. FTC*, 602 F. 2d 1317, 1325 (9th Cir. 1999), cert. denied, 445 U. S. 927 (1980); *ITT Corp. v. GTE*, 518 F. 2d 913, 936 (9th Cir. 1975).

[5] See *FTC v. Tenet Health Care Corp.*, 186 F. 3d 1045, 1054 – 55 (8th Cir. 1999); *FTC v. Cardinal Health, Inc.*, 12 F. Supp. 2d 34, 63 (D. D. C. 1998); *FTC v. Alliant Techsystems Inc.*, 808 F. Supp. 9 21 (D. D. C. 1992).

[6] See U. S. DEP'T OF JUSTICE & FEDERAL TRADE COMM'N, *REVISION TO SECTION* 4 *OF HORIZONTAL MERGER GUIDELINES*, reprinted in 72 Antitrust & Trade Reg. Rep. (BNA) 359 (Apr. 10, 1997).

规定,反托拉斯执行机构仅考虑合并所特有的效率,如果它们是模糊的或者是不确定的或不能被合理方法所证明,那么效率主张是不被考虑的。该修订进一步说明了执法机构对效率的重视程度。执法机构不能简单地把可认知效率的程度大小和缺乏效率时可能伤害竞争的程度相比较,更确切地说,"当一项合并的潜在有害竞争影响特别巨大时,非比寻常的可认知效率在阻止合并免于产生反竞争影响时就是必要的。"[1] 既然《1992年合并指南》修订了效率部分,美国几个法院在分析合并当事人提出的效率主张时依靠了这些观点。[2]

对于效率抗辩,《2010年横向合并指南》也指出,效率很难核实和量化,部分原因是有关效率的大量信息是由合并当事人所持有……应当由合并当事人提供举证,从而使执法机构能够通过合理方法核实所主张的各种效率的可能性及其重要性,效率如何及从哪里获得,效率怎样提高合并后企业的竞争能力和动力,以及为什么效率是合并所特有的……效率主张不能是模糊的、投机性的、不能通过合理方式所核实的……为过去相似经验所证明的效率更有可能为执法机构所信赖……可以认知的效率是合并所特有的效率,已经得到核实和确认,它不会由存在反竞争影响的减少产出或者服务数量所引起……合并的潜在反竞争影响越大,可认知的效率必须更大,且效率必须能够传递给消费者……反托拉斯法在保护消费者上更强调竞争,而不是企业内部经营效率……效率永远不能用来解释产生垄断或者可能产生垄断的合并是正当的……某些类型的效率是可以认知的、是实质性的,例如在合并以前单独所有的设备间进行转产能够减少合并当事人的边际生产成本,其由此产生的效率更容易被接受……至于合并对创新的影响,执法机构会考虑合并企业更为有效从事研发的能力,这类效率可以刺激创新,而不是影响短期价格。执法机构在这里还会考虑合并后企业从创新利益中取得更大部分的能力。[3]

在对纵向并购进行效率分析时,美国法院并没有特别注意如何评估效率的存在和程度。1984年美国《合并指南》认为,广泛的纵向结合模式可

---

[1] See U. S. DEP'T OF JUSTICE & FEDERAL TRADE COMM'N, *REVISION TO SECTION* 4 *OF HORIZONTAL MERGER GUIDELINES*, reprinted in 72 Antitrust & Trade Reg. Rep. (BNA) 359 (Apr. 10, 1997), in Section 4.

[2] See *H. J. Heinz Co.*, 246 F. 3d 708; *FTC v. Staples, Inc.*, 970 F. Supp. 1066 (D. D. C. 1997); *United States v. Long Island Jewish Med. Ctr.*, 983 F. Supp. 121 (E. D. N. Y. 1997).

[3] 见《2010年横向合并指南》第10章"效率",http://ftc.gov/os/2010/08/100819hmg.pdf。

以证明，这种结合提供了实质性的节约。美国联邦贸易委员会指出，委员会将考虑特别适用于纵向合并的效率，例如，除获得规模经济、提高生产设备的一体化以及降低交易成本等传统效率外，还包括在设计和产出上更加有效的协调、垂直性的交易效率、更加有效的宣传和投资决定、合理化的投入以及消除双重溢价成本。①

总而言之，美国的合并分析不是以合并将引起反竞争影响而结束。根据美国的合并指南，"合并对经济的主要利益在于它们创造经济效率的潜力，这种效率能够提高竞争水平，同时为消费者带来低成本、低价格和高质量的产品。"因此，即使一项合并引起反竞争关注，美国司法部和联邦贸易委员会也会考虑可能有利于消费者的效率。经过验证的效率包括规模经济、生产设备的一体化、增强的研发能力、设备的专业化以及低廉的运输成本。主张效率抗辩的当事人必须证明效率能够抵消合并引起的任何可能的反竞争效果。然而，尽管效率抗辩容易主张，但是它还是很难说明。

与美国不同，欧盟委员会在《第 139/2004 号合并条例》规定以前对效率主张持消极态度。欧盟委员会在作出合并具有反竞争影响的决定后并不考虑效率抗辩。取而代之，效率问题在全面评估确定是否产生或者加强市场支配地位时被考虑，而不是证明或减轻市场支配地位以便许可可能被禁止的合并。欧盟委员会认可的效率是"能够使产品和销售的边际成本长期和结构性减少，且边际成本减少来源于合并直接和立刻的结果，不能通过较少的限制方法获得，以及能够以低价格或者增长的质量方式持续传递给消费者。"② 根据《1989 年合并条例》，欧盟委员会使用的市场支配地位标

---

① See Christine A. Varney, Comm'r, Federal Trade Commission, "Vertical Merger Enforcement Challenges at the FTC, Remarks Before the PLI Annual Antitrust Institute" (July 17, 1995), available at www.ftc.gov/speeches/varney/varta.htm; Mary Lou Steptoe, Acting Dir., Bureau of Competition, Federal Trade Comm'n, *Potential Competition and Vertical Mergers: Theories and Law Enforcement Action at the FTC*, Remarks Before the ABA Section of Antitrust Law (Aug. 9, 1994). See also "Mergers and Range Effects: It's a Long Way from Chicago to Brussels", *Remarks Before the George Mason University Symposium* (Nov., 9, 2001), available at www.usdoj.gov/atr/public/speeches/9536.htm.

② See Gotz Drauz, "Unbundling GE/Honeywell: The assessment of Conglomerate Merger Under the EC Competition Law", *Speech before Fordham Corporate Law Institute's 28th Annual Conference on International Antitrust Law and Policy*, 26 (25 – 26 October 2001) (on file with the author).

准要求非常高的举证责任，因此，根本没有证明效率抗辩的真正的法律可能性。

欧盟委员会对效率怀疑可追溯到许多独特的欧洲法律文化因素：对大企业的极大不信任，这种不信任来源于对建立在民主制度上经济力量集中的潜在否定性影响的担忧；缺乏全面内在化的消费者模型，模型唯一侧重点就是合并是否可能限制产出或提高价格；因担忧失业问题而产生对企业合并后协同优势的不信任；规制产业结构的强烈意愿，其根源在于促进欧洲的国民经济发展；以及把竞争和保护消费者相等同的趋势。然而，值得注意的是，在19世纪末和20世纪初，美国反托拉斯机构也对大企业持怀疑态度。基于效率增长而允许合并的主张被谢尔曼议员所拒绝，他认为，这种通过效率增长而节省的成本进入了生产商而不是消费者的口袋。

2003年11月欧盟理事会正式颁布了《第139/2004号合并条例》。在该条例中，欧盟理事会在叙述29中指出，"在评价合并对共同市场竞争的影响时，有必要考虑合并对相关企业的效率所作的重大或者可能的推动。合并所产生的效率可能会抵消它对竞争造成的损害，特别对消费者潜在的损害。其结果是，该合并虽然能够产生或者加强市场支配地位，但是没有严重损害共同市场或其重大部分的有效竞争……"。条例第2条第1款b项规定，"……当合并有利于消费者且对竞争不构成障碍时，应考虑它给技术和经济所带来的进步。"

2004年欧盟委员会发布了《横向合并指南》。[①] 指南第7条规定，合并带来的效率有可能抵消合并给竞争的影响，特别是对消费者的潜在影响。根据《第139/2004号合并条例》第2条第2款、第3款，为评估一项合并是否严重阻碍有效竞争，特别是通过产生或者加强市场支配地位，委员会应对合并进行全面竞争评估。[②] 在评估中，欧盟委员会应考虑第2条第1款提到的因素，包括技术和经济进步的发展，倘若这是给消费者带来的利益，不是给竞争造成障碍……委员会在全面评估合并时应考虑实体化的效率主张。当效率是合并产生的结果，欧盟委员会可以决定没有理由根据《第

[①] See Guidelines on the Assessment of Horizontal Mergers under the Council Regulation on the Control of Concentrations between Undertakings, Official Journal C 31, 05.02.2004, pp. 5 – 18.

[②] Id., at 8.

139/2004号合并条例》第2条第3项宣布合并与共同市场不协调。效率应该有利于消费者，是合并所特有的以及可以证明的，且这些条件是累积的。①

评估效率主张的相关基准是消费者不会由于合并而受到损害。因此，效率应当是实质性的，及时的，且在那些可能引起竞争关注的市场内是有利于消费者的。在评估中，委员会考虑的是导致可变或边际成本减少的成本效率而不是固定成本。消费者可以从新的或改良后的产品或服务中受益，例如获得来自研发和革新的效率盈余。欧盟委员会认为，合并对竞争可能带来的负面影响越大，所主张的效率是实质性的、可能实现的、足够可以传递给消费者的要求也就越高。

在考虑效率是否是合并所特有的情况时，委员会指出，效率是否是合并所特有的，依赖于效率是否是申报合并的直接结果，以及是否可以通过较少的反竞争选择而获得。此外，合并当事人应在适当时间内提供所有必要相关信息以证明不存在或具有较少的反竞争影响，以及可获得的非合并替代方式或合并替代方式。

欧盟委员会在《横向合并指南》指出，效率主张越准确、越有说服力，就越能帮助委员会评估该主张。② 因此，在合理可能情况下，效率及其给消费者带来的利益应该被量化。在无法获得必要数据以支持准确的定量分析时，必须能够预见到给消费带来的清晰、确定的积极影响。总之，产生效率的时间离现在越远，委员会分配给实际产生效率的可能性越小。此外，合并当事人有义务在适当时间内提供必要的相关信息以证明所主张的效率是合并所特有的，且可能实现。同样，合并方也需要证明多大程度的效率可能抵消合并对竞争的有害影响，从而有利于消费者。

可以看出，欧盟委员会已经改变了对效率的看法，正在努力平衡合并实质性效率和严重阻碍竞争两者之间的关系。委员会认为，其政策目标是消费者福利而不是总福利，利益部分必须传递给消费者。因此，只给参与实体带来效率增长而没有传递给消费者的效率不能计算在内。委员会要求，效率直接来源于合并，当事人可以通过举证资产合并带来成本减少来证明

---

① See Guidelines on the Assessment of Horizontal Mergers under the Council Regulation on the Control of Concentrations between Undertakings, Official Journal C 31, 05.02.2004, at 7.
② Id., at 8.

这一问题。根据指南，效率不再是一种过错，然而，只有效率是实质性的、合并特有的、可证明的和可量化的时候，它才是一种抗辩。合并当事人举证证明这些特征是非常困难的，特别是在合并采用普通法系国家公司合并中经常使用的敌意收购情况下。

欧盟委员会《横向合并指南》对效率的解释已经向美国 1997 年修订的《横向合并指南》靠拢，并趋向一致，这有助于推动美欧合并控制实体标准进一步趋同，也符合经济全球化和法律借鉴融合的趋势。

二　破产公司理论

在美国，当合并当事一方处于资不抵债的情况，合并不违反《克莱顿法》第 7 条的规定。正如美国最高法院在通用动力案①中所指出的，破产公司理论假定，"公司即使作为合并一方继续存在，其竞争影响、公司股东的损失以及工厂所在社区受到的损害都会比公司退出市场要减少很多。"② 破产公司理论首先在国际鞋业案中得到承认。③ 法院在该案件指出，收购破产企业不违反《谢尔曼法》第 7 条的规定。随后，破产公司抗辩在 1950 年国会对第 7 条的修正案中得到明确认可，并在之后的许多场合得以援引。④

在公民出版公司案中，⑤ 美国联邦最高法院指出，如果以下三个要求同时得到满足，那么根据破产公司理论，一项收购可以得到准许：第一，同意收购的当事人须证明被收购公司面临破产危险。在评估破产是否迫在眉睫时，法院通常考虑公司在收购时的资产状况，收购前年度商业运营和现金流下降情况，与金融机构的关系以及公司可以获得的营运资金。第二，破产公司没有现实机会成功重组。⑥ 美国法院通常并不讨论脱离商业破产可

---

① See *United States v. General Dynamics Corp.*, 415 U. S. 486 (1974).
② Id., at 507.
③ See *International Shoe Co. v. FTC*, 280 U. S. 291, 302 - 03 (1930).
④ See e. g., *United Leader Corp. v. Newspapers of New England*, 284 F. 2d 582, 589 - 90 (1st Cir. 1960), cert. denied, 365 U. S. 833 (1961); *Reilly v. Hearst Corp.*, 107 F. Supp. 2d 1192 (N. D. Cal. 2000); *California v. Sutter Health Sys.*, 84 F. Supp. 2d 1057, 1081 - 85 (N. D. Cal.), aff'd, 217 F. 3d 846 (9th Cir. 2000).
⑤ See *Citizen Publishing Co. v. United States*, 394 U. S. 131, 138 - 39 (1969).
⑥ See *Citizen Publishing*, 394 U. S. at 138 ("the prospects of reorganization" must be dim or nonexistent to make the failing company doctrine applicable).

能的重组可行性,虽然有些法院质疑是否存在这种要求。[1] 而且,即使重组是可行的,且公民出版公司案的文义也支持这种要求,然而没有法院支持这种抗辩。[2] 第三,只要不能提出可以减少反竞争风险的其他买方,破产公司理论就是有效的。为满足这个要求,破产公司必须证明它已做过合理真诚的努力寻找可以替代的买方。这种要求一般可以通过显示努力寻找但无法找到另一家有意向购买者的证据而得到满足,但是这种情况并不能处理现实是否存在对合理替代出价的限制问题。

美国《1992 年横向合并指南》规定,如果合并计划中的一方:①"在不久的将来资不抵债";②"无法根据《破产法》第 11 章的规定成功地进行重组";③作过"真诚努力但没有成功找到合理、可替代的报价"以减少反竞争关注;且④"如果没有此收购,失败公司的资产将退出相关市场",那么该反竞争的合并计划有可能得到准许。

《2010 年横向合并指南》重申执法机构会考虑当事人破产及退出资产的抗辩。[3]《2010 年横向合并指南》指出,当合并一方破产迫在眉睫致使该企业不得不退出相关市场时,此项合并不可能提高市场力……除非满足:①所称破产企业在不久将来无法承担其财务责任;②企业无法根据《破产法》第 11 章成功进行重组;以及③企业作过真诚努力但没有成功找到能够将有形和无形资产保留在相关市场内且没有比拟议合并对竞争损害更小的合理、可选择报价,否则执法机构通常不会考虑该主张……同样,如果对竞争的损害源于收购一个破产部门,该项合并也不可能引起竞争损害……执法机构通常不考虑企业部门破产主张,除非当事人的主张能够满足:①通过适用反映真实经济成本的成本分配规则,可以确认,该业务部门在经营期间现金流长期为负,且负现金流从经济角度讲对企业不存在合理解释,如在替补市场增加销售或者提高客户商誉等利益;以及②破产部门的所有者作过真诚努力但没有成功找到能够将有形和无形资产保留在相关市场内且没有比拟议收购对竞争损害更小的合理、可选择报价。

---

[1] See *Black & Decker Mfg. Co.*, 430 F. Supp. at 778; M. P. M., Inc., 397 F. Supp. at 97.
[2] See *United States Steel Corp. v. FTC*, 426 F.2d 592, 609 (6th Cir. 1970); *United States v. Culbro. Corp.*, 504 F. Supp. 661, 668–69 (S. D. N. Y. 1981).
[3] See Horizontal Merger Guidelines, http://ftc.gov/os/2010/08/100819hmg.pdf.

美国在《报纸保护法》中也规定了破产公司理论。该法旨在通过放宽破产公司的必要条件，进而促进保护报纸行业的独立社评。法律规定，处于资不抵债危险的报刊可以与竞争对手达成联合经营协议，社评专栏应当独立分离，但是商业专栏，包括报刊销售和广告版，可以合并。① 按照该法令，司法部首席检察官根据司法审查作出条件是否满足的初步决定。第九巡回法院指出，当报刊遭受难以逆转的损失时，行为标准得到满足。② 哥伦比亚地区巡回法院指出，在清楚地建立存在破产可能时，条件得到满足。③

美国法院仍然存在一些关于破产公司理论是否可以延伸到收购盈利公司破产子公司或其他部门的争论，考虑破产子公司问题的地区法院分为两派。④ 根据《1992年横向合并指南》规定，如果①该子公司在经营中存在亏损；②有证据表明如果不合并，该子公司资产将很快退出市场；以及③破产子公司的所有者作出合理真诚努力尝试过以超过清算价值向能减少竞争关注的替代购买者出售该子公司，那么政府有可能提出异议的破产子公司收购计划会得到批准。

迄今为止，美国法院否认目标公司为推翻破产公司的主张在被提出接管情况下以收购方在合并后可能严重削弱被收购方的理由抗辩，并拒绝查明所要求的反竞争影响。⑤ 甚至在一家公司没有濒临破产，某些美国法院也

---

① See 15 U. S. C. § 1801－1804（2000）; see also H. R. REP. NO. 91－1193（1970）, reprinted in 1970 U. S. C. C. A. N. 3547.

② See *Committee for an Indep. P－I v. Hearst Corp.*, 704 F. 2d 467, 478（9th Cir.）, cert. denied, 464 U. S. 892（1983）.

③ See *Michgan Citizens for an Indep. Press v. Thornburgh*, 868 F. 2d 1285, 1292－1293（D. C. Cir. 1989）.

④ See Cases finding the doctrine applicable to failing divisions include: *FTC v. Great Lakes Chem. Corp.*, 528 F. Supp. 84, 96（N. D. Ill. 1981）; *United States v. Reed Roller Bit Co.*, 274 F. Supp. 573, 584 n. 1（W. D. Okla. 1967）（dictum）, modified, 1969 Trade Cas（CCH）72, 555（W. D. OKLA. 1969）; *United States v. Lever Bros.*, 216 F. Supp. 887, 898－899（S. D. N. Y 1963）. Cases finding the doctrine inapplicable to failing divisions include: *United States v. Blue Bell, Inc.*, 395 F. Supp. 538, 550（M. D. Tenn. 1975）; *United States v. Phillips Petroleum Co.*, 367 F. Supp. 1226, 1260（C. D. Cal 1973）, aff'd without op., 418 U. S. 906（1974）.

⑤ See *Midcon Corp. v. Freeport－McMoran, Inc.*, 625 F. Supp. 1475, 1481－1482（N. D. Ill. 1985）; *Unocal Corp. v. Mesa Petroleum Co.*, 616 F. Supp. 149（W. D. La. 1985）. The FTC rejected this defense in Pillsbury Co., 93 F. T. C. 966, 1031－33（1979）.

同意，存在财务困难或资金减少可以减少源于合并的竞争关注。① 然而，其他法院拒绝认可这种所谓"公司经营困难"的辩护理由，批评它是不合理地扩大破产公司抗辩。②

此外，美国法院还指出，某些市场条件可以使当前或历史时期的市场份额难以准确衡量公司未来的竞争能力。在美国诉通用动力案中，③ 法院强调，被告作为竞争者的困难使法院作出被告并不存在严重减少竞争或威胁竞争的判决。④ 在这里，公司经营困难源于煤炭储备已经用尽或者已经完成与大客户之间的长期合同，以及联合电力公司影响煤炭价格的能力由此被严重削弱且持续减少的事实。⑤

在欧盟，欧盟委员会对破产公司理论也持肯定态度。当企业除非被收购否则将退出市场时，欧盟委员会通常会许可交易，即使收购方会因此产生或加强市场支配地位。在 Kali und Salz 案中，⑥ 欧洲法院提出了许可类似合并的三个条件：缺乏此收购，目标公司在不久的将来濒临破产；没有其他减少竞争影响的潜在替代收购者；目标公司从市场中退出，其市场份额归入收购方。这些被称为"破产公司抗辩"。

然而，在 BASF/Pantochin/Eurodiol 合并案中，⑦ 欧盟委员会指出，如果缺乏合并，濒临破产的企业的生产能力将从市场中退出，特别是如果这种损失也会产生严重的环境影响和直接引起价格提高的供给短缺，那么以上三个因素可以忽略。

2004 年欧盟委员会通过了《横向合并指南》。指南规定，如果合并当事一方是一家破产公司，欧盟委员会可以决定这项有争议的合并与共同市场

---

① See FTC v. National Tea Co. , 603 F. 2d 694, 699 – 700（8th Cir. 1979）; United States v. International Harvester Co. , 564 F. 2d 769, 773 – 74（7th Cir. 1977）; United States v. Consolidated Foods Corp. , 445 F. Supp. 108, 136 – 37（E. D. Pa. 1978）.

② See FTC v. Warner Communs. , Inc. , 742 F. 2d 1156, 1164（9th Cir. 1984）（per curiam）; Christian Schmidt Brewing Co. v. G. Heileman Brewing Co. , 600 F. Supp. 1326, 1331（E. D. Mich. ）, aff'd 753 F. 2d 1354（6th Cir. ）, （E. D. Mo. 1998）, rev'd on other grounds, 186 F. 3d 1045（8th Cir. 1999）.

③ See 415 U. S. 486（1974）.

④ Id. , at 504 – 505.

⑤ Id. , at 493.

⑥ See Cases C – 68/94 and 30/95 [1998] ECR I – 1375; 4 CMLR 829.

⑦ See Cases Comp/M2314 [2002] OJ L132/45.

相协调，其基本要求是合并后恶化的竞争结构不是合并所导致的。在适用破产公司抗辩时，欧盟委员会考虑三个因素：第一，所称的破产公司如果不被另外的企业接管，在不久的将来会因为财务困难而被挤出市场；第二，没有比所申报合并具有更少反竞争影响的替代购买；第三，缺乏合并，破产公司的资产将不可避免地退出市场。合并当事人应在适当时间内提供必需的相关信息以证明合并后恶化的竞争结构不是合并所引起的。

在破产公司理论是否可以延伸到收购盈利公司破产子公司或其他部门问题上，欧盟委员会在 Bertelsmann/Kirch/Premiere 的合并案中作了解释。在该案件中，欧盟委员会拒绝了破产部门的主张，指出"在援引'破产部门'而不是'破产公司'时，需要设置极高的标准以满足缺乏随意性连接的抗辩条件。"①

因此，只有在例外情况欧盟委员会才会接受破产部门的抗辩。在这种情况下，当事人应举证证明集中和严重阻碍竞争缺乏因果关系。否则，欧盟委员会有理由相信，"根据《第 139/2004 号合并条例》，声明不存在合并该业务部门将终止运营，实践中每一个涉及不赚钱部门的合并都可以说是合规的，将停止运营。"②

在 Rewe/Meinl 的合并案中，当事人认为，尽管合并交易使 Rewe 在奥地利食品零售市场内产生了市场支配地位，但是由于目标公司 Meinl 处于竞争劣势，且该公司退出市场其市场份额主要由 Rewe 接受，因此欧盟委员会应准许该合并。然而，欧盟委员会拒绝了当事人的主张。③ 欧盟委员会尽管接受了 Meinl 公司财务状况正在恶化的主张，但是委员会没有发现任何证据证明该公司不进行合并将退出奥地利市场的证据。更确切地说，委员会把出售 Meinl 公司在奥地利零售业务的决定看成是高管人员的一个战略决定，不是该商业资不抵债。欧盟委员会也拒绝了 Meinl 退出市场其市场份额由 Rewe

---

① See Case IV/M. 993, Commission decision of May 27, 1998 (1999 O. J. L53/1), para. 71 (television). See also *Sogecable/Canalsatelite Digital*, Case COMP/M. 2845, Commission decision of August 14, 2002, para. 115.

② See *Newscorp/Telepi*, Case COMP/M. 2876, Commission decision of April 2, 2003 (2004 O. J. L110/73), para. 212.

③ See Case IV/M. 1221, Commission decision of February 3, 1999 (1999 O. J. L274/1), paras. 66 – 69.

接管的主张。

可以看出,欧盟委员会对破产公司主张的考虑已经与美国反托拉斯执行机构同行的做法越来越趋同,以往在欧盟委员会处理的合并申报中,破产公司主张获得支持的可能性很小。尽管欧盟委员会已经考虑合并公司破产的可能性,即欧洲法院在 Kali und Salz 认可的方法,但是欧盟委员会在允许收购公司援引该抗辩时使用的标准比美国反托拉斯机构所使用的更为严格。特别是,欧盟要求,收购公司不管怎样应获得被收购公司的市场份额。这种要求几乎不能给抗辩任何力量。而现在根据欧盟委员会 2004 年《横向合并指南》,这种要求已经消除。

三 合法利益

1989 年《第 4064/89 号合并条例》第 21 条第 3 款规定,"……成员国可以采取适当措施以保护本条例范围之外且符合共同体法一般原则和其他规定的合法利益。这些利益包括公共安全、媒体多元化和审慎原则。相关成员国必须将任何其他的公共利益通知欧盟委员会。委员会经评估认为,这些共同利益与共同体法的一般原则和其他规定相协调,它们就可以得到认可并可随之采取相应措施。委员会在成员国通知后一个月内会把该问题的有关决定通知相关成员国。"

在这里,公共安全、媒体多元化和审慎原则统称为合法利益。条例第 21 条清楚地界定了合法利益例外的范围,指出合法利益例外仅适用于非竞争因素,且规定即使委员会同意了一项集中,成员国也可以援引合法利益阻止该集中。

1998 年欧盟公布了《理事会第 4064/89 号规则的注释》(Notes on Council Regulation (EEC) 4064/89)。[1] 该注释指出,第 21 条合法利益条款的适用受到以下原则支配。

(1) 第 21 条第 3 款没有为成员国创设新的权力,只限于认可成员国所保留的权力,即根据条例以外的理由干预某些影响其管辖领域的合并。因

---

[1] See "Notes on Council Regulation (EEC) 4064/89", Published in *Merger control law in the European Union*, European Commission, Brussels – Luxembourg, 1998, available at http://ec.europa.eu/comm/competition/mergers/legislation/regulation/notes.html.

此，适用该条款再次证明成员国有禁止合并或者给合并附加条件和要求的能力。但这并不意味着给予它们权力批准欧盟委员会根据条例禁止的合并。

（2）通过援引保护有关合法利益，一成员国不能根据委员会必须在评估具有共同体影响的合并中考虑这种观点来证明自己是正当的。尽管条约要求注意对保护和发展有效竞争的需要，欧盟委员会仍然必须在适用条约包含的竞争规则时与欧洲法院的相关决定相一致，把评估合并的相容性放在原《欧盟条约》第 2 条所提到的获得基本目标的整个背景下，这也包括第 130 条 a 款提到的加强共同体经济和社会的融合。

（3）为了能够让欧盟委员会确定成员国所主张的公共利益与共同体法的一般规则和其他条款相协调，最基本的问题是对某些合并形式给予禁止或限制不应组成一种任意歧视或者一种伪装限制成员国间贸易。

（4）成员国在应用必要或者功效原则以及比例原则时采取的措施必须满足适当标准，且必须限定在必要的最小行为以保证对相关合法利益的保护。因此，在替代方式存在的情况下，成员国必须选择客观上对获得最终结果限制最小的措施。

根据注释，条例中提到的公共安全不损害条约第 223 条关于国家防卫的规定，条例允许成员国干涉与该国根本安全利益相矛盾的合并和与武器、弹药以及战争物资生产或贸易有关的合并。该条对非军事目的产品所设置的限制应当遵守。除了严格理解上的防御利益，在条约第 224 条和第 36 条意义上也存在对公共利益更广泛的考虑。因此，正如欧洲法院解释的，公共利益要求包括与保护全民健康的重大或者根本利益有关的产品或者服务的国家供给安全。

对于媒体的多样化，成员国的要求得到条例的承认。根据条例，为了保持意见的多元化和观点的多样性，应当维持多样化信息的来源。

此外，成员国内审慎原则也包括合法宣誓（Legitimate Invocation），这点特别涉及金融服务业；对这些规则的适用通常限制了国家有关机构对银行、股票经纪公司以及保险公司的监管。例如，它们关心个人的良好名声、交易的诚实，以及偿付规则。这些特别的审慎标准也是欧盟委员会努力的目标，目的是以最小协调来保证共同体内总体上游戏规则的统一。

2004 年欧盟理事会《第 139/2004 号合并条例》第 21 条第 4 款规定吸收了《第 4064/89 号合并条例》的相关内容，只是把委员会作出决定通知相关成员国的时间缩短到 25 个工作日。

第四节　救济方法

一　协议解决

（一）美国的司法实践

近些年来，美国反垄断执行部门经常与交易当事双方通过自愿协商解决合并交易中的棘手问题。当事人可以通过补救，消除合并中的潜在违法性，避免反托拉斯执行机构反对合并。

根据《HSR 法案》的审查合并程序，合并当事人可以同美国反托拉斯执行机构达成有关协议，将解决方式并入和解令（Consent Decree）中，并与控告一同签发。

在这种情况下，和解令通常要求收购公司剥离公司现有的与被收购商业有竞争关系的部门或者与被收购公司有竞争关系的业务，或者剥离收购公司和被收购公司准备合并的业务。① 某些和解令允许合并后公司在不同合并资产之间选择进行剥离。② 另外，美国司法部和联邦贸易委员一般都会接受能够减少市场集中度、消除竞争的关注、但无法完全排除合并所引起的市场集中度增长的剥离。

在 Midcon Corp. 案件中，③ 合并当事双方同意通过部分剥离就其中一个主张达成和解，尽管根据其他的竞争重叠依然可以适用《克莱顿法》第 7 条反对该项合并。在其他案件中，美国联邦贸易委员会可能会选择许可安排而不是采用剥离，这是因为在一个创新的市场上持续研发有着非常重要

---

① See e. g. , Untied States v. AlliedSignal Inc. , 2000 – 2 Trade Cas. （CCH）. 73023 （D. D. C. 2000）（要求拆分 AlliedSignal 和 HoneyWell 的资产）; United States v. Cargill, Inc. , 2000 – 2 Trade Cas. （CCH）72966 （D. D. C. 2000）（要求 Cargill 拆分它和大陆公司的部分资产）。

② See e. g. , Untied States v. CBS Corp. , 2000 – 2 Trade Cas. （CCH）. 73024 （D. D. C. 2000）（要求在两个主要大城市市场内拆分 CBS 或 Outdoor System 的户外广告资产）; Untied States v. Pearson PLC, 55 F. Supp. 2d 43 （D. D. C. 1999）（要求拆分 Pearson 或 Viacom 的基础小学科学项目）。

③ See 107 F. T. C. 48 （1986）.

的意义。① 例如，在同意美国在线和时代华纳合并的问题上，联邦贸易委员会拒绝了剥离救济，而是选择要求时代华纳对非附属宽带网络服务提供商提供为期五年的开放式接入，并接受执法机构的监督。②

当前，美国联邦贸易委员会和司法部要求当事人在合并完成前排除竞争重叠。然而，两机构频繁达成和解令，要求在合并完成后某一固定时间内进行剥离。③ 联邦贸易委员会要求，所有按规定必须进行的剥离都应在签发和解令之日起至多六个月内完成；而在零售剥离的情况下，④ 应该在四个月内完成。而司法部要求剥离应在六个月或更短的时间内完成。⑤

联邦贸易委员会和司法部在剥离令中通常要求，合并当事人如果不能按照时间表进行剥离应任命托管人。托管人的所有费用由卖方支付；而托管人应通过适当努力获得在最高价格上进行剥离。联邦贸易委员会，少数情况下是司法部，也会要求任命一名临时托管人在剥离前管理资产。管理托管人可以提出控告以保证能适当维持剥离资产，促进资产的最后转移。任命管理托管人可以保证某些过渡性服务和供给协议能够完全提供给剥离资产的收购方。

美国反托拉斯执行机构还规定，剥离商业的合格购买者必须经执法机构同意，且市场内的主要竞争者应当明确排除在购买者行列。执法机构禁止收购公司资助剥离，然而，在某些情况下，这种限制有可能被排除或认同。例如，当收购公司没有找到适格买方且被剥离商业可以独立存在时，反托拉斯执行机构会在少数情况下允许当事人把收购资产作为一个独立公司分割出去。一般情况下，在没有找到买方时，机构颁布的剥离令可以进

---

① See CibaGeigy Ltd., 123 F. T. C 842 (1997).
② See *American Online, Inc.*, Dkt. No. C - 3989, 65 Fed. Reg. 79861 (FTC Dec. 20, 2000), 2001 FTC LEXIS 44 (2001).
③ See e. g., *Untied States v. American Radio Sys. Corp.*, 1997 - 1 Trade Cas. (CCH). 71747 (D. D. C. 1997); *Columbia Healthcare Corp.*, 118 F. T. C. 8 (1994).
④ See Molly S. Boast, Acting Dir., Bureau of Competition, Federal Trade Comm'n, "Remarks Before the ABA Section of Antitrust Law", *Spring Meeting* (Mar. 29, 2001), www. ftc. gov/speeches/other/boastmollys. htm.
⑤ See *Untied States v. Georgia Pacific Corp.*, 66 Fed. Reg. 9096 (DOJ Feb. 6, 2001) (120 天); *Untied States v. Suiza Food Corp.*, No. 99 - CV - 130, 64 Fed. Reg. 26782 (DoJ May 17, 1999), 1999 - 2 Trade Cas. (CCH). 72645 (E. D. Ken. 1999) (6 个月).

行修改，而剥离义务本身也可以随找到适格买方而定。近来，美国联邦贸易委员会显示了一种强烈偏好，即要求合并当事双方为剥离资产提供一个预先买方作为该机构准许剥离计划的条件。合并当事人没有完成剥离将引起"皇冠宝石条款"（Crown Jewel Provisions），[①] 增加单方面剥离资产的机会。

美国联邦贸易委员会和司法部在命令中会包含一些条件，旨在保证剥离后的业务在市场上是一个能够独立参与竞争的实体。两机构通常要求，被告管理未决的剥离业务、维持资产，以便保护剥离的可行性。有时候，反托拉斯执行机构会要求对剥离业务独立进行运营。某些和解令还要求，为保证有效经营，附加资产应包含在剥离之内。[②] 和解令也可以要求被告以不同方式帮助买方，从而确保剥离后的实体变成一个有效的竞争者。例如，条款可以包含剥离公司为剥离资产的购买者提供技术支持、在企业用人方面与购买者保持合作、与购买者达成销售或供应合同、向购买者提供客户名单或其他信息、与购买者达成分销协议、或以合理价格或免费向剥离后的企业或竞争者授予商标或专利使用权等。此外，和解令还可以要求，购买者同意增加资本投入以促进该商业的发展。

在收购有可能造成反竞争影响时，美国反托拉斯执行机构可以改变限制公司未来在市场上收购的有关条款。近来，美国司法部通常并不求助于限制未来合并的条款，但是该机构会在和解令中包含事前同意条款。然而，联邦贸易委员会通常不会寻求事前同意或通知条款，除非在某些特殊情况下，例如，有可靠证据表明收购公司会从事同样的收购活动或者市场结构显示有可能存在未报告的反竞争合并。

[①] 皇冠宝石条款要求剥离与被告所提出剥离方案不同的资产包。通常，如果被告未能按时剥离早先提供的资产包或者剥离不符合要求，那么欧盟委员会会任命托管人进行剥离。皇冠宝石是托管人出售的更有市场价值的资产包。该资产包可以包括被告早先提供的资产包以及其他更多资产。皇冠宝石条款不包括惩罚条款或者违法惩戒条款。未按时剥离或不遵守法令构成违反《联邦贸易委员会法》。On March 13, 2002, In Aventis, Dkt. No. C‑3919, the Commission required divestiture of the alternate assets, and appointed a trustee to accomplish that divestiture when respondent failed to divest the original assets on time, available at http://www.ftc.gov/bc/mergerfaq.shtm#Crown%20Jewels.

[②] See e.g., Untied States v. Data Card Corp., 1987‑1 Trade Cas 1987‑1 Trade Cas. (CCH). 67437, at 59882 (D.D.C. 1987).

如果美国反托拉斯执行机构要求事先同意而当事人没有遵守，当事人即使不是故意的，且交易也没有减少竞争，也同样会产生潜在责任，受到实质性民事处罚。然而，上述因素在执法机构确定合适处罚时通常会被考虑。

美国司法部、联邦贸易委员会和法院都对合并案件中某些和解令的有效性持怀疑态度，这是因为这些和解令都依赖于行为救济（或者称为行为限制）而不是结构救济（或者称剥离或禁止合并）。然而，当一家合资经营企业整合了竞争对手部分商业活动时，司法部和联邦贸易委员会会达成包含有行为限制的和解令。这些和解令通常旨在阻止合法的合资经营活动对其他经营产生反竞争的溢出影响。行为限制也用来阻止纵向合并的非法影响。近来的和解令要求，在公司部门之间设置屏障以阻止涉及竞争的敏感信息从一部门传递给另外一个部门，而后者存在反竞争的影响。[1]

合并当事人与司法部达成的和解令有60日的公告和评论期，并受到《托尼法》(Tunney Act) 司法审查的约束，旨在确定它们是否属于公共利益。[2] 法院指出，司法功能在这种协议下是有限的，审查法院被限定于确定救济计划是否在公共利益范围之内，不能够考虑没有在控告中指出的其他违法问题，也提供不了任何救济。[3] 法院对和解令保留管辖权以监督当事人遵守和解令，并在必要时发布进一步的命令。通常，和解令可以通过当事人协议，在法院的准许下修改或终止，或者在没有司法部同意下通过适当提供情况改变的证据而进行修改或终止。

与司法部达成的和解令相比，合并当事人与联邦贸易委员会达成和解令只有30日的公告和评论期，且包含一套内部审查程序。[4] 联邦贸易委员会和司法部通常允许潜在合并在公告和评论期间内结束，并受适当保持分离命令的约束。当被告有充分理由说明法律改变或者事实情况以及公共利益要求修改和解令时，联邦贸易委员会可以修改和解令。

和解令通常给反托拉斯法执行机构提供了广泛的权力。反托拉斯执行机构可以检查记录，获得报告，监督当事人遵守和解令。如果当事人没有

---

[1] See e. g. , *Boeing Co. Dkt. No. C - 3992*, 2000 FTC LEXIS 178（2000）.
[2] See 15 U. S. C 16（b）－（h）（2000）.
[3] See *United States v. Microsoft Corp.*, 56 F. 3d 1448, 1457 - 58（D. C. Cir. 1997）.
[4] See 16 C. F. R. 2. 34（2001）.

遵守和解令，执行机构可以在法院提起诉讼，使违法者接受刑事和民事处罚。

为方便当事人提供合并救济措施与美国司法部就合并达成和解令，2011年6月17日，美国司法部发布了《2011年反托拉斯局合并救济措施政策指导》（以下简称《救济指导》），修订了司法部针对引起竞争关注所既定的方法。[1]《救济指导》重申了反托拉斯局在合并审查过程中所设计、实施和执行的大量救济措施条款和和解令。除了对纵向交易的救济进行讨论以外，《救济指导》并没有新的突破，只是反映了一些更为灵活的意愿以接受行为救济。此外，反托拉斯局将监管和执行和解令的责任给予了一个新机构——总法律顾问办公室。

《救济指导》阐明了有效合并救济所需要的三个关键原则。首先，有效保护竞争是一项合并救济是否适当的关键。其次，该救济措施应当侧重于保护竞争，而不是保护个别竞争者。再次，一项救济措施需要根据个案情况的特定事实慎重适用法律和经济原则。实践中，这些关键原则会转化为对当事人进行高度具体化和密集性的事实调查，从而满足反托拉斯局的要求，即任何拟议的合并救济能够足以解决合并本身引起的竞争问题，并且能够有效实施。

《救济指导》明确区分了横向合并和纵向合并。反托拉斯局在以前极为赞成对横向合并和纵向合并使用结构救济（剥离）而不是行为救济，这是因为结构救济一般极易落实和生效，且不要求持续监督和强制。《救济指导》仍然赞成"在涉及横向合并的绝大多数案件中"使用剥离。[2] 然而，《救济指导》也明确指出，剥离对于许多纵向合并并不适当，且在事实上会削弱合并所带来的有益竞争的效率。"因此，在某些纵向合并案件中，反托拉斯局在接纳合并实现效率的同时，将考虑适当的行为救济以阻止有损消费者的行为。"[3]

值得注意的是，尽管在《救济指导》发布以前司法部反托拉斯局已经

---

[1] Department of Justice, Antitrust Division Policy Guide to Merger Remedies (June 2011), available at http://www.justice.gov/atr/public/guidelines/272350.pdf. This supersedes the same document issued in October 2004, available at http://www.justice.gov/atr/public/guidelines/205108.pdf.

[2] Remedies Guide Part I. A.

[3] Remedies Guide Part I. B. 2.

对纵向合并适用行为救济,然而《救济指导》似乎是反托拉斯局首次以正式政策声明方式承认行为救济对纵向合并更为有效。此外,《救济指导》还明确讨论了一些更为普通的行为救济,如防火墙、非歧视条款、强制许可、透明度条款、反报复条款以及禁止排他或者其他限制性合同。①

此外,《救济指导》将评估、合规监管和执行救济令等职责赋予了总法律顾问办公室。在《救济指导》发布以前,只要合并审查部门对合并进行了调查并与当事人达成和解令,该部门就承担合规监管和执行和解令的主要责任。自《救济指导》实施后,总法律顾问办公室,会同相关执法处,承担主要监管职责。

为方便当事人在合并案件中与联邦贸易委员会达成和解,2012年1月,联邦贸易委员会竞争局发布了《关于协商合并救济措施的声明》(以下简称《救济声明》)②。声明涉及待剥离资产、适当买方、剥离协议、附加指令条款、保持分离令和维持待剥离资产令、剥离申请以及时间等七个问题。

《救济声明》指出,剥离是对存在反竞争影响的横向合并惯常使用的救济措施;提议剥离当事人一方明显独立且持续经营的业务经常会加速和解。如果拟议资产包没有包含过去独立经营的单独业务部门,则联邦贸易委员会不会接受该提议,除非当事人说明资产包包含所有必要构成,或者这些构成能够为潜在买方所取得;如果当事人寻求剥离的资产没有独立且持续经营的业务,或者如果待剥离资产在剥离期间易于贬损,则联邦贸易委员会通常要求买方先行(Upfront Divestitures),即先提供买方的方案;如果当事人拟议剥离以知识产权或者其他有限资产为主,联邦贸易委员也会要求买方先行。

至于适当买方,《救济声明》要求买方必须在竞争方面和财务方面是切实可行的;不符合这些条件的买方不能接受,且合并当事人有义务提出适当买方。无论买方是先行买方还是委员会作出命令后当事人才提供的买方,他们必须能够在取得被剥离资产后维持或者恢复相关市场内的竞争。因此,当事人提供的拟议买方必须是有财务能力且有动机取得和运营该资产,并

---

① Remedies Guide Parts Ⅱ. B. 1. through Ⅱ. B. 6.
② Federal Trade Commission, Statement of the Federal Trade Commission's Bureau of Competition on Negotiating Merger Remedies, available at http://www.ftc.gov/bc/bestpractices/merger-remediesstmt.pdf.

且在市场内有竞争能力。

剥离协议对于消除联邦贸易委员会的竞争担忧极为重要。为此，《救济声明》规定，剥离协议中必须包含所有待剥离资产，并且条款内容不得与联邦贸易委员会的指令或者救济目标相违背；在评估剥离协议条款时，联邦贸易委员会更多地会依赖买方提供的信息，但是委员会也会注意到买方目的并不一定与委员会的目标相一致；在联邦贸易委员会批准拟定剥离前，合并当事人必须取得所有有关第三方的同意和批准。

剥离协议中有时候会加入附加指令条款。例如，在某些情况下，特别是在剥离当事人一方部分资产时，买方需要合并当事人额外的短期帮助。这时候若联邦贸易委员会的指令施加了买方与被告当事人持续联系的义务，则委员会将任命独立的第三方对合并当事人进行合规监管。

在联邦贸易委员会作出命令后当事人才提供买方进行剥离的情况下，被告当事人有义务证明拟议剥离满足委员会指令的特定要求和救济目标。在向委员会提出申请请求批准拟议买方时，被告当事人必须在其申请中提供所有信息和文件以满足其举证责任，且确保买方与联邦贸易委员会进行合作；被告当事人的申请应当陈述拟议剥离包括转移所有待剥离资产。需要注意的是，如果未能在规定时间内完成剥离，则被告当事人将被视为违反联邦贸易委员会的命令。

（二） 欧盟的司法实践

在欧盟，当事人可以在申报合并第一阶段或者第二阶段提出救济方案。在第一阶段提出救济方法例如剥离可以避免第二阶段的调查，也可以把第一阶段的时间延长两个星期。而在美国，并不存在类似的规定，因此救济讨论一般不得不等到二次请求阶段，但是如果反托拉斯执行机构认为它已收到了足够的信息，这种情况可以避免发生。在第二阶段，欧盟委员会调查的第二部分经常是协商可能的救济。实践中，欧盟委员会附条件许可的交易有2/3是在第一阶段完成的。这表明，在第一阶段提供适当救济能够避免交易当事人推迟完成合并交易，增加合并交易的利益。

近年来，欧盟委员会越来越注意救济的范围、实施和细节问题。除了这些以外，委员会在审查被剥离商业的购买者时越来越仔细，在许多案件中要求"提前提出买方"（Upfront Buyer），且充分利用了独立托管人来审查救济是否得到遵守。欧盟委员会的实践紧紧跟随美国的政策，特别是1999

年美国联邦贸易委员会发布的《剥离程序研究报告》。① 2005年10月，欧盟委员会发布了《合并救济研究》（Merger Remedies Study），该研究报告分析了近100个合并救济的设计方案、执行情况和有效性问题。②

由于竞争重叠业务经常引起竞争的关注，因此剥离重叠业务是表达对竞争关注的直接方法。欧盟委员会认为，剥离后的业务必须是一个可以生存的实体，如果由适当买方所运营，应能够长期有效地与合并后的实体展开竞争。欧盟委员会通常更愿意剥离目标公司或者收购方的现有业务，而不是剥离两者合并后的资产，这与美国司法部反托拉斯局2004年10月发布的《合并救济政策指南》的观点基本相同。③ 然而，在敌意收购的情况下，由于收购方对被收购业务的了解极为有限，剥离目标公司的现有业务并不是切实可行的。此外，欧盟委员会并不愿意剥离与合并一方业务有紧密联系的业务。在MCI WorldCom/Sprint合并案中，欧盟委员会不愿意考虑剥离Sprint公司的互联网业务，因为该业务与Sprint的传统电信活动有紧密联系。④

在个别案件中，欧盟委员会使用了包含"皇冠宝石条款"的替代救济。这种居于第二位的替代救济方式能够广泛地恢复有效竞争，且被美国反托拉斯执行机构广泛应用在合并的解决方案中。在Nestle/Ralston Purina合并案中，当事双方同意剥离雀巢在西班牙的Friskies和Vital Balance品牌。如果剥离在某个确定时间内或者在申报交易结束前没有完成，这种选择将不再有用，而剥夺Ralston Purina与Agrolimen共同出资组建的西班牙合资公司50%的股权成为下一个必要选择。委员会注意到，第二种替代方法等同于"皇冠宝石条款"。另外，"与许可雀巢Friskies品牌的使用权相比，该方法

---

① See www.ftc.gov/os/1999/9908/divestiture.pdf.（该报告分析了联邦贸易委员会从1990年到1994年参加的35个分拆指令。尽管该项研究并没有表明联邦贸易委员会的立场，但是它很可能对未来执法机构与合并当事方的协商解决有着重要的影响。）

② See "Merger Remedies Study", *Public Version of DG Comp Staff Paper*, in Oct 2005, available at http://europa.eu.int/comm/competition/mergers/others/remedies_study.pdf. See also Alexander Kopke, *Merger Remedies Study* [Autumn 2005] *Competition Policy Newsletter*, 3.

③ See Antitrust Division Policy Guide to Merger Remedies, http://www.usdoj.gov/atr/public/guidelines/205108.htm #3a.

④ See Commission Press Release IP/00/668 of June 28, 2000. See also *Exxon/Mobil*, Case IV/M.1383, Commission decision of September 29, 1999 (2004 O.J. L103/1), para. 860.

组成了更大、更加容易销售的组合。"[1] 欧盟委员会认为,"皇冠宝石条款"在未来的救济中会更加频繁地使用。[2]

欧盟委员会在决定如何实施救济时展示了一定的灵活性。例如,在 Vodafone Airtouch/Mannesmann 合并案中,欧盟委员会在要求 Vodafone 实施剥离 Mannesmann 移动电话业务 Orange 时留给 Vodafone 选择的方法,即或者向一家现在的或潜在的竞争对手出售 Orange 公司,或者通过上市剥离 Orange。[3] 在采用这种灵活的做法时,欧盟委员会通常要求,合并公司应该证明剥离后的业务能够在相关市场内独立运营。

欧盟委员会有时候会选择非结构性救济方式,如基础设施准入或技术许可、向第三方供应产品或者服务、向剥离后的商业实体提供产品或者服务、从第三方购买产品、终止独家供给和销售协议、与竞争对手终止合作协议、终止销售协议或者授予销售的权利、独立进行资产管理、消除协调危险、遵守以前的承诺、为竞争者进入市场或者扩张提供救济等。

欧盟委员会要求,合并当事人的承诺能够迅速实施,因此,允许当事人完成承诺的时间是在可行的情况下越短越好。此外,完成剥离的时间表一般不会向第三方披露。这点与美国反托拉斯执行机构要求所有按规定必须进行的剥离都应在签发和解令之日起至多六个月内完成有很大的出入。

在一些涉及承诺剥离的案件中,合并当事人有权在一个初始时间段(第一个剥离期)与欧盟委员会同意的购买者协商并达成协议。倘若合并当事人在期间结束前达成了有约束力的协议,那么将有额外的时间完成交易。如果合并当事人在第一个剥离期内没有达成具有约束力的协议,托管人会在特定时间内销售剥离的业务,这一特定时间段成为扩展剥离期。

随着时间的发展,欧盟委员会限制了申报交易结束一年以上实施剥离的情况。近来,委员会鼓励申报方进行创新以便在不浪费委员会资源的情况下保证实施救济。在最终期限到来前企业因不可控制的原因无法完成时,如果企业能够证明它已尽到真诚的努力,那么委员会可以延长最终期限。

由于欧盟委员会不能天天参与剥离资产的管理活动,因此委员会在大多

---

[1] See *XXXIst Report on Competition Policy* (2001), para. 299. See also *New Holland/Case*, Case IV/M. 1571, Commission decision of October 28, 1999, paras. 75-92.

[2] Id., para. 299.

[3] See Case COMP/M. 1795, Commission decision of April 12, 2000, paras. 55-60.

数案件中确定申报当事人提出的实施承诺最好通过任命托管人来获得。2003年欧盟委员会发表的《剥离承诺与任命托管人范本》(Model Texts for Divestiture Commitments and the Engagement of Trustees, the "Model Texts")[1] 把任命在整个剥离程序中负责监管实施承诺的"管理托管人"和负责出售被剥离的资产的"剥离托管人"相区别。管理托管人的义务包括监管被剥离业务的管理，确保该业务保持独立、在市场上生存、能被出售以及具有竞争性，评估潜在购买者是否合适，以及向委员会定期提供书面报告。剥离托管人的作用限定于在扩展剥离期间协商出售被剥离业务，并向委员会定期提供书面报告。剥离托管人和管理托管人经常是同样的人或机构。托管人的所有费用必须由相关当事人承担。欧盟委员会坚持，委员会有权指导托管人。如果当事人无法在承诺规定的期限内成功地找到委员会可以接受的购买者，剥离托管人在委员会预先核准下被授予在特定期限内无最低限价地处置被剥离业务。

当申报当事人着手剥离一项业务，欧盟委员会经常在剥离完成前保留同意被提议的购买者或者购买集团以及销售协议。尽管欧盟委员会没有正式权力指定购买者的身份，但是委员会可以对购买者情况施加影响，包括要求排除特别的潜在购买者或者集团购买者或者拒绝同意潜在购买者。

2000年12月，欧盟委员会采用了《救济通告》(Remedies Notice)。[2]《救济通告》规定了许多购买者标准，包括：①被提议的购买者应该是现实存在的或者潜在的竞争者；②被提议的购买者应该与交易当事双方没有任何联系，独立于交易当事人；③被提议的购买者应该有专门的知识，且有动机维持和发展被剥离业务与当事人竞争；④被提议的购买者不能提出新的竞争问题或者产生实施延迟的危险。

为了确定违反承诺的结果，欧盟委员会在《救济通告》中把条件和义

---

[1] See, e.g., Nestle/Ralston Purina, Case COMP/M.2337, Commission decision of July 27, 2001; Gerling/NCM, Case COMP/M.2602, Commission decision of December 11, 2001; Masterfoods/Royal Canin, Case COMP/M.2544, Commission decision of February 15, 2002 (pet foods); Solvay/Montedison – Ausimont, Case COMP/M.2690, Commission decision of April 9, 2002; Barilla/BPL/Kamps, Case COMP/M.2817, Commission decision of June 25, 2002; and Telia/Sonera, COMP/M.2803, Commission decision of July 10, 2002.

[2] See Commission Press Release IP/00/1525 of December 21, 2000.

务相区别。在通告中,条件被解释为获得每项措施的要求,这些措施引起了市场结构的改变,例如剥离业务,而义务是指有必要获得结构改变的实施步骤,例如任命托管人。如果合并当事人违反了包含在承诺中的义务,欧盟委员会可以撤销其授权决定,也可以课征罚款和定期罚金。如果委员会是在第一阶段撤销了许可决定,这将引发第二阶段的程序,且没有任何时间限制;当委员会在第二阶段撤销许可决定,这意味着禁止交易,以及命令分割资产或者其他适当行为。条件没有履行意味着引起合并与共同市场相协调的情况不能实现,因此,提出合并与共同市场相协调的决定将自动无效。如果这种情况发生在第一阶段,那么委员会将开始第二阶段的调查;如果发生在第二阶段,欧盟委员会可以要求采取适当行为恢复有效竞争,并处以罚款和定期罚金。

二 初步禁止

根据美国法律的有关规定,美国司法部[1]和联邦贸易委员[2]会有权获得初步禁令以阻止违反《谢尔曼法》第 7 条的合并。签发初步禁令经常会终止某项合并的努力。在司法部提起诉讼的案件中,法院否决初步禁令将会使整个诉讼结束。然而,即使法院否决了初步禁令,联邦贸易委员会有时也会继续诉讼,这是因为该机构能够通过行政程序获得剥离。[3] 1995 年,该委员会称,在输掉初步禁令后,委员会不是自动继续行政程序,而是将根据每个案件的情况决定是否继续行动。如果联邦贸易委员会相信有必要采取进一步救济时,即使法院签发初步禁令,且当事人放弃了交易,其仍然可以继续诉讼。

1. 司法部提起的诉讼

在美国诉微软公司案中,[4] 法院指出,司法部的举证责任必须足以支持其以不同方式获得初步禁令救济。而在美国诉西门子公司案中,[5] 法院仅仅在政府建立合理可能并将以绝对优势取胜时才同意给予初步禁令。而其他

---

[1] See 15 U. S. C 25 (2000).
[2] Id. , 53 (b) (2000).
[3] See e. g. , *RR. Donnelley & Sons Co.* , 120 F. T. C. 36 (1995).
[4] See *United States v. Microsoft Corp.* , 147 F. 3d 935, 935 – 45 (D. C. Cir. 1998).
[5] 621 F. 2d 499, 505 – 506 (2d Cir. 1980).

法院仅要求司法部提出涉及法律和事实的严重问题,就可以获得初步禁令。① 法院不要求司法部证明合并对公众造成无法弥补的损失或产生实质性伤害,认为政府一旦成功建立赢得诉讼的合理可能性,那么,按照法律给公众造成无法弥补的损失自然成立。

美国法院对合并当事人私人利益的影响经常没有给予重大关注。② 此外,根据《联邦民事程序法》规则第 65 条 a 款第 2 项,初审法院可以基于公平利益,命令审理程序提前,将申请初步禁令与预审合并在一起。

2. 联邦贸易委员会提起的诉讼

美国《联邦贸易委员会法》第 13 条 b 款授予联邦贸易委员寻求禁止违反《克莱顿法》第 7 条的行为,并要求在为公共利益签发初步禁令时,应衡量公平以及委员会最终成功的可能性。但是,真正运用这项标准是非常复杂的,究其原因不是法院,而是联邦贸易委员会根据司法审查程序评估《克莱顿法》第 7 条的问题。一些法院提到或要求委员会出示合理的或极大可能成功的证据。其他法院要求,联邦贸易委员会在案件中能证明其有公平合理的机会获得最终成功。某些法院还采用了一种标准,要求所提出的严肃和实质性问题是整个调查公平的基础。而部分法院综合了这些标准。③

在联邦贸易委员会提起的诉讼中,美国法院也不同意公平与案件的相关性。一些法院指出,联邦贸易委员会一旦建立了合理的成功可能,它们就没有相关性。其他法院认为,委员会必须建立平衡的困难以支持签发禁令。④

联邦贸易委员会申请初步禁令通常并不与审前程序合并,这是因为案件的最终决定由联邦贸易委员会自己根据行政程序作出,而该决定只能由一个上诉法院审查。《联邦贸易委员会法》第 13 条 b 款规定,在适当情况下,委员会可以寻求……法院发布永久禁令。不适当的延迟能够迫使当事人放弃被初步禁止的合并计划,法院可以命令联邦贸易委员会加快案件的审理进程。

---

① See e. g., *United States v. Ingersoll - Rand Co.*, 320 F. 2d 509 (3d Cir. 1963), at 525; *United States v. Culbro Corp.*, 1977 - 1 Trade Cas (CCH). 61514, at 72005 (S. D. N. Y. 1977).
② See *United States v. Atlantic Richfield Co.*, 297 F. Supp. 1061 (S. D. N. Y. 1969), at 1073 - 1074.
③ See *FTC v. Coca - Cola Co.*, 641 F. Supp. 1128, 1130 (D. D. C. 1986).
④ See *University Health*, 938 F. 2d at 1225.

不同于美国法院为中心的合并救济制度，欧盟行政主导型的合并救济制度没有规定初步禁令。然而，由于合并当事人能够在第一阶段或者第二阶段提出救济承诺，这有利于欧盟委员会与合并当事人进行协商，达成一致，因此欧盟的合并救济制度比美国的更加灵活，且更有效率。

三 保持分离

（一） 美国的司法实践

在美国，可以替代初步禁令的主要方法是要求收购企业和被收购企业与那些引起竞争关注的资产"保持分离"的命令。保持分离的命令可以由合并当事人自愿采用或者由美国法院根据其内在的衡平权力要求当事人遵守。在仅有部分原始资产涉及竞争关注时，命令可以适用。此外，该命令可以在法庭程序开始前合并完成时用来阻止争夺资产。

通常，美国法院仅在最终决定完成之前、保持分离的命令能充分提供保护以避免临时性竞争伤害以及为公平考虑所支持时才发布该命令。在 FTC v. Weyerhaeuser Corporation 的案件中，[1] 哥伦比亚地区巡回法院确定了签发保持分离命令的三个条件，即，一旦原告根据法律建立了成功的可能性：①如果强有力的衡平支持交易的完成；②保持分离的命令将阻止临时性的竞争伤害；③这种命令允许最终的充分救济，那么应该签发命令。哥伦比亚地区巡回法院指出，当原告"建立了强有力的成功可能性"，支持初步禁令胜于保持分离的命令成为一种推定。某地区法院表明，应该使用反向假设以便法院能够确定在缺乏初步禁令时是否存在有效救济。[2] 还原被收购资产以及在合理时间内寻找买方的重重困难阻止了最终救济，而这种可能发生的风险被用来作为使初步禁令而不是保持分离的命令成为必然的某种考虑。在案件悬而未决、消费者受到临时伤害的可能来源于竞争受到排除或者收购者通过规制决策或有权使用机密业务信息削弱被收购公司时，保持分离的命令能够减少这种担忧。法院签发保持分离的命令时也重视对公平的考虑，特别是，收购方的良好信用、合并被完全禁止可能对被告的伤害

---

[1] See 665 F. 2d 1072 (D. C. Cir. 1981).

[2] See *United States v. Culbro Corp.*, 436 F. Supp. 746, 750 (S. D. N. Y 1977)。（在签发初步禁令时，法院应当确定一项有效、但不是过于激烈的初步救济，如保持分离的命令，以阻止对公众的临时性伤害）。

以及监督当事人遵守命令的可行性。个别法院指出，在政府显示的成功可能性没有达到法院要求签发初步禁令的标准时，判令分离的命令是适当的。①

一些美国法院指出，即使《谢尔曼法》第 7 条禁止收购而不是出售，依然可以提供以取消交易为形式的初步救济。② 事实上，给予这类救济的案件很少对公平进行考量。

此外，联邦贸易委员会的《救济声明》也提出，如果委员会执法官员担忧待剥离资产在剥离期间的竞争力贬损或者存在暂时的竞争损害，委员会则会寻求额外命令，要求当事人保持待剥离资产的独立；即使该命令没有必要，当事人也有义务维持剥离期间的待剥离资产；保持分离令和维持待剥离资产令包括任命独立的第三方监督该业务的单独运营或者监督当事人合规。③

（二） 欧盟的司法实践

比较而言，欧盟委员会在当事人完成剥离前通常要求申报方保证剥离资产或者业务的独立、经济上可持续经营、能被出售以及具有竞争性。委员会也要求合并公司同意在处置未决资产前，保持资产分离。"保持分离"条款通常要求当事人：①像以前一样继续经营资产，提供行政和管理功能、足够的运营资金以及信用；②确保剥离资产或者业务的管理与其自己的人员和管理层相分离，独立于申报当事人。2005 年 10 月欧盟委员会发布的《合并救济研究》强调了任命独立、资深和适格的保持分离经理人的重要性，这些管理人员应该在剥离后一定时间与被剥离的业务在一起。2003 年的《剥离承诺与任命托管人范本》也包含了一项保持分离的条款，该条将分离扩展到切断总公司对剥离业务以前的营运功能，保证了剥离业务生存、出售以及竞争性的能力。当有必要对剥离业务的公司结构施加严格分割时，托管人有权履行卖方的股份权，甚至可以替代卖方任命的董事会成员。

---

① See Acorn Eng'g, 1981 – 1982 Trade Cas. (CCH) 64197, at 73711; *United States v. Hospital Affiliates International*, 1980 – 1981 Trade Cas. (CCH) 63721, at 77854 (E. D. La. 1980).

② See e. g. , *FTC v. Elders Grain, Inc.*, 868 F. 2d 901, 907 – 908 (7th Cir. 1989); *FTC v. Weyerhaeuser Co.*, 648 F. 2d 739, 741 (D. C. Cir.) (Per curiam).

③ See Negotiating Merger Remedies, http：//www.ftc.gov/bc/bestpractices/merger - remediesstmt. pdf.

四　永久救济

（一）　美国的司法实践

恢复竞争是反垄断救济整个问题的关键。在美国，法院有广泛的衡平权力实现这个目标。法院不仅有权签发反对交易的永久禁令，而且有权判令剥离。美国联邦最高法院指出，剥离特别合适，因为《克莱顿法》第7条的语义已暗示，取消合并是很自然的救济。尽管第7条并没有提出剥离在所有案件中都是必要的，但是联邦最高法院认为，剥离有"简单、容易管理、可靠等优点……在法院查明交易违反《克莱顿法》第7条后，剥离一直是法院最先考虑的救济方式。"[1]

《HSR法案》出台后，当合并交易引起竞争关注时，美国反托拉斯执行机构通常会寻求初步禁令，阻止交易完成，使永久禁令成为适当救济。然而，当非法交易已经完成，美国司法部明确指出，彻底剥离是主要的救济方式。[2]

一般而言，如果剥离成为解决违法行为反竞争影响的必要条件，被告应当承担最后的经济责任。然而，美国民事反托拉斯程序并没有授权法院施加具有惩罚性质的救济。因此，如果法院被说服能够获得破坏性较小但公平有效的救济，法院可以拒绝命令完全剥离。特别是，当部分被收购资产提出了竞争性关注，剥离或禁令可以限制对市场不利的资产。正如笔者在协议解决中所述，这些方法经常会在合并当事人与执法机构达成的和解令中使用。美国法院甚至在政府寻求完全剥离时，也会通过部分剥离解决政府提出的诉讼案件。然而，即使违法没有涉及整个收购，完全剥离可能也是适当的。

此外，剥离的业务必须独立于被合并的实体或者对收购提出异议的企业，且能够继续存在，并在市场上占据竞争地位，而这种市场地位至少等同于该业务合并前的市场位置。根据剥离指令，合并后的资产可以包含在

---

[1] See *E. I. DuPont de Nemours & Co.*, 366 U. S. 316, 326 (1961).

[2] See *United States v. Spectra - Physics, Inc.*, No. C - 78 - 1879 TEH, 46 Fed. Reg. 31095, 31098 (1981) (proposed final judgement and competitive impact statement) (total divestiture has been, and will continue to be, the principal relief sought by the Government in Section 7 Cases), 1981 - 1982 Trade Cas. (CCH) 64290 (1981) (final judgement).

内。正如在协议解决的剥离情况下,从属于剥离的其他救济也可以附加在剥离判决中。[1]

（二） 欧盟的司法实践

在欧盟,合并当事人没有或者没能提供委员会认可的救济方法,欧盟委员会对合并采取的唯一救济就是禁止合并。[2] 这种情况会在以下情况发生：①委员会接受的改变在业务上对当事人是无法接受的；②纵向或者混合问题非常棘手,排除了任何救济的可能性；③合并后的公司大于任何竞争对手,且没有明显可行的实体能够剥离以恢复有效竞争；④寡占市场内唯一可信的买方是寡头的一部分；⑤当事人没有接受委员会对交易引起竞争问题的评估；⑥救济方案太过宽泛和复杂,委员会无法确定市场内有效竞争将被恢复。

当欧盟委员会发布决定禁止一项已经实施的合并或者发现已经实施的合并违反第二阶段调查后施加救济时,委员会可以采取任何措施恢复合并实施前的情况。特别是,委员会可以命令当事双方取消合并或者处置所有被收购的股票或资产,除非当事人已着手拆散已经实施的合并。当出现合并在申报前、在许可前已经完成,或者违反许可决定的附加条件,以及在禁止决定作出后完成合并的情况,欧盟委员会也可以采取临时措施恢复或维持有效竞争的条件。在 Tetra 案中,欧洲初审法院肯定了欧盟委员会有权采取恢复措施。[3]

五　私人诉讼

在美国,确定竞争对手和目标公司的诉权尤为重要,这是因为私人诉讼对于实施《克莱顿法》第 7 条有十分重要的意义。在 Brunswick Corp. v. Pueblo

---

[1] See *Hearst Trust*, Civ. No. 01 – 2119（D. D. C. Nov. 20, 2001）(stipulated final judgement in civil penalty action requiring Hearst to pay $19 million).

[2] See *Airtours/First Choice*, Case IV/M. 1524, Commission decision of September 22, 1999（2000 O. J. L93/1）, paras. 188 – 189 and 192; *Volvo/Scania*, Case COMP/M. 1672, Commission decision of March 14, 2000（2001 O. J. L143/74）, paras. 352 – 362.

[3] See *Tetra Laval v. Commission*（"Tetra Laval"）, Case T – 80/02, 2002 E. C. R. Ⅱ – 4519, para. 36.

Bowl - O - Mat, Inc.① 和 Cargill Inc. v. Monfort of Colorado, Inc.② 案中，联邦最高法院强调，竞争者经常从合并的反竞争影响中获益，而仅被支持竞争的结果所伤害。法院指出，诉权应该严格限制在那些来自反竞争影响伤害的诉讼主张。在这些判决中，法院拒绝根据《克莱顿法》第 4 条（Brunswick）或根据第 16 条（Cargill）给予竞争对手请求损害赔偿或禁令的诉权，这是因为在这里所称的伤害是竞争增加的结果。法院承认，竞争者有权利起诉反对引起反竞争行为的合并如损害竞争对手的掠夺性定价。随后一些下级法院的判决也根据掠夺行为潜在伤害的主张同意竞争对手拥有诉权。③其他法院的判决则依据原告无法主张竞争伤害或者掠夺行为无法确定而否定了竞争对手的诉权。④

这种推理也延伸到了目标公司起诉反对另一公司对该目标公司所进行的收购。在 Brunswick 和 Cargill 案以前，目标公司通常被假定存在诉权。甚至在 Brunswick 案以后，许多法院也给予目标公司诉权。法院强调《克莱顿法》第 16 条的目标包括提供预防性救济以及原告作为竞争对手失去其独立存在性构成反垄断侵权。然而，在 Cargill 案以后，个别判决否定了诉权的存在，理由是目标公司受到的伤害不是来源于收购对竞争的影响，而是来自公司控制权的改变，并强调目标管理层使用反托拉斯主张保护他们自己而不是保护竞争的倾向。然而，Cargill 案后，个别法院依然授予目标公司诉权，其理由是他们失去在市场上竞争的能力构成了反垄断伤害。⑤

此外，在美国，不是目标公司和竞争对手的第三方也可以提起反托拉斯诉讼，主张收购违反《克莱顿法》第 7 条的规定，如美国法院认为消费

---

① See 429 U. S. 477 (1997).
② See 479 U. S. 104 (1986).
③ See *R. C. Bigelow. Inc. v. Unilever N. V.*, 867 F. 2d 102, 110 - 111 (2d Cir.), cert. denied, 493 U. S. 815 (1989); *Community Publishers, Inc. v. Donrey Corp.*, 892 F. Supp. 1146, 1166 (W. D. Ark. 1995), aff'd sub nom. *Community Publishers, Inc. v. Donrey Corp.*, 139 F. 3d 1180 (8th Cir. 1998).
④ See *Phototron Corp. v. Eastman Kodak Co.*, 842 F. 2d 95, 102 (5th Cir.); *Albera Gas Chems. Ltd v. E. I. DuPont de Nemours & Co.*, 826 F. 2d 1235 (3d Cir. 1987); *Ansell, Inc. v. schmid Lab.*, 757 F. Supp. 467, 483 - 485 (D. N. J.).
⑤ See e. g., *Consolidated Gold Field PLC v. Minorco, S. A.*, 871 F. 2d 252, 258 - 260 (2d Cir.); *Square D Co. v. Schneider S. A.*, 760 F. Supp. 362, 364 (S. D. N. Y. 1991).

者拥有诉权。① 然而，供应商、雇员以及与被收购方有业务关系的其他方，当他们之间的关系被终止或由于所谓的非法收购而受到不利影响时，通常被否认拥有诉权，其理由是关系的终止不是由于交易的反竞争结果；销售受偶然支付影响的被收购公司，其前所有者基于未来所得提起诉讼，主张购买者搅乱了被收购业务的运营，其正当利益受到损害时，也被法院否认拥有诉权；被收购公司的其他投标者通常也没有诉权。

六　州总检察长救济

目前，美国各州总检察长在实施《克莱顿法》第 7 条问题上变得越来越积极。与私人当事人一样，州总检察长可以请求禁令救济，包括根据《克莱顿法》第 16 条要求剥离，以及根据《克莱顿法》第 4 条请求损害赔偿。1993 年美国国家检察官协会（NAAG）公布了修订的《NAAG 横向合并指南》，该指南在几个方面不同于美国司法部和联邦贸易委员会联合发布的《1992 年横向合并指南》以及随后的《2010 年横向合并指南》。

在大多数案件中，州总检察长与联邦反托拉斯执行机构紧密合作调查并购交易。在合并当事人与联邦反托拉斯执行机构已经达成和解令时，州总检察长仍然可以与合并当事人协商独立的救济方式。有时候即使联邦执行机构决定不去反对一项合并或收购交易，美国各州总检察长依然可以独立与当事人进行协商或采取司法救济。②

---

① See *Reilly v. Hearst Corp.*, 107 F. Supp. 2d 1192, 1195 (N. D. Cal. 2000) (plaintiff had standing to challenge newspaper merger as consumer of newspaper information content).
② See *California v. Sutter Health Sys.*, 84 F. Supp. 2d 1057 (N. D. Cal.), aff'd, 217 F. 3d 846 (9th Cir. 2000).

第四章
并购的管辖权问题

反垄断法的域外适用是 20 世纪中期发展起来的理论。当前美国和欧盟的反垄断法律都已具有域外效力，由此可见域外管辖在反垄断法律国际化中的重要性。

域外管辖主要包括实体法上的域外管辖权和程序法上的域外管辖权，前者也称立法管辖权，主要涉及外国企业在国外的行为在什么样的场合下可以纳入本国反垄断法的规制范围；而后者是以存在实体法上的域外管辖权为前提，决定在什么样的场合下可以依据本国反垄断法，对外国企业执行司法程序如送达等，对其实施审判和执行判决。一般认为，由于在国外行使管辖权将会侵害外国主权，因此原则上是不允许的，但是，对国外行为行使立法管辖权和司法管辖权，则原则上由各国家自由裁量。

本章主要涉及反垄断法的管辖权及多年来反垄断法律在域外实施中的问题。首先对主要的管辖权制度进行介绍，然后结合案例分别对美国反托拉斯法中的域外适用和欧盟竞争法中的域外适用进行研究和分析，最后分析国际竞争网络（ICN）对管辖权审查因素的建议规范。

第一节 管辖权概述

一 传统的管辖原则

管辖权是国家的基本权力之一，传统的管辖原则包括以下几个方面。

1. 属地管辖

属地管辖亦称领域管辖、属地管辖权、属地优越权。根据"领土内的一切都属于领土"（quidquid est in territorio, est etiam de territorio）的法律格言，国家可以对其领土内的所有人（享有外交特权与豁免者除外）、财产和行为行使管辖权，这即是国家的属地管辖权。它是国家领土主权的体现，根据国际法原则，一国的领土包括领陆、领水、领陆和领水下的底土，以及领陆和领水之上的空间（领空）。

2. 属人管辖

属人管辖亦称国籍管辖、属人管辖权、属人优越权，是指国家有权对一切具有本国国籍的国民包括法人和自然人行使管辖权。属人管辖为国家规制本国法人和自然人在国内外的活动提供了基本的法理依据，有助于扩大本国法律的域外适用效力，但它往往使几国同时对同一个客体进行管辖而产生管辖冲突。

3. 保护性管辖

保护性管辖是指国家有权对外国人在国外对该国国家或国民的犯罪行为行使管辖。这种管辖主要适用于刑法方面，适用的范围一般是各国公认的犯罪行为。

4. 客观属地管辖原则

客观属地管辖原则是属地原则的宽松解释，是指行为的一部分发生在本国领域内时，该国对于全部行为皆有管辖权。

二 效果原则

由于上述国际公法的管辖原则最初都是在实体行为方面发展起来的，因此，在20世纪40年代，这些理论能否在商业公司的合同中得以援引成为一个难题。人们并不清楚国家是否有权管辖给该国国家或国民产生经济影响的国外行为。为解决这个难题，各国开始把有害的经济行为看作是产生于一国、但给他国造成影响的实体行为的结果。但是，这种位置的转换被广泛接受并不是基于国际公法，而是基于某个国家的法律理念。鉴于表达这种经济伤害的必要性，一些国家采用了广泛的权限概念。为此，它们开始依靠效果原则，充当其反托拉斯政策的域外适用理论。

效果原则认为，只要满足①外国行为产生国内效果；②对国内产生实质性和可预测性的效果；③该效果是外国行为直接且意图造成的结果等三个要件时，该国就存在域外管辖权。

适用效果原则有一定的积极意义。既然属地原则无法保护一国在其经济领域的合法利益,[①] 那么在反托拉斯政策下,主张事项管辖权（Subject Matter Jurisdiction）的某个国家对其国家经济秩序进行适当保护就应当是合法的,而事实上,这也被民族自决的基本权利证明是正当的。随着国家交往的日渐频繁以及国际贸易对促进国家福利的重要性日益为大众所知,人们通常很难否定采用效果原则的逻辑。不难想象,严格的属地原则将帮助越来越多的跨国企业逃避某国的反垄断监管,这必然导致危害消费者和公司竞争对手的结果。既然跨国企业的行为"超越了"国家的界限,那么它们就能够从事有害的经济行为而不受任何形式的监管。

根据国际法,国家对发生在领土之外的行为主张管辖权需要满足该行为与其领土之间有着足够密切或者合理联系的要求。如果这种对国家连接点的最小要求都无法满足,那么国家不能够主张管辖权。在反垄断案件中,如果不存在直接、实质和合理可预见的反竞争影响,是不能主张管辖权的,而效果原则能够满足这个合理连接要求。由于在国际法中缺乏对直接、实质和合理可预见效果的解释,因此,各国独自使用合理的最小标准决定这一问题。此外,尽管域外适用会使国与国之间在对外国企业采取法律行动时产生冲突,但是这些案件有时也牵连到国内企业的行为。

根据这些因素,效果原则被视为对外国违法行为主张管辖权的合法基础,但是在某些情况下,它也会对国内的情况产生负面影响。因此,有必要把这种管辖权主张限制在特定情况。例如,如果依赖效果原则的国家没有考虑他国的主权利益,理论上没有理由不怀疑该原则的有效性。那么,对于国家而言,考虑这种利益最有效的方法就是坚持国际法的基本原则。因此,尽管效果原则是主张管辖权的合法基础,但是这种管辖主张不是绝对不变的,主张管辖权的国家必须根据国际法满足某些条件。当国家之间减少或消除域外适用冲突成为每个管辖国努力追求的目标时,这种情况尤为如此。

[①] See D. Turner, "Application of Competition Laws to Foreign Conduct: Appropriate Resolution of Jurisdictional Issues" (1985), in Hawk, B. (ed.), *Fordham Corporate Law Institute* 231, 233.

第二节 美国反托拉斯法的域外适用

一 美国铝案之前的法律实践

美国1890年颁布的《谢尔曼法》虽然适用于"州际或者与外国进行的贸易或者商业活动",但是一直以来,美国法院都采取了严格的属地原则。1909年美国香蕉公司诉联合水果公司是美国最早对外国行为适用《谢尔曼法》的案件。[①]

该案中,原告美国香蕉公司主张,被告联合水果公司在南美和中美洲拥有垄断力。当美国香蕉公司在巴拿马收购香蕉树和相关财产,并向美国出口时,联合水果公司坚持美国香蕉公司应当将巴拿马的财产转让给它。在美国香蕉公司拒绝后,联合水果公司以侵权为由控制了该财产。值得注意的是,所有行为都发生在国外,与美国唯一的连结点是未来对美国转售市场的影响。因此,美国联邦最高法院大法官霍尔姆斯(Holmes)认为,"一行为的合法性只能依据行为地国家的法律来判断",美国法律的适用,例如《谢尔曼法》,应当限制在立法者拥有普遍性和合法权力的地域边界范围之内。霍尔姆斯强调了立法管辖权的属地性质,认为根据目前法律的情况,把《谢尔曼法》扩张到其他国家是不大可能的,由此拒绝了美国香蕉公司的主张。[②]

然而,尽管美国香蕉案明确了美国法院有尊重其他国家侵权法的司法义务,但是法院仅在五年后就改变了这种方法。在美国诉太平洋—阿拉伯铁路一案中,[③] 法院指出,对美国贸易的限制不能逃避《谢尔曼法》,理由是只有部分相关行为发生在外国。最终,该案件通过适用国际法中的属地管辖原则,证明反托拉斯法适用于美国市场限制竞争行为。太平洋—阿拉

[①] See 213 U. S. 347 (1909).

[②] Holmes opined that in the Sherman Act, references to "every contract in restraint of trade," and "every person who shall monopolize," means that the Act only applies to those who are explicitly subject to the legislation, "not all that the legislator subsequently may be able to catch."

[③] See *United States v. Pacific and Arabic Railway*, 228 U. S. 87, 33 S. Ct. 443, 57 L. Ed. 742 (1913).

伯铁路案的观点再一次主导了美国诉剑麻销售公司案,[①] 并且与20年后美国铝案[②]也紧密相连。

二 美国铝案

在美国诉美国铝公司案中,美国铝公司控股股东控制了一家加拿大公司 Aluminum Limited,该公司参加了影响美国市场的外国卡特尔 Alliance。法院认定,美国铝公司本身是一家美国公司,没有控制 Aluminum Limited,且不能对该公司的行为负责。因此,本案面临一个难题,即 Aluminum Limited 作为一家外国公司,通过其自己仅发生在美国之外的行为违反了《谢尔曼法》,但是给美国造成了重要的竞争影响,法院是否具有管辖权。在案件中,美国第二巡回法院法官韩德(Hand)指出,《谢尔曼法》适用于发生在美国领土之外对美国州际或对外贸易具有影响的行为,只要"其意图是影响美国出口,且事实上也影响了美国出口。"[③] "为适用《谢尔曼法》,案件必须存在意图影响美国进出口和实质上存在影响的证据;如果只有效果而不存在意图,那么《谢尔曼法》不能适用,这是因为按照法院的假想,国会是没有意图用该法案涵盖这种情况的。"[④] 另外,"复杂的国际环境"会使法院的这种假设更为安全。如果有意图影响美国进出口但没有出现不良影响后果的,韩德法官认为《谢尔曼法》不应适用。而一旦查明存在影响进口的意图,那么证明缺乏影响的责任应转向被告。韩德法官在当时依据的是习惯法,即"任何一个国家都有权规定,即使对于那些不属于本国的国民,也不得在其国家领域外从事被该国家谴责的且对其境内能够产生不良后果的行为。"[⑤]

美国铝案使反托拉斯法具有域外适用的效力,确立了法律域外适用的效果原则,在扩大美国反托拉斯法管辖权的同时,也给其他各国在这方面

[①] See *United States v. Sisal Sales Corp.*, 274 U.S. 268, 47 S. Ct. 592, 71 L. Ed. 1042 (1927)(美国联邦最高法院允许对发生在美国境内外的行为主张管辖权)。See also *United States v. American Tobacco Co.*, 221 U.S. 106, 31 S. Ct. 632, 55 L. Ed. 663 (1911).

[②] See *United States v. Aluminum Co. of America et al.*, 148 F. 2d 416 (2nd Cir. 1945).

[③] See *United States v. Aluminum Co. of America et al.*, 148 F. 2d 416, http://hubcap.clemson.edu/~sauerr/classes/425/cases/alcoa.pdf.

[④] Id., at 27.

[⑤] Id., at 27.

的立法带来了巨大的借鉴意义。

三 美国铝案后的法律实践

在美国铝案以后，美国法院在倾向管辖权或者礼让抗辩的同时一致接受了韩德法官的观点。美国铝案的法律原则覆盖广泛，特别是目的通常可以从外国行为和其对美国的影响推断而来。

从1945年到1977年，美国铝案确立的法律原则被多次重新定义。美国一些法院提到了直接效果或实质性效果。[①] 此外，1965年《美国对外关系法重述》（第二版）也提到了其他几个版本的目的效果标准。这些定义的区别极为明显，特别表现在每一种定义强调其法律结论的程度，即在限制和美国商业之间的连接点上足以说明管辖权的正当性。或许，最为重要的是，自从早就过时的1909年美国香蕉案以后，法院很少再对涉及外国商业的案件以《谢尔曼法》并不适用的理由驳回。

（一） Timberlane案[②]

1977年的Timberlane案是一个非常重要的案件，该案提出，在满足美国铝案效果标准的一些情况下，礼让抗辩可以获得。在该案中，原告美国木材公司主张，该公司收购一家洪都拉斯木材加工厂用来向美国出口木材的努力由于被告美洲银行唆使洪都拉斯人侵权而受到干扰和破坏。尽管案件对美国境内市场产生了影响，但是美国第九巡回法院还是认定，基于国际礼让和公平，原告的诉讼请求不应当在美国法院提出，这是因为在行为、行为效果和管辖国之间存在着管辖权的连接点，而法院在权衡冲突国家的利益之后，认为外国的利益更加明显。

第九巡回法院在该案中提出了一种新的方法以解决域外适用问题，这种标准与Alcoa确定的目的效果标准不同，它主要涉及三个问题：首先，考虑限制是否影响或意图影响美国对外商业；其次，考虑这种限制的强度是否给原告造成可以认知的伤害；最后，根据国际礼让和公平，主张域外管

[①] See *United States v. Timken Roller Bearing Co.*, 83 F. Supp. 284 (N. D. Ohio 1949), modified in part and aff'd in part, 341 U. S. 593 (1951).

[②] See *Timberlane Lumber Co. v. Bank of America*, 549 F. 2d 597 (9th Cir. 1976).

辖权的适当性。①

在回答第三个问题时，第九巡回法院衡量了一系列因素或要素，包括：与外国法律政策相冲突的程度；当事人的国籍；每个国家实施法律预计获得遵守的程度；与其他地方相比，对美国造成影响的相对重要性；此类效果的可预见性；以及与国外商业相比，在美国指控该行为违法的相对重要性。

Timberlane 与美国铝案目的效果标准完全不同，因为前者清楚明确包含了国际礼让的考虑和国家利益和政策的平衡。自 Timberlane 案以来，大多数判决都开始遵照其平衡方法或变通步骤。其中，最重要的判决是 Mannington Mills, Inc. v. Congoleum Corp 案。② 在该案中，第三巡回法院采用了两个步骤，第一，法院确定管辖权是否存在；第二，考虑到礼让因素，管辖权是否应该使用。在标准的第二部分，巡回法院列出了十种应当考虑的因素。这其中包括，外国救济和未决诉讼的可用性，法院的命令是否有效，美国与受影响国家之间的条约是否包含此类问题等。

美国多数法院接受了这种类似于法律冲突分析的利益平衡方法，然而，法院接受的利益平衡方法并不一致。例如，第七巡回法院在 In re Uranium Antitrust Litigation 的判决中③尽管宣称采用了平衡方法，但是似乎并没有 Timberlane 和 Mannington Mills 两个案件中提出的礼让因素。该案所采用的异常方法可以通过被告未出庭、法院支持原告请求所解释。

此外，在美国司法部 1977 年《国际反托拉斯指南》中，人们也可以看到对利益平衡方法的进一步支持。④ 尽管指南使用了美国铝案目的效果标准的词语——"对美国商业具有实质性的和可预见的影响"以及"直接或意图影响"，但是指南的核心内容与 Timberlane 案是一致的，即要求利益平衡方法。

（二） Interbank 案⑤

在 1981 年加拿大国民银行诉行际信用卡协会案中，美国第二巡回法院

---

① See *Timberlane Lumber Co. v. Bank of America*, 549 F. 2d 597 (9ᵗʰ Cir. 1976), at 613.
② See 595 F. 2d 1287, 1287 (3d Cir. 1979).
③ See 617 F. 2d 1247 (7th Cir. 1980).
④ See U. S. DEP'T OF JUSTICE, "ANTITRUST GUIDE FOR INTERNATIONAL OPERATIONS (1977)", reprinted in 799 *ANTITRUST & TRADE REG. REP.* (*BNA*) E-1 (Feb. 1, 1977).
⑤ See *National Bank of Canada v. Interbank Card Ass'n*, 666 F. 2d 6 (2d Cir. 1981).

采用了与 Timberlane 利益平衡或早期 Alcoa 目的效果标准不同的方法。在该案件中，加拿大国民银行以违反《谢尔曼法》为由对竞争对手加拿大银行 BOM 和美国万事达发卡组织 Interbank 提起反托拉斯诉讼。Interbank 根据其与 BOM 之间协议的排他性和不可转让条款，拒绝授权国民银行向其客户签发万事达卡。地区法院依据 Timberlane 案的分析肯定了法院对本案存在管辖权，但依据其法律权力驳回了诉讼。第二巡回法院认为，基于不同的解释，否定法院对此案有管辖权。法院批评 Timberlane 标准的前两个部分，认为单独识别前两个要求不能保证在任何时候对影响美国对外贸易的行为主张管辖权，即使该限制的可诉方面——反竞争影响可以在外国市场内被与之竞争的原告所感知。法院认为，调查应该主要围绕提出异议的限制是否存在或者意图产生给美国国内商业或出口商业造成反竞争影响。第二巡回法院在分析中引入了一个新的要素，依靠 Brunswick 案①中的"反托拉斯伤害"概念，法院认为，案件必须对美国商业或出口存在反竞争性影响。在作出标准不能满足的结论时，法院提到了给商业造成反竞争影响的三种可能类型，然而没有任何一种足以实质性支持法院具有管辖权。第一，任何在加拿大来自消除国民银行竞争而增长的费用都可能损害加拿大贸易商，但是这与美国没有利害关系，也并不相关。同样，国民银行也没有展示这种方式对大多数美国公司在加拿大的生意有损害性影响。第二，国民银行没能证明这种通过排除竞争者减少加拿大持卡人的手段转而会损害美国国内公司与来往于美国的加拿大人做生意。第三，法院明确规定，仅仅存在美国参与者并不能说明存在损害，因为这是一方自愿达成协议安排，且按其自己利益行事。

Interbank 案有其潜在的重要性。美国法院要求，相关案件必须对美国商业或出口存在反竞争性影响，更重要的是，司法机构不愿意在没有审查美国公司或消费者是否受到伤害的情况下机械地适用反垄断法。

四 哈特福德火灾保险案

在 1993 年哈特福德火灾保险案中，② 19 个州和一些私人原告根据《谢

---

① See *Brunswick Corp. v. Pueblo Bowl - O - Mat*, 429 U. S. 477, 489, 50 L. Ed. 2d 701, 97 S. Ct. 690 (1977).

② See *Hartford Fire Insurance CO. v. California*, 113 S. Ct. 2891. U. S. Supreme Court, June 28, 1993.

尔曼法》第 1 条对美国国内保险公司、再保险公司和一些美国经纪人和贸易协会以及承保综合商业责任险的英国哈特福德再保险公司提起诉讼。原告称，保险公司通过非法协议，缩小了美国承保人购买商业责任险的保险范围，引起原告在其所在州无法获得或者几乎无法获得事故责任保险和污染保险。

该案件主要涉及商业保险。保险业要求竞争者有较高程度的合作，行业成员必须通力合作以获得承保所需要的、充足的风险信息，分担承保存在的高风险。此外，再保险人共同分担风险组合；任何再保险人都不会给个别主要保险人提供再保险；因此，再保险人都是联合提供再保险。在该案件中，地区法院依据 Timberlane 案的礼让原则驳回了原告主张。[①] 第九巡回法院也注意到了 Timberlane 案的礼让原则问题，但是在对其进行了仔细的评论后，法院作出判决，在美国保护美国利益免于受到不利影响胜过了英国自己的监管利益。

美国联邦最高法院则干脆以五比四的多数推翻了 Timberlane 案。联邦最高法院指出，外国当事人在美国国外的行为如果意图伤害或者已经伤害了美国市场的竞争，那么他们将违反《谢尔曼法》，而他们只能依据狭义和有限的法律强迫进行抗辩。但是，外国有很强的政策导向允许或鼓励这种行为而引起外国法与美国法相冲突，不是抗辩理由。美国法院只有在被告不可能同时遵守两国法律的情况下，才会考虑被告对意图产生且实际上产生严重影响的外国行为的礼让辩护。

在礼让问题上，1982 年国会在制定《对外贸易反垄断改进法》时，并没有明确法院是否应当在避免国际礼让基础上行使管辖权。最高法院同样也避免了这个问题，认为"即使假定法院在一个适当案件中应当基于国际礼让避免根据《谢尔曼法》行使管辖权……但在本案中并不需要考虑这个问题。"在对国际礼让的分析中，联邦最高法院认为，本案中唯一需要考虑的实质性问题是是否存在美国法和外国法的真正冲突。哈特福德保险公司主张，适用《谢尔曼法》将会引起与英国法的重大冲突，因为英国议会已经对伦敦的保险公司确立了一个综合的管制体制。而最高法院坚持认为，保险公司的行为与英国法律和政策的一致性并不能够证明存在两国法律的

---

① See 509 U.S. 764 (1993).

冲突。"行为在发生国是合法的这一事实本身并不能阻止美国反托拉斯法的适用",即使外国在允许或鼓励该行为上有强力的政策……在一个人受到两个国家的管制而能够同时遵循两国的法律的时候,不存在两国法律的冲突。因为伦敦的保险公司没有主张英国法律要求它们以某种受到美国法禁止的方式行为,或者主张它们同时对两个国家法律的遵从是不可能的,所以法院认为在此不存在与英国法的冲突。而就其他的国际礼让考量而言,法院最后指出"国际礼让的原则并不能够排除地区法院对所涉外国行为的管辖权"。[1]

最后,联邦最高法院根据效果原则主张,法院对原告请求享有管辖权。美国联邦最高法院通过该案对"礼让原则"作出了极大限制,排除了美国反托拉斯法域外适用的所有法律障碍,包括国际法中的礼让原则。[2] "目前为止,已经确立了一项准则,即《谢尔曼法》可以适用于那些旨在对美国国内产生影响并且也确实产生了某些实质性影响的外国行为。"[3] 通过适用效果原则,最高法院指出管辖权要求已经得到了满足。可以这样认为,尽管美国法院解释联邦法应避免与国际法相冲突的原则在当前的美国法律解释中仍然非常重要,但是它已经无法在实践中得到遵守。美国反托拉斯法域外适用的实践表明,美国在该领域已经不再适用习惯国际法中的管辖权原则。

在哈特福德火灾保险案以后,一些问题仍待解决。但是鉴于美国联邦最高法院的多数意见,有一点是非常肯定的,即:外国行为,即使是外国公司在美国以外行为有意图影响美国商业,但没有在实际上给美国商业造成严重影响,这种行为依然在《谢尔曼法》的监管之内,而美国法院只会考虑以外国法律强迫外国行为者从事该行为为理由的抗辩。

此外,最高法院大多数法官在哈特福德火灾保险案中的决定不仅拒绝了 Timberlane 案的利益平衡原则,而且也抵制了最早在美国铝案中形成的、为法律冲突留有余地的分析框架。然而,这种对 Timberlane 案的拒绝对于美国政府反托拉斯实践并没有造成任何影响。美国司法部和联邦贸易委员会

---

[1] See 113 S. Ct. at 2910.
[2] 王晓晔:《美国反垄断法域外适用析评》,http://www.iolaw.org.cn/showarticle.asp?id=1353。
[3] See 113 S. Ct. at 2908.

依然能够根据礼让原则行使审查裁量权,且它们能够在该案后继续这样行为。而且,美国反托拉斯机构比美国法院拥有更好的资源履行其外交功能。它们能够更加自由和容易地收集相关信息以及从外交途径接受建议。这对州检察官来说也是正当的,但是对于私人当事人提起诉讼的场合,这并不可行。私人当事人必须证明、且他们也有着有强烈的动机调查分配福利和消费者福利的影响。除非私人当事人希望证明竞争伤害、反垄断伤害以及损失,否则他们没有任何动机去提起诉讼。但是,根据哈特福德案的目的和效果标准,他们很少会仅因为礼让原则而去抵制一场很有胜算的诉讼。

五 哈特福德火灾保险案后的法律实践

(一) Den Norske Stats Oljeselskap As 案[①]

在 Den Norske Stats Oljeselskap As v. HeereMac Vof 案中,原告是一家在北海从事原油开采业务的石油公司。原告主张,被告在 1993 年到 1997 年间共谋在墨西哥湾、北海和远东限制招标和分配客户、地域和项目,且引起原告在北海为重载驳船支付极其夸张的价格,根据美国反垄断法原告要求赔偿。第五巡回法院首先指出,这项请求要求法院解释美国反托拉斯法的范围及其对外国行为的适用,请求受 1982 年《对外贸易反垄断改进法》的约束。《对外贸易反垄断改进法》明确规定,除非有异议的行为对美国国内商业存在"直接、实质和合理可预见"的影响以及根据反托拉斯法"这种影响产生了一项请求",否则反垄断法不应适用于与外国相关的非进口商业。[②] 根据 1982 年《对外贸易反垄断改进法》第 2 条的字面解释,原告主张与美国国内伤害必须存在紧密联系,换句话说,美国国内的影响产生了原告的诉讼请求,即原告的损害只有来源于影响美国商业的反竞争行为,法院才可以支持其诉讼请求。法院进一步指出,考查《对外贸易反垄断改进法》的立法历史,可以得出,国会意图排除类似本案的所有纯粹的外国交易。由此,在该案中,对美国商业的影响——美国公司为墨西哥湾重载运输服务支付高额价格不得不引起原告对被告主张权利,然而这项要求并

---

① See *Den Norske Stats Oljeselskap As v. HeereMac Vof*, 241 F. 3d 420 (5th Cir. 2001).
② The FTAIA has a two-prong test requiring (i) that the "conduct" at issue have a direct, substantial and reasonably foreseeable effect on domestic commerce, and (ii) that such "effect" give rise to a claim under the antitrust laws.

没有满足。《对外贸易反垄断改进法》明确的法律用语排除了外国当事人主张事项管辖权反对被告。既然原告受到伤害的位置是在美国国外且伤害来源于非美国国内市场的影响，且美国联邦最高法院已经明确"美国反托拉斯法并不监管其他国家的竞争情况"，①因此，第五巡回法院驳回了外国当事人的主张，指出，当卡特尔行为在美国领土之外组织和发生时，法院不支持因卡特尔行为受到损害的外国当事人，且对该案件没有管辖权；地区法院以缺乏事项管辖权为由驳回原告主张是适当的。

然而，需要注意的是，尽管案件的结果似乎与美国法院作用的传统意见相一致，但是该案与美国国际反托拉斯经济理论②和保护美国消费者的反托拉斯法目标并不完全一致。

（二） Kruman 案③

2002 年在 Kruman v. Christie's International PLC 案中，一些外国当事人根据《克莱顿法》第 4 条和第 16 条规定，主张被告：全球最大的两家拍卖行 Christie's International Plc（以下简称 Christie's）和 Sotheby's Holdings Inc.（以下简称 Sotheby's）以协议方式限制海外拍卖服务价格的做法违反了《谢尔曼法》第 1 条和第 3 条。美国纽约南区法院驳回了外国原告的诉讼请求，后者买卖拍卖品的行为发生在美国之外。第二巡回法院撤销了纽约南区法院的判决，认定被告 Christie's 和 Sotheby's 给外国拍卖固定服务价格的做法作为潜在违反《谢尔曼法》的行为是可诉的。

与第五巡回法院在 Den Norske Stats Oljeselskap As 案中的判决不同，第二巡回法院把《对外贸易反垄断改进法》"产生一项请求权"的语义解释为仅要求被指控行为的国内影响违反美国反托拉斯法，不需要引起所谓的特殊伤害，这是因为《对外贸易反垄断改进法》没有提出国内伤害的新要求，这只是《克莱顿法》的要求。④《对外贸易反垄断改进法》是《谢尔曼法》

---

① See *Matsushita Elec. Indus. Co. v. Zenith Radio Corp.*, 475 U.S. 574, 582, 106 S. Ct. 1348 (1986).

② 该经济理论强调，在一国是净进口国，且能够维持政治优势迫使国际社会达成妥协的情况下，该国应当适用其国内法律监管外国行为。因此，自 20 世纪 70 年代美国成为净进口国以来，只要在任何时候能够维持足够的国际政治力量，美国都将管辖权延伸到外国当事方的反垄断行为，即使行为的组织和发生都在国外。

③ See *Kruman v. Christie's Int'l PLC*, 284 F.3d 384 (2d Cir. 2002).

④ See H. R. Rep. 97-686, at 3.

的一项修正案，《谢尔曼法》主要是监管行为的。而且，要求所有原告存在伤害意味着要重新修订仅要求一名原告受到影响的法律。按照第二巡回法院的观点，《对外贸易反垄断改进法》仅仅是把 1981 年 Interbank 案建立的标准法典化了。根据该标准，法院提出，异议行为可以解释为减少美国市场的竞争或者使反竞争行为在美国成为可能。因此，被告的行为可以看成是在美国国外和国内协议限制价格。这种行为对美国商业存在影响，这是因为行为导致了国内价格的增长和业务的减少，因此违反了《谢尔曼法》。而协议限制国外市场的行为也使国内市场的价格协定成为可能，这也违反了《谢尔曼法》。

第二巡回法院和第五巡回法院的分歧在于对《对外贸易反垄断改进法》条文中"行为"和"效果"两个词之间相互作用的解释不同。第五巡回法院在 Den Norske 案中否定法院存在管辖权，其理由是没有满足《对外贸易反垄断改进法》第 2 条的规定。而第二巡回法院不同意第五巡回法院的法律意见，即原告主张的损害只有来源于影响美国商业的"效果"法院才可以支持其诉讼请求的分析。第二巡回法院指出，如果国外市场的行为减少美国国内市场的竞争，或者使美国国内商业的反竞争行为成为可能，给美国商业产生损害的效果，那么该外国行为属于《谢尔曼法》的调整范围。[1]

需要注意的是，尽管两个巡回法院的法律判决存在差别，但是它们在寻求厘清《对外贸易反垄断改进法》第 2 条意思上的出发点都是相同的，两法院都表达了同样的顾虑：反托拉斯法律的目的不在于监管外国市场。

(三) Empagran 案[2]

1999 年 5 月"维生素卡特尔"因共谋在全球范围内控制维生素价格而违反《谢尔曼法》被美国司法部罚款近十亿美元。其中，瑞士罗氏公司（F. Hoffman – La Roche）因参与这起涉及数十亿美元的维生素行业卡特尔而被罚款 5 亿美元。在与美国政府达成和解之后，总部在厄瓜多尔的 Empagran 与其他数家外国公司立即在美国法院以共谋定价违反美国反托拉斯法为由把罗氏公司和其他 20 家外国公司告上法庭。然而，在该案件中，所有的

---

[1] See *Competition Law and Policy in the United States*, available at http://www.oecd.org/dataoecd/31/38/34837 249. PDF.

[2] See *Empagran S. A. v. F. Hoffmann – La Roche Ltd.*, 126 S. Ct. 1043, 163 L. Ed. 2d 857, 2006 U. S. LEXIS 68 (U. S., 2006).

定价行为或购买行为都发生在美国以外；所有声称的违法行为也发生在美国之外。因此，哥伦比亚地区法院以没有管辖权为由驳回了原告请求。案件诉至巡回法院。

2003年1月，哥伦比亚地区巡回法院变通适用了第二巡回法院 Kruman 案的基本原理，撤销了地区法院的判决，指出："反竞争行为给美国商业造成损害，当且仅当伤害是由影响外国商业的行为所引起，《对外贸易反垄断改进法》允许受到伤害的外国原告提起诉讼。"此外，法院认为，只要被指控的行为给美国商业带来有害性后果，引起一些原告的诉讼主张，外国当事人就可以根据美国《克莱顿法》提起诉讼，即使提起诉讼的当事人不是本案的外国原告。根据这个标准，上诉法院注意到，共谋固定维生素价格的国内影响引起了受到伤害的当事人在美国提出反托拉斯诉讼，因此，美国法院对 Empagran 案能够完全履行事项管辖权，即使那些原告受到的伤害完全来自美国国外，对美国商业没有任何影响。上诉法院似乎把判决主要建立在阻止反竞争行为的政策目标之上，认为外国公司应当在美国法院获得救济从而阻止反竞争行为，否则会给那些违法者以更大的违法刺激。

2003年11月，美国联邦最高法院受理了该案。最高法院大法官 Stephen G. Breyer 在为法庭撰写判决时指出，除非原告有证据证明被告在美国国内的行为促进了这些影响，《谢尔曼法》没有包含反竞争行为的外国影响。

最高法院采用了被告对《对外贸易反垄断改进法》①的解释，把预想判决建立在两个主要理由之上。第一，法院认为，"解释模糊的法规以避免与其他国家主权不合情理的相互冲突"的传统给解释《对外贸易反垄断改进法》支持原告诉讼请求造成了负面影响。第二，法院断定，历史上反托拉斯的先例（或者《对外贸易反垄断改进法》之前的案例法）以及《对外贸易反垄断改进法》的语义都提出，国会制定该法时目的是"阐明，或许是限制，但绝

---

① 1982年美国《对外贸易反垄断改进法》规定，美国反托拉斯法仅适用于外国行为，当这些行为（a）给美国市场带来直接、实质和合理可预见影响，并且（b）这些影响根据《谢尔曼法》的条款产生了某个诉讼请求。任何人都承认，世界范围内的共谋满足了国际反托拉斯法的（a）款，而一直以来确定的"效果原则"侧重于效果地，而不是行为地。但是，值得怀疑的是，关于（b）款，原告的损害是否必须来自这些美国市场的影响，或者在产生影响的行为根据《谢尔曼法》效果是可以控告的时候，对外国人诉讼请求的管辖权是否存在。

不是以任何重大方式扩大《谢尔曼法》适用于外国商业的范围。"

在第一个问题上，美国最高法院注意到，美国反托拉斯法在适用外国行为时会干涉外国对其国内商业的独立监管。当这种干涉在外国反竞争行为引起美国国内反垄断伤害时提供救济反映了某种立法努力时，干涉是符合习惯礼让原则的。然而，这种对外国国内商业的干涉是不合适的，并且当干涉由所谓的反竞争行为引起，而行为产生了独立的外国伤害且只有外国伤害引起原告求偿时，干涉违反了礼让原则。在这种情况下，没有美国国内反托拉斯伤害需要适用美国反托拉斯法去给予救济。因此，没有可以信服的理由把《谢尔曼法》的范围扩大到他国内部商业。

最高法院没有接受所谓的"因为许多国家采用了类似美国那种的反托拉斯法，因此干涉其他国家相关利益的实践可能性是微不足道的"抗辩主张。然而，法院注意到，即使各国都同意某些行为的危害性后果，如固定价格，他们都极力反对适当救济。法院引用了几个主要工业国提交的法庭之友诉讼要点，声称：对纯粹的外国交易适用美国救济，包括3倍损害赔偿，将允许他们的公民不合理地越过他们本国"不太大方的"救济方案，由此颠覆了他们本国反托拉斯法所体现的平衡竞争的考虑。美国最高法院认为，国会并没有打算照这样方式，通过立法授权，以法律帝国主义的行为把美国反托拉斯法制度强加给其他国家。

在第二个问题上，最高法院指出，没有发现任何重要迹象表明在国会起草《外国贸易反垄断改进法》时，考虑《谢尔曼法》在该案件所处的情况下适用。法院尖锐地提出，被告和司法部副总检察长都提出异议，没有一个类似本案的案件被发现有管辖权——当某外国原告在国外市场受到托拉斯伤害，而没有受到来自某一美国市场反竞争影响的伤害。法院很容易就可以区别原告所引用的案件是不适当的。因此，法院断定，1982年以前的案件没有给在该案件情况下适用《谢尔曼法》提供重要根据。

此外，美国联邦最高法院在解释《对外贸易反垄断改进法》"产生某一请求权"意思时，认为应对其采用有利于被告的严格解释。固定价格的行为既极度危害美国领土内的消费者，也给美国领土以外的消费者带来不利影响，但是给外国带来不利影响独立于给美国国内造成有害影响，因此《对外贸易反垄断改进法》例外不能适用，《谢尔曼法》也不支持仅建立在外国影响之上的诉讼请求。最高法院在对政策考量时也提出，虽然原告和上诉法院认为对没有给美国国内商业造成任何影响的纯粹涉及外国交易的案件适用《谢尔曼法》将增加威慑、保护美国消费者免于受到外国引发的反竞争伤害，但是，以如此剧烈方式增加3倍损害赔偿义务事实上减少了从事反竞争行为的当事人寻求遵守司法部和外国反垄断执行机构宽恕方案的动力，损害了威慑。

由此，美国联邦最高法院最终在2004年6月14日以8票赞成，0票反对，推翻了哥伦比亚地区巡回上诉法院的判决，将案件发回上诉法院做进一步调查。最高法院同时指出：上诉法院可以考虑被告是否适当保护了他们可替代的主张，即这里的美国以外的伤害并不是独立于美国国内的影响；并且，如果存在的话，上诉法院可以考虑和决定相关诉讼请求。换句话说，原告的损害是否真实地独立于美国市场，且是否将改变所有结果。

Empagran案的判决对于国际反托拉斯法有着十分重要的意义，它为美国联邦最高法院在涉及美国法的判决中确定国际法的适当作用撰写了新篇章。根据美国最高法院在该案中作出的判决，世界范围内共谋定价的受害者，当他们在美国市场以外受到损害，且这种损害独立于在美国领土内的影响时，不可以根据美国反托拉斯法在美国提起诉讼。然而，如果其损害与美国市场有关，而且这可以改变案件的结果，法院有可能会支持原告的诉讼请求。事实上，该案件显著扩大了美国反垄断法的范围以及联邦法院审理该类案件的管辖权，给跨国企业和外国政府提出了警告。即便被指控的共谋行为并非在美国发生，也可能会被美国法律认定为有罪，并面临高额刑事罚金、监禁和巨额民事责任等。

Empagran案的判决解决了国际反托拉斯法两个难题，这两个问题都来自法院对国际反托拉斯法的最后决定。第一，在哈特福德火灾保险案中，多数法官在分析管辖权问题时几乎放弃了礼让作为一个有意义的因素。美国联邦最高法院没有明确推翻哈特福德火灾保险案，而现在通过在外国关系法重述中明确谈及相关案例法和条款，重新确立了礼让原则在决定美国反托拉斯法领域范围的作用。第二，在哈特福德火灾保险案之后，对管辖权的限制是否应当被考虑成对法院事项管辖权（Souter大法官支持大多数）或者对国会习惯或立法管辖权（Scalia大法官不同意该观点）的限制还不清楚。在Empagran案中，Breyer大法官没有明确回答这个问题，但是他把礼让问题解释为习惯礼让中的一种，暗示了该标准应该是习惯管辖权中的一种。

另外,与哥伦比亚地区上诉法院一样,美国联邦最高法院假定其判决建立在原告的伤害完全独立于给美国市场造成影响之外。这强烈暗示了如果伤害没有独立于这种影响,那么不同的结果可能随之而来。由于缺乏对美国市场的有害影响,原告能够从美国进口他们的维生素,这将不会使其遭受损害。为进一步调查这个问题,最高法院将案件发回上诉法院,这留下了案件中最大的问题没有回答。引起争论的是,对于许多产品,国内市场不再是分隔的;取而代之,这里有一个全球市场,固定价格为取得成功需要在世界范围内进行共谋。而当市场是分隔的,那么这意味着每个国家都应该限制自身去监管其本国市场。然而,当分隔不可能的时候,效果原则被终止,能够决定和限制管辖权、替代该原则的崭新机制将是非常有必要的。法院没有回答这个问题,然而,在假想分隔的市场里,法院决定了仅仅是假想的某个案件。世界卡特尔现在是否高枕无忧,免受世界范围的集团诉讼仍然拭目以待。

第三节 欧盟竞争法的域外适用

一 经济统一体理论 (Economic Unit Theory)

欧盟委员会早在 1964 年就建议在欧盟范围内采用效果原则以处理涉及非欧盟被告或者发生在非共同体内行为的案件,委员会也愿意在域外管辖适用上更加接近美国的做法。[①] 然而,值得注意的是,尽管委员会公开同意该原则,但是它从来没有采用与美国管辖当局相同的方法。特别是,尽管欧盟委员会坚持反竞争影响应该发生在共同体内,但是委员会从来没有对位于在世界各地、影响欧盟利益的行为作出任何动作。

然而,欧洲法院似乎从来没有分享委员会的观点,欧洲法院展示出它不愿意适用效果原则,法院对管辖权的解释更为严格。在 1969 年的 Dye-

---

① See P. Roth (ed), *Common Market Law of Competition* (5th edn, Sweet & Maxwell, London, 2001); Bellis, "*International Trade and the Competition Law of the European Economic Community*" (1979) 16 Common Market Law Review 647.

stuffs 案中，① 欧洲法院第一次对非欧盟被告适用欧盟竞争法。在该案中，被告英国公司和瑞士公司主张，它们不受欧盟管辖。因此本案的焦点成为是否对共同体外的公司具有管辖权。在决定该案件时，欧盟委员会建议，采用基于被告行为效果的管辖权理论，正如（罗马）条约文字中所表明的"把无争议的反竞争影响作为唯一标准……不考虑企业国籍或者其总部所在地"。②

然而，欧洲法院既没有接受，也没有明确拒绝这种主张。③ 欧洲法院设计了一种有效的经济统一体理论④，既能证明管辖权的主张，又能避免违反普遍接受的国际法原则——属地原则。

首先，欧洲法院承认，为说明存在管辖权，需要识别竞争影响，由此满足条约的效果要求。其次，法院指出，通过使用权力控制在共同体内建立的子公司，被告能够保证其决定在该市场内实施。⑤ 再次，被告主张的子公司具有独立法律人格的事实不足以排除子公司行为可归因于母公司的可能性。⑥ 然而，尽管承认效果达到了《罗马条约》第 85 条和第 86 条提出的要求，但是法院事实上不足以决定共同体外被告单独的责任。

经济统一体理论同样被证明是一种刺穿法人面纱的方法。事实上，正是由于法院推定子公司的行为可以在某些情况下属于母公司，所以欧盟委员会能够处罚处于欧盟范围之外的公司。经济统一体理论通过克服域外管辖和其他管辖问题，拓宽了欧盟竞争法的调整范围。此外，通过查明发生在欧盟外的行为在法律上与欧盟有联系，欧洲法院意识到，法院可以在避免域外适用的同时实施竞争政策。⑦

---

① See Case 48, 49, 51 – 57/69 Imperial Chem. Ind. Ltd v. Commission (Dyestuffs) [1972] ECR 619. [1972] CMLR 557.
② See James F. Friedberg, *The Convergence of Law in an Era of Political Integration*: *The Wood Pulp Case and the Alcoa Effects Doctrine*, 52 U. Pitt. L. Rev. 289, 312 (emphasis added).
③ See Dyestuffs, at 126 – 128
④ 根据该理论，共同体的竞争规则原则上不适用于共同体以外的企业，除非该企业与位于共同体内并从事了垄断行为的另一个企业处于同一经济单位之中。
⑤ Id., §130.
⑥ Id., §132.
⑦ See Friedberrg, ibid, at 309.

二 实施原则的确立： 纸浆案

由于经济统一体理论的内在限制，人们普遍认为需要有另外一种既能更加广泛和有效地解决问题、又能尊重子公司法律自治的解决方法。同时，这种解决方法在某种程度上不同于美国铝案的目的效果标准。为适应这种形势的需要，欧洲法院在纸浆案中[1]形成了实施原则。

在该案中，加拿大、芬兰、瑞典和美国公司之间协议限定向欧盟消费者销售纸浆价格，其中美国公司根据韦伯—波密伦法案（Webb - Pomerene Act）豁免适用美国反托拉斯法。由于许多参与价格卡特尔的公司和贸易协会本身没有在欧盟内存在法律实体，因此，欧盟委员会不能依靠经济统一体理论主张管辖权。

欧盟委员会根据所查明的当事人卡特尔价格的证据证实违法事实的存在，指出，欧盟竞争法适用于发生在欧盟外的、但给欧盟内部造成有害经济影响的行为，委员会对这些行为具有管辖权。

然而，欧洲法院没有完全依靠欧盟委员会使用的效果标准，法院的分析是从假设案件是全球范围的商业着手。法院发现，欧盟委员会关于欧盟法律范围的决定是错误的，委员会的理论基础仅仅是被告在欧盟以外的行为给欧盟内造成的影响。欧洲法院没有对该问题进行明确回答，而是考虑了固定价格协议的实施是在共同市场内执行的，并由此提出当限价协议在欧盟内实施，《欧盟运作模式条约》第101条（原《欧盟条约》第81条）予以适用。可以看出，与欧盟委员会的解释不同，欧洲法院采用了更狭义解释，即如果欧盟以外的公司参加主旨和效果是限制欧盟内部竞争的协议，这些公司的行为就违反《欧盟运作模式条约》第101条的规定。[2]

在案件中，欧洲法院拒绝了礼让抗辩。[3] 尽管美国被告主张，由于美国法律保护出口卡特尔，因此欧盟竞争法和美国反托拉斯法之间存在冲突，这应该由欧盟的立法者来解决。但是这并没有说服法院，毕竟，美国法律

---

[1] See Case 89, 104, 114, 116 - 17 and 125 - 29/85 *Ahlstrom - Osakeyhtio v. Commission* (*Wood Pulp*), [1988] ECR 5193, 4 CMLR 901.

[2] See Ahlstrom - Osakeyhtio, at 13; see Lange and Sandage, *The wood Pulp Decision and its Implications for the Scope of EC Competition Law*, 26 CML Rev. 137 (1989).

[3] Id., 6.

的目的不是保护本国公司免于他国竞争法的管辖。

纸浆案后,欧盟委员会的决定大部分都是根据实施原则而作出。这里有两个例子可以说明。首先,在 PVC 案中,[1] 委员会把决定建立在实施原则上,对参加价格卡特尔的 PVC 挪威生产商主张管辖权。其次,在 LdPE 案中,[2] 委员会同样也使用了实施原则指控数家低密度热塑聚乙烯生产商固定价格和从事其他形式的共谋。然而,令人感兴趣的是,在该案中,欧盟委员会挑出西班牙 Rapsol 公司,因为与奥地利、芬兰和挪威的公司不同,Rapsol 公司仅在西班牙实施了协议,而当时西班牙还不是欧盟成员国。委员会指出,按照规定,委员会有权对 Rapsol 影响欧盟内竞争的卡特尔行为主张管辖权。从这件案件来看,委员会似乎在特别情况下超越了以往运用的实施原则,朝着效果原则转化。[3]

三 Gencor 案

1999 年,欧洲初审法院根据《第 4064/89 号合并条例》在 Gencor v. Commission 案中[4]回答了欧盟竞争法的域外适用问题。该案件涉及南非公司 Gencor 与英国公司 Lonrho 之间建立合资经营企业的计划,Gencor 与 Lonrho 希望通过该交易计划获得对 Implats 的共同控制。当时,Gencor 主要业务范围包括矿石和金属,它拥有南非 Implats 公司 46.5% 的股份,而 Implats 公司掌握了 Gencor 所有在白金金属行业的业务。Lonrho 主要从事采矿、金属、农业、酒店和综合贸易等业务,该公司控制了南非东部白金公司和南非西部白金公司 73% 的股份,这两家公司也掌握了 Lonrho 在白金金属行业的业务。此外,Gencor 拥有南非西部金属公司剩余 27% 的股份。根据该交易计划,Implats 的股份将被分为公众持股 36%,Gencor 持有 32% 以及 Lonrho 持有 32%。合并当事双方向南非竞争管理委员会和欧盟委员会申报。前者同意了合资经营方案,而后者决定阻止该方案。欧盟委员会认为,方案会产

---

[1] See OJ 1990 No. L74/1; [1990] 4 CMLR 345.
[2] See OJ 1989 No. L74/21; [1990] 4 CMLR 382.
[3] See K. van Miert, "Analysis and Guidelines on Competition Policy", *address at the Royal Institute of International Affairs*, London, 11 May 1993; "Global Forces Affecting Competition Policy in a Post – Recessionary Environment" (1993).
[4] See Case T – 102/96 *Gencor v Commission* [1999] ECR Ⅱ – 753.

生市场支配地位，导致共同体内的有效竞争受到阻碍。

该案件有着重要的意义，这是因为它涉及了欧盟委员会在案件中的管辖权以及在同样的案件事实面前，两个不同的反垄断执行当局作出了不同的决定。当事人认为欧盟委员会无权行使管辖权，因此向欧洲初审法院起诉寻求撤销该决定。Gencor 主张，根据《第 4064/89 号合并条例》，既然交易发生在欧盟外，那么欧盟委员会没有管辖权。即使条例可以适用，且委员会具有管辖权，委员会行使管辖权也是违法的，这是因为根据前《欧共体条约》第 241 条（即《欧盟运作模式条约》第 277 条）是不能适用的。[①]

欧洲初审法院拒绝接受原告的这些主张，指出，条例适用拟议交易，即使该交易会在南非完成。条例的管辖权标准与纸浆案的判决是一致的。法院强调，条例第 1 条共同体范围没有要求相关公司必须在欧盟内组建，尽管相关公司的营业活动主要是在欧盟外进行，但是它在共同市场内具有产生或者加强市场支配地位的影响，其结果是严重妨碍了共同市场或其中实质部分的有效竞争。欧洲初审法院考虑到，国际法并不反对欧盟委员会根据《合并条例》对欧盟外的交易主张管辖权，只要交易在欧盟内部的影响是直接的、实质的和可以预见的。[②] 法院在其判决中提出，根据国际法，当可以预见到被提议的集中对共同体有着直接和实质的影响时，适用条例是正当的。如果交易在共同市场内通过产生市场支配地位实质性地影响了竞争，那么欧盟委员会对该交易具有管辖权，其理由是在一个世界市场，世界的其他部分被交易所影响。[③]

四　波音/麦道合并案

1996 年 12 月 14 日，美国波音公司和美国麦道公司达成合并协议，该交易估计价值为 133 亿美元，交易完成后麦道公司成为波音的全资子公司，

[①] See Article 241 of the Treaty regulates: Notwithstanding the expiry of the period laid down in the fifth paragraph of Article 230, any party may, in proceedings in which a regulation adopted jointly by the European Parliament and the Council, or a regulation of the Council, of the Commission, or of the ECB is at issue, plead the grounds specified in the second paragraph of Article 230 in order to invoke before the Court of Justice the inapplicability of that regulation.

[②] Id., 90.

[③] Id., 98.

而波音公司将成为世界上最大的航空航天公司和第二大国防供应商。在合并前,波音、麦道和欧洲联合体空中客车公司在商业喷气式客机全球市场份额中所占比重分别是 65%、5% 和 30%。合并使寡占市场中的竞争对手从三家减少到两家,增长了波音公司的市场优势,该公司市场份额也达到了70%。此外,合并也极大地提高了美国国防工业的集中。

由于合并同时符合欧盟和美国的合并申报要求,因此当事人分别向美国联邦贸易委员会和欧盟委员会提交申报,并接受两个不同反垄断执行当局的调查。1997 年 7 月 1 日,美国联邦贸易委员会首先确定不反对该项合并。[1] 合并没有给民用航空器的任何相关市场造成严重伤害,因为仅拥有商业喷气式客机 5% 市场份额的麦道公司无力影响市场。[2] 此外,联邦贸易委员会也同意冷战后国防领域的合并有助于保证规模经济优势,而作为买方垄断者的美国国防部完全有能力抵消合并带来的不利影响。

然而,与美国联邦贸易委员会的做法相反,欧盟委员会作出决定,合并违反了欧盟《合并条例》。[3] 委员会指出,合并扭曲了两个欧盟市场内的竞争:新航空器以及航空器的零配件和售后服务。合并通过大幅提高集中度将增长新民用航空器以及欧盟现有麦道飞机的维修、保养、零配件和服务的成本,而这些问题由于波音公司最近与主要航空承运人达成的 20 年独家供应合同会进一步恶化。然而,美国联邦贸易委员会并没有把这些作为调查的一部分或者单独分离出来进行调查。委员会担忧,合并会加强波音的杠杆优势,通过该公司在美国军用飞机领域的垄断来交叉补贴其民用领域的运营,从而伤害新式大型客机市场的竞争。欧盟委员会认为,尽管合并在美国两家公司之间,且发生在美国,但是欧盟委员会根据效果标准对该合并具有管辖权。如果委员会发现存在违反《合并条例》的事实,且得到证实,波音公司将被处以其在欧盟内销售额 10% 的罚款。

1997 年 7 月 13 日,美国国防部和司法部代表美国政府告知欧盟委员会:禁止该合并有害于美国国防利益;剥离后的公司可能不能独立运营,

---

[1] See 73 BNA Trade Reg. Rep. 4 (July 3, 1997).
[2] See *Matter of Boeing/McDonnell Douglas Corp.*, 5 Trade Reg. Rep. (CCH) 24, 295 (July 1, 1997).
[3] See Council Regulation 4064/89, 1989 O. J. (L 395/1) (Dec. 30, 1989), corrected: 1990 O. J. (L 257/14) (Sept. 21, 1990).

最终导致美国失业增加；把剥离后公司转让给不会运营新飞机制造公司的第三方将具有反竞争影响，这是因为这将剥离出一家提高零部件价格、减少服务的公司，损害美国航空公司的利益。考虑以上因素，特别是美国国防利益，欧盟委员会与波音公司达成协议，在波音公司接受了包括不会实施与三家美国航空公司签订的飞机销售协议中的排他性条款等附加条件后，[1]1997年7月30日，欧盟委员会最终批准了该项合并。

五 通用电气/霍尼韦尔合并案

通用电气和霍尼韦尔的合并案[2]是美国和欧盟竞争主管机构在合作关系中意见不一致的一个重要案例。两公司合并前，通用电气是世界上最大的公司之一，是众多品牌的所有者，同时也是世界上最大的喷气发动机生产商。该公司在全球拥有197000名雇员，其中仅在欧洲就有85000人。霍尼韦尔公司的业务主要涉及宇航工业、工业自动化和控制系统以及汽车零配件。2000年12月，通用电气公司和霍尼韦尔公司达成合并协议，合并后霍尼韦尔将成为通用电气的全资子公司，交易价值估计约为420亿美元。由于合并符合多个国家的申报要求，两公司分别向几个国家的竞争主管当局进行申报。

2001年5月2日，美国司法部首先许可了该交易，但是要求两公司剥离军用直升机发动机部，并允许一家新的服务提供商为某些小型飞机发动机提供发动机和辅助电源设备。5月16日，加拿大竞争局也通知两公司，竞争局不会采取行动阻止该项合并。

欧盟委员会在接到申报后，从2001年3月1日展开深入调查。调查发现，通用电气公司在大型商业客机和支线客机的商用喷气发动机市场上具有市场优势地位。通用电气强有力的市场位置加上其强大的金融能力和垂直结合能力是该公司在这些市场具有支配地位的重要因素。调查也显示，霍尼韦尔是航空电子和非电子设备的最主要的供应商，也是公务机发动机和喷气发动机启动器的主要生产商。6月14日，通用电气提出一揽子承诺，

---

[1] See Simon J. Evenett, et al., *Antitrust Goes Global*, Royal Institute of International Affairs and Brookings Institution Press, 2000, at 144.

[2] See Case No. Comp/M. 2220 – GE/Honeywell, http：//ec. europa. eu/comm/competition/mergers/cases/decisions/ m2220_ en. pdf.

希望消除欧盟委员会的疑虑。但是，委员会没有考虑这些承诺，认为它们并不足以消除反竞争的问题。在 6 月 28 日——已超过提交承诺的最后期限——通用电气提出了一套新的修正措施，然而新的提案亦未被欧盟委员会接受，这是因为提案未以充分且清楚的方式在规定的申请时间内提出。

2001 年 7 月 3 日，欧盟委员会在针对飞机引擎、航空电子设备以及其他航空零配件做深入调查后作出决定，阻止通用电气和霍尼韦尔这两家美国公司的合并。欧盟委员会指出，交易将在几个市场内产生市场支配地位。由于霍尼韦尔在这些市场的领导地位和通用电气的金融实力，两公司垂直整合在一起将使合并后企业在飞机购买、销售、租赁以及售后服务等领域市场优势非常明显，这将产生排除竞争的效果，最终使产品质量下降，服务与产品价格提高，不利于消费者。因此，合并与共同市场不相协调。

在欧盟委员会宣布阻止该项合并后，欧盟委员会受到了极大的批评。① 欧盟委员会前委员马里奥·蒙帝表示：通用电气与霍尼韦尔的合并将严重降低航空产业的竞争，最终导致相关产品价格升高，给客户特别是航空公司造成有害影响。然而，应该还是有一些做法能够消除这些疑虑，可以使合并继续进行。但是，很遗憾，这两家公司没有与委员会就竞争关注达成协议。②

蒙帝在提到与美国反托拉斯当局合作的关系时表示，"欧盟委员会与美国司法部在整个调查期间紧密合作。不幸的是，最终双方得出了不同的结论。由于任何一个监管当局都得执行自己的评估，因此两个机构存在不同意见的风险还是无法排除。然而，这并不像某些人假想的某个监管当局追求严谨的技术分析，而另一方在达成政治目的，我们只是在解释事实和预测交易效果上存在差异。"③

案件上诉至欧洲初审法院。2005 年欧洲初审法院最终作出判决，驳回通用电气收购霍尼韦尔的要求，支持欧盟委员会作出的决定。法院认为，拟议合并的横向影响足以确立欧盟委员会禁止合并的决定是合理的。然而，

---

① http：//www.cerna.ensmp.fr/Enseignement/CoursEUCompetionLaw/12 – CommissionPress.pdf.
② See *GE and Honeywell fail to tie the knot*, http：//news.com.com/2009 – 1017 – 269583.html.
③ See e.g., http：//www.cerna.ensmp.fr/Enseignement/CoursEUCompetionLaw/12 – CommissionPress3.pdf；Stanley M. Gorinson and Robert Pambianco,"*U.S. and Eurpoean Merger Policies Move Towards Covergence*", http：// www.wlf.org/upload/080902LBGorinson.pdf.

法院进一步提出，委员会在评估合并对特殊市场的影响上存在明显错误，特别是委员会在对合并所引起的混合影响的评估中存在错误，这些错误涉及：委员会关于霍尼韦尔发动机点火器和通用电气发动机纵向重叠的部分决定是没有理由的，委员会没有考虑《欧盟运作模式条约》第102条（原《欧盟条约》第82条）的威慑影响（Deterrent Effect）；委员会没有就合并后企业将使用通用电气的金融和商业实力拓展霍尼韦尔市场，从而在航空电子设备和非电子设备等相关市场上产生支配地位的实体分析建立充分的可能性；委员会也没有就合并后企业将捆绑销售通用电气发动机和霍尼韦尔航空电子和非电子产品，从而在不同相关市场上产生或加强市场支配地位的实体分析建立充分可能性。

通用电气和霍尼韦尔合并案是大西洋两岸竞争主管机构在合作关系中意见不一致的一个罕见案例，具有十分重要的意义。美欧双方已经从该合并案中吸取了教训，努力加强双边合作，并就建立第二代紧密合作协议重新展开交流，以减少不一致的风险。[①]

第四节　国际竞争网络的建议规范

一　管辖权行使的界限

2002年9月28日，工作组在ICN第一届年会上提交的《合并申报和审查一般原则》（General Principle for Merger Notification and Review）中提出了八条基本原则。其中，第1条就是有关管辖权的概念。[②] 在这里，管辖权是指将本国法律适用于合并的主权。

工作组在该届年会还提交了《建议规范》。在《建议规范》中，工作组指出，管辖权只能行使于与相关管辖权有适当联系的交易。行使管辖权这种主权时，只能向与提出管辖权的国家有适当联系的交易主张管辖权。

[①] See "The European Court of First Instance Upholds the European Commission's GE/Honeywell Merger Prohibition", http://www.gibsondunn.com/practices/publications/detail/id/766/? pubItemId = 7997.

[②] http://www.internationalcompetitionnetwork.org/media/archive0611/icnnpguidingprin.htm.

反垄断法律主要涉及监管特定的市场，因此，尽管各管辖国意图监管国外的行为，但是法律内在的地域属性应该得到承认。在这里，工作组肯定了适用属地原则的积极作用。① 属地原则侧重于法律事件或法律行为的地域性质或属地性质，强调一国法院对于其所属国领域内的一切人和物以及法律事件和行为都具有管辖权，其管辖权的基础就是被告人在法院所属国境内设有住所或惯常居所，或者是物之所在地或法律事件和行为发生地位于该国领域内，适用属地原则有助于减少各国在管辖权领域的冲突。

然而，尽管国家在适用政策和法律监管域外行为是该国主权权利，但是这种对域外行为适用本国法可能会与外国政府政策和法律相冲突，损害这些政策和法律，产生域外管辖权问题。考虑到主观标准如效果标准和市场份额为基础的标准不易确定以及难以适用，《建议规范》在一方面肯定管辖权是一国主权的同时，也指出，只能对与管辖权有适当联系的行为行使这种主权权利。

《建议规范》的影响是巨大的。虽然《建议规范》没有国际法上的拘束力，各国对适用《建议规范》完全依据本国的实际情况，但是相当数量的成员国还是准备着手实施《建议规范》。据统计，截至 2005 年 4 月，拥有合并控制法的 ICN 成员国中有 46% 已经修改或正在修改其法律以符合《建议规范》的规定，此外还有 8% 的成员国计划修改。②

二 "地域联系" 规定的适当标准

在《建议规范》中，工作组也指出，合并申报的前提条件应包含申报所要求的"地域联系"的适当具体化标准。③

在确定合并申报的前提条件时，管辖国需要将处理的事实情况和某一定法域之间建立起自然联系，应尽力避免对那些不可能在其领域产生重大竞争影响的交易行使管辖权，这是因为，要求此类交易进行合并申报不仅

---

① 这里也包括客观属地原则。
② See *Implementation of the ICN Recommended Practices for Merger Notification and Review Procedures*, http://www.internationalcompetitionnetwork.org/media/archive0611/050505Merger_NP_ImplementationRpt.pdf.
③ See "*Recommended Practices for Merger Notification Procedures*", http://www.internationalcompetitionnetwork.org/media/archive0611/mnprecpractices.pdf.

给企业带来不必要的交易成本，而且需要竞争主管机构投入资源且不可能得到任何相应的利益。因此，合并申报的前提条件应包含申报所要求的"地域联系"的适当具体化标准，如在管辖国的实际销售额或资产。

此外，工作组认为，"地域联系"方法不排除使用辅助性的前提条件，即以当事人的全球经营活动为基础的补充性先决条件。[1] 然而，缺乏一个超过适当实质性标准的地域联系，全球范围的收入或资产并不足以引发合并申报的要求，因此"地域联系"标准也应限于与计划中的交易相关的企业或者经营活动，特别是，被收购方的相关销售额和（或）资产一般应限于被收购商业的销售额和（或）资产。这种适当具体化的标准可以帮助管辖国与合并交易之间建立明确的地域联系，能够增强管辖国合并控制申报的透明性，减少管辖的冲突。在这里，需要强调的是，在适用合并控制法律时，透明度对于获得连贯性、可预期性以及最终的公平从而提高合并控制执行的可信度和有效性方面非常重要。透明度也允许交易当事人更好地理解管辖国合并控制法律，并预测案件的情况。

2003年6月23至25日，在墨西哥举行的ICN第二届年会上，工作组对《建议规范》进行了补充。工作组指出，关于合并控制法律的管辖权范围，管辖国应允许合并交易当事人从公开场合获得材料，以快速确定：①合并控制法适用的交易类型；②合并控制法的豁免或除外；③指导合并方是否必须申报交易或竞争部门是否对交易有管辖权的确切检验方法或标准。

根据2005年1月ICN合并工作组对成员国抽样调查显示，35个成员国已经在其合并控制法律中规定了合并申报的前提条件应包含的"地域联系"的适当具体化标准。

三 交易与管辖国联系的基础

工作组在《建议规范》中提出，在确定一项交易与管辖国的联系时，应以它在该管辖国内的活动为基础，这些联系可以通过参考至少两个交易当事人在当地的活动或者通过被收购商业在当地的活动来衡量。[2]

---

[1] See "Recommended Practices for Merger Notification Procedures", http：//www.internationalcompetition network.org/ media/ archive0611/mnprecpractices.pdf, at 1.

[2] Id., at 2.

《建议规范》使用的"重大、直接和立即的经济影响"[①]（Significant, Direct and Immediate Economic Effect）标准从字面解释与美国《对外贸易反垄断改进法》中的"直接、实质性和合理可预见的效果"（Direct, Substantial and Reasonable Foreseeable Effect）标准和欧洲初审法院在 Gencor 案中提出的"国际法并不反对在欧盟委员会根据《合并条例》对欧盟外的交易主张管辖权，只要交易在欧盟内部的影响是直接的，实质的和可以预见到的"要求有一定的区别，这种标准在解释上更为严格。

《建议规范》指出，除非交易可能在相关管辖国产生重大、直接和立即的经济影响，否则不应当要求交易进行申报。如果至少两个交易当事人在当地有重大经营活动，该标准就可视为得到满足。此外，被收购的商业如果在当地有重大的直接或间接活动，如资产或销售额处于或进入该领域，同样可视为符合上述标准。

另外，许多管辖国在申报标准规定，至少两个交易当事人在当地有重大活动，这就是适当的"地域联系"标准。[②] 由于仅要求交易一方当事人与主张管辖权的国家有必要联系，则该项交易对这个国家的不利影响可能微乎其微，以至让交易当事人承担因申报产生的负担不具有合理性。在这方面，"地域联系"的要求也可以仅仅通过被收购商业的活动得以满足，然而，必要的门槛应足够高以保证对当地经济没有潜在实质性影响的交易不需申报。

工作组要求，申报的标准不得仅仅依据收购公司在当地的经营活动，例如仅参考收购方在当地的总销售额或总资产，而不考虑被收购商业是否在当地有任何活动。同样，被收购方在当地的相关活动一般应限于被收购商业在当地的销售额或资产。

在 2003 年 6 月第二届年会上，工作组在对《建议规范》的补充意见中指出，当一家在当地拥有市场支配地位的公司在外国收购了一家重要的潜在竞争对手时，即使外国潜在竞争对手在管辖国没有重大的经营活动，这也可能引起竞争问题。[③] 然而，如果仅根据收购公司在当地的经营活动来作

---

① See "Recommended Practices for Merger Notification Procedures", http：//www.internationalcompetition network.org/media/archive0611/mnprecpractices.pdf, at 2.
② Id., at 2.
③ Id., at 2.

为申报门槛将会给绝大多数不会引起任何严重损害竞争的交易带来不必要的交易成本。因此，应仅以收购公司在当地有经营活动作为申报门槛的前提条件。这也就是说，管辖国的法律应当禁止竞争主管机构干预无须申报的交易。如果采用这种申报标准，适用的申报门槛应规定在一个很高的水平。如果这些门槛不足以减少不必要的申报，则应采用其他客观的限制性鉴别手段。举例来说，A 公司在 a 国拥有 70% 的市场份额，具有市场支配地位；作为 A 公司的竞争对手 B 公司，拥有 b 国 5% 的市场份额，它在 a 国的子公司 B1 在 a 国所占市场份额比例为 0.05%。当 A 公司收购 B 公司和其子公司 B1，由于 A 公司在 a 国具有市场支配地位，如果 a 国适用的申报门槛过低，类似这种情况都得申报，而如果 a 国规定了一个较高的申报门槛，在这种经济和竞争全球化的时代，可以减少许多类似的不必要申报。

ICN《建议规范》对于减少合并审查管辖权的冲突起到了积极的作用。继 ICN 采用了《建议规范》之后，经济合作与发展组织（OECD）理事会也采用了《关于合并审查的建议》。建议以《建议规范》为范本，进一步支持了 ICN 的工作，为共同建立跨国合并审查基准提供了良好的合作平台。

第五章
合并控制的国际合作

跨国合并的增长、国际卡特尔的存在以及它们对经济的消极影响使各国越来越倾向制定反垄断法律制度保护本国市场竞争制度,反对垄断行为。然而,各国国内的竞争法律经常难以有效应对跨境反竞争行为,而日益增多的合并控制也给企业跨国并购造成一定的麻烦。基于这些原因,同时为了减少法律冲突、增强合作、惩处跨境反竞争行为,国家之间开始在反垄断法律执行方面进行广泛的合作和协调。考虑到国际合作的方式,本章分别从双边、区域和多边三个方面介绍合并控制的国际合作,首先分析美欧之间的反垄断合作;然后对《欧洲经济区协定》与《北美自由贸易协定》进行说明;最后从国际多边合作层面,阐释经合组织、联合国、世界贸易组织和 ICN 体制下的国际反垄断合作。

第一节 反垄断的双边合作

一 1991 年美欧反托拉斯合作协定

(一) 协定的概述

1991 年 9 月,欧盟与美国签订了《双边反托拉斯合作协定》(1991 EC‐US Bilateral Antitrust Agreement,以下简称《1991 年协定》),涉及开展合作和避免争议两个主题。根据美国法,《1991 年协定》被视为行政协定,由于未经美国参议院批准,因此不能优先于美国国内法。在欧盟,共同体法律程序的要求和成员国的政治角力曾经使一些成员国怀疑协定的有效性。然而,在 1994 年欧洲法院的判决中,法院指出,《1991 年协定》通过欧盟委员会和理事会共同决定后可以重新执行。① 1995 年 4 月，欧盟理事会和委员会共同认可了协定，并作出协定从欧盟委员会签字时起生效的决定。②

《1991 年协定》为欧盟委员会与美国反托拉斯执行机构之间的国际合作提供了一个颇有价值的基本框架。协定在欧盟的适用范围包括《欧盟运作模式条约》第 101 条和第 102 条（原《欧盟条约》第 81 条和第 82 条）、《合并条例》以及欧盟内的各种实施条例；协定在美国的适用范围涉及《谢尔曼法》《克莱顿法》《威尔逊关税法》《联邦贸易委员会法》，但不包括法律中涉及消费者保护的条款。③

《1991 年协定》包含了五个方面的重要内容：通知可能影响另一方重要利益的执行活动；交换信息，包括通过双方官员之间的定期会议交换信息；合作与协调双方竞争主管机构的行动；一方在采取措施实施竞争规则考虑另一方重要利益（传统礼让程序）；以及一方请求另一方根据后者法律对在其领域实施的、影响请求方重要利益的反竞争行为采取适当措施（积极礼让程序）。

根据协定，当一方竞争机构意识到他们的执行活动可能影响另一方机构的重要利益时应通知另一方。这种重要利益可能受到的影响来自于：竞争主管机构的执行活动；地域内的反竞争活动；根据法律完成的公司合并或者收购；对地域内的行为进行救济。④

美国反托拉斯执行机构会与欧盟委员会定期进行双边会议，交换有关信息。根据协定，交换涉及特殊交易或者实践的基本调查信息是协定的基本义务。因此，欧盟委员会和美国监管机构同意在一年内至少交换两次下列综合信息：实施细节；双方共同关心的经济产业；政策变化；与适用各自竞争法有关的涉及共同利益的其他问题。⑤

《1991 年协定》还提到了双方竞争主管部门所考虑的竞争政策变化以及

---

① See *France v. Commission*, Case C – 327/91, 1994 E. C. R. I – 3641. France sued to annul the agreement on the grounds that the EU lacked the authority to enter into such an agreement. The European Court of Justice held in August 1994 that it was up to the EC, not the commission, to conclude such an agreement under article 228 of the treaty.
② http：//eur – lex. europa. eu/LexUriServ/site/mt/dd/11/23/21995A0427（01）MT. pdf.
③ See Art. I (2), EU/U. S. Agreement.
④ See Art. II (2), EU/U. S. Agreement.
⑤ See Art. III (2), EU/U. S. Agreement.

在法律适用方面双方共同关心的其他问题。在合并交易向美国反托拉斯执行机构报告的情况下，反托拉斯执行机构会在要求申报当事人补充信息或者材料（二次请求阶段）前或者在反托拉斯执行机构决定反对交易时通知欧盟委员会；在交易根据《合并条例》向欧盟委员会进行申报的情况下，欧盟委员会应当在交易通告在委员会《官方通讯》发布时或者委员会决定启动第二阶段调查时通知美国反托拉斯执行机构。① 在出现需要通知其他事项时，一方应该尽快在做出正式反对或者决定前通知对方。②

在保密问题上，协定规定，各方可以分享法律没有禁止分享的信息，而各方从对方获得的信息应当保守秘密。由于欧盟法和美国法所施加的限制，保密的商业信息，包括初次申报材料以及在主管机构要求提供信息后提交的文件，都不能被交换。③ 此外，任何一方不能在信息来源方没有同意的情况下向对方披露保密信息。④ 然而，在实践中向美国和欧盟竞争主管机构申报交易的当事人通常会被要求签署允许双方机构交换机密信息的标准化弃权书，而且这种情况目前变得越来越普遍。

除了相互通知他们的活动和交换信息以外，欧盟和美国的竞争主管机构还可以决定协调实施行为。在考虑协调实施行为是否必要时，竞争主管机构应当考虑资源的有效使用、收集信息的方便程度、获得实施目标的协调效用，以及减少主管机构执法活动成本的可能性。⑤

在传统礼让方面，《1991年协定》规定，各方必须在其所有执行活动时考虑另外一方的重要利益，特别是在作出审查决定和实施救济的阶段。为了确定对方的重要利益是否处于危险，竞争主管机构需要特别注意以前的法律、决定和政策声明。⑥

《1991年协定》的积极礼让条款规定，一方可以请求对方的竞争主管机构在后者地域内启动适当的执法活动，且在对方同意时，请求对影响请求

---

① See Art. II (3), EU/U. S. Agreement.
② See Art. II (4), EU/U. S. Agreement.
③ See Art. VIII (1), EU/U. S. Agreement.
④ See Art. VIII (2), EU/U. S. Agreement.
⑤ See Art. IV (2), EU/U. S. Agreement.
⑥ See Art. VI (1), EU/U. S. Agreement.

方重要利益的反竞争行为实施救济。[1] 需要注意的是，这种被请求的行为必须构成对被请求方竞争法律的违反，[2] 且被请求方有义务决定是否启动执法活动以及是否通知请求方作出决定的结果。[3] 事实上，《1991年协定》建立的美欧合作远远超过现有的美国双边条约和欧盟与许多中东欧国家达成的欧洲协定。

（二） 协定的适用

《1991年协定》为美欧竞争法律事务的合作提供了有效平台，特别是对于具有全球影响的合并。根据欧盟委员会的报告，"在涉及相互利益的所有案件里，协定从一开始就成为建立双方联系的标准，以便能够交换意见，并在适当时候协调执行活动。"[4] 1999年美欧之间平行的执法程序被进一步提升。同年三月，美欧竞争机构就程序的某些阶段相互参与使用各自竞争规则的个别案件达成行政协定，即《关于参加的行政安排》（Administrative Arrangement on Attendance）。[5] 该安排是在美欧竞争规则实施协议的框架下达成，因此特别涉及协调执行活动的条款。行政安排允许在案件影响另一方利益的情况下，相互参加个别案件的口头听证。此外，《关于参加的行政安排》不是一个新的协议，而仅仅是关于行政安排适用《1991年协定》的谅解备忘录。美欧合作取得了巨大的成功，并成为其他国家效仿的典范，直到通用电气和霍尼韦尔合并案的发生。[6]

实践中，有许多案件的合并调查涉及美欧之间的紧密合作。美欧监管者在审查合并可能产生的竞争影响时也在自觉地使用相同的分析框架，并且将这种一致视为避免不同结果的基本要素。尽管存在着不同以及通用电气和霍尼韦尔合并案这种异常例外情形，美欧在合并影响上的差异在很大

---

[1] See Art. V (1) - V (2), EU/U. S. Agreement.

[2] See Art. V (1), EU/U. S. Agreement.

[3] See Art. V (3), EU/U. S. Agreement.

[4] See Commission Report to the Council and the European Parliament on the Application of the Agreement between the European Communities and the Government of the United States of America regarding the Application of their Competition Laws, COM (99) 439 of September 13, 1999, at 3.

[5] See Bulletin EU 3 - 1999, Competition (18/43); 1999 Report COM (2000) 618 final, at 5.

[6] See Charles S. Stark, "EC - US Antitrust Cooperation: Where does it Stand?", *Eighth Annual IBC Advanced EC Competition Law Program*, November 15 - 16, 2001.

程度上并不是因为基本分析的不同。①

1. 产品市场界定

美欧案件执法者间的讨论经常涉及界定产品市场,这种交换使欧盟和美国采用的市场分析有很大程度的相似性。它们有利于欧盟委员会在竞争法问题上更多地使用经济分析工具,特别是使用假定垄断者测试作为确定差异产品间经济替代参数的方法。当美欧监管机构在产品市场界定上出现不同时,他们通常会解释这种不同。

2. 地理市场界定

尽管接受调查的交易活动可能具有跨大西洋或者全球规模,地理市场适当范围的讨论依然有相当多的限制,这主要是因为美欧竞争主管机构在很大程度上侧重于交易在各自地域内的竞争影响。通常,欧盟委员会认为,当产品或者服务市场的地理范围是世界性的或者包含美国和欧洲时,合并评估阶段可能会出现更加实质性的合作。②

3. 竞争评估

在许多案件中,美欧监管当局在他们各自的合并调查中进行合作以便对合并交易的评估事实问题达成共同谅解。例如,在 Johnson & Johnson/Guidant 合并案中,③ 当欧盟委员会认为双方合作特别富有成效时,合并交易提出了一个极为复杂的问题,该问题涉及美国冠状动脉内支架(用于治疗心脏病的扩张性金属导管)的专利情况。某些合并当事人的竞争者主张,合并交易使当事人加强了他们在美国药物洗脱支架的专利组合,在美国的排除将在欧洲产生有害的溢出效应。鉴于美欧间的联系以及当事人主张在美国有直接和主要影响的案件事实,欧盟委员会与美国联邦贸易委员会在评估这个问题上紧密合作。

4. 平行的执法活动

美欧间日渐增长的案件数量使两地的竞争主管机构根据各自的合并审

---

① See Ky Ewing Jr., "Interview with Professor Mario Monti", *Antitrust*, Spring 2001, Vol. 15, No. 2, at 24 – 27.

② See 1998 Commission Report to the Council and the Parliament on the Application of the Agreement between the European Communities and the Government of the United States of America regarding the Application of their Competition Laws, COM (99) 439 of September 13, 1999, at 10.

③ See Case COMP/M. 3687, Commission decision of August 25, 2005 (not yet reported) (medical products).

查程序制度采取步骤协调平行的反垄断调查。例如，在 Kimberly – Clark/Scott 案中，美国司法部通过与合并当事人达成和解令结束了调查，而几乎就在同一日，欧盟委员会采取了特殊步骤允许申报交易人在获得核准前几个月完成欧洲以外市场的合并交易。① 在其他案件中，美欧监管机构事实上已经变成了一个统一的机构。在 MCI – 世界通讯与 Sprint 合并案中，一名欧盟委员会的官员第一次参加了合并交易人向美国司法部做出的初次陈述。这之后，美国司法部和欧盟委员会在 2000 年 6 月 28 日到 29 日的 48 小时内分别采取有效措施禁止或者阻止该交易。② 相应地，来自美国司法部和联邦贸易委员会的代表也参加了欧盟委员会在时代华纳与百代、美国在线与时代华纳、通用电气与霍尼韦尔等合并审查时召开的口头听证会。

目前美欧间最好的平行执法活动涉及对世界通讯与 MCI 通讯公司案③的调查。④ 美国司法部和欧盟委员会在不同场合紧密联系，支持两地的合并审查官员就分析方法相互交换意见，协调所收集到的信息，再根据各自调查同时宣布审查结果。

在波音与休斯的合并中，美国联邦贸易委员会和欧盟委员会紧密合作，分别在同一天宣布与合并当事人达成协议。美欧之间的协调有助于申报交易方签署放弃保密协议，允许美欧的合并审查机构对合并交易进行平行分析，得出一致结论。⑤

5. 救济

美欧竞争主管机构在过去十年中显著增强了合并救济方面的合作。在这个方面，美国官员评论道："即使交易因为市场调节和竞争现实中的各方主管机构提出了些许不同的意见，然而双方依然不会发生相互冲突、或者

---

① See Case IV/M. 623, Commission decision of January 16, 1996 (1996 O. J. L183/1) (household hygiene paper products).
② See Case COMP/M. 1741, Commission Press Release IP/00/668 of June 28, 2000.
③ See Case IV/M. 1069, Commission decision of July 8, 1998 (1999 O. J. L116/1) (EU and U. S. regulators carried out joint market testing of the under – takings submitted by the parties).
④ See Case IV/M. 1069, Commission decision of July 8, 1998 (1999 O. J. L116/1).
⑤ See Joseph J. Simons, Director, Bureau of Competition Federal Trade Commission, "Merger Enforcement at the FTC", *Remarks to the Tenth Annual Golden State Antitrust and Unfair Competition Law Institute presented by the Antitrust and Unfair Competition Law Section of the State Bar of California*, Santa Monica, California, October 24, 2002.

强迫交易申报人在遵守美国或者欧盟法律间选择剥离和许可的结果。"① 近年来，美国反托拉斯执行机构和欧盟委员会在涉及救济评估和使用不同类型救济方法的合作上进一步深化。2002 年 12 月，在宣布采用《救济通告》后，欧盟委员会前委员蒙帝证实，欧盟委员会的《救济通告》受到了美国反托拉斯执行机构对剥离程序和某些类型救济有效性研究的影响。②

在跨越国界的救济无法避免时，美国反托拉斯执行机构和欧盟委员会越来越愿意采取一致的救济措施缩小对拟议交易的破坏，减少双方不同或者不一致决定的危险。例如，在埃克森与壳牌③以及世界通讯与 MCI 通讯公司两个合并案中，美国反托拉斯执行机构与欧盟委员会在各自做出最后决定前就救济的适当范围进行了广泛的讨论。在 Metso 与 Svedala 合并中，欧盟委员会和美国联邦贸易委员会以非常类似的承诺有条件地许可了交易，且在同一时刻同意了被剥离业务的购买方。④

尽管在一些案件中，一个管辖国的监管机构听从了另一个管辖国监管机构的意见，合并交易当事人因而只需要满足后者的监管要求，但是在某些情况下，后者作出的救济可能还是会偏离前者的需要。例如，在 Halliburton 与 Dresser 合并案中，欧盟委员会在初次调查时就同意了交易，且把委员会对石油钻井液市场中较高市场份额的关注留给美国司法部来处理。⑤ 在美国反托拉斯执行机构与欧盟委员会可能对分离的资产采取救济时，他们有时会使用不同的救济。这些救济行动的区别很大程度上反映了交易对地理市场的影响以及在地理市场内识别的不同竞争效果。⑥

在少数案件中，分析方法和实体结论如相关市场范围的不同使得美国

---

① See Debra A. Valentine, *Building A Cooperative Framework for Oversight in Mergers: The Answer to Extraterritorial Issues in Merger Review*, (1998) 6 Geo. Mason L. Rev. 525 at 527 – 28 and 531.

② See Mario Monti, *The Commission Notice on Merger Reme – dies – – One Year After*, CERNA, Paris, January 18, 2002 (Commission Press Release SPEECH/02/10 of January 18, 2002).

③ See Case IV/M. 1137, Commission decision of July 8, 1998 (petroleum).

④ See Case COMP/M. 2033, Commission decision of January 24, 2001 (2004 O. J. L88/1) (machinery).

⑤ See Case IV/M. 1140, Commission decision of July 6, 1998.

⑥ See, e. g., Joseph J. Simons, Director, Bureau of Competition FTC, "Merger Enforcement at the FTC", *Remarks to the Tenth Annual Golden State Antitrust and Unfair Competition Law Institute presented by the Antitrust and Unfair Competition Law Section of the State Bar of California*, Santa Monica, California, October 24, 2002.

反托拉斯执行机构和欧盟委员会对相同的合并交易使用了不同的救济方法。在通用电气与霍尼韦尔合并案前，最值得注意的例子是美国反托拉斯执行机构和欧盟委员会没有就波音与麦道的合并达成协议。在合并审查中，美国联邦贸易委员会认为，交易是良性的，不需要任何救济，而欧盟委员会则反对交易，且要求最终使用救济组合来解决对大型商业客机市场的关注。[1] 这引起某些人考虑欧盟委员会反对交易的决定是以维护本地区竞争力的产业政策为基础的，而不是建立在适用欧盟竞争法基本原则的基础上。[2]

然而，在波音与麦道合并案之后，美国与欧盟的官员强调，他们在该合并案件中的不同是个例外，且他们的政策通常是趋同的。[3] 这种趋同归功于双方日益增强的合作和信息共享。[4]

1999年10月，美国反托拉斯执行机构和欧盟委员会建立工作组以加强双方的合并控制合作，他们授权工作组研究美欧各自识别和实施救济的方法，特别是剥离问题的研究，并考虑合并后的遵守监控（Compliance Monitoring）问题。工作组也负责确定"最佳实践"以及考虑促进趋同性分析和双方在合并审查中的方法论问题，其中特别涉及美国反托拉斯执行机构和欧盟委员会各自对集体市场支配地位（Collective Dominance）的分析方法。

2000年6月，欧盟委员会对外宣布与美国反托拉斯执行机构的合作取得了满意的进展，双方都认为这种讨论极具启发性和实用性。2001年9月，欧盟委员会和美国反托拉斯执行机构同意把更多的资源用于加强工作组的研究，并且宣布了工作组研究的三个问题：合并程序和时机掌握；混合合

---

[1] See Case IV/M. 877, Commission decision of July 30, 1997 (1997 O. J. L336/16).

[2] See ICPAC Report, p. 54. For an EU perspective, see Alexander Schaub, *International Cooperation in Antitrust Matters: Making the Point in the Wake of the Boeing/MDD Proceedings* (Spring 1998) *Competition Policy Newsletter*, 2 – 6 ("A lesson to draw from the Boeing/MDD case is that successful cooperation with our partners in bilateral competition agreements depends upon a rigorous economic analysis based upon strictly legal rules. Issues of trade policy, which may already be subject of bilateral discussions with a partner, should not be allowed to become entwined with competition issues when scrutinizing a transaction, be it a merger or an alliance").

[3] The Commission has described Boeing/McDonnell Douglas as being "particularly sensitive because of the important interests involved, both in civil and military terms and because of its economic repercussions on competition." XVIIth Report on Competition (1987), paras. 169 – 171.

[4] See A. Douglas Melamed, *ICPAC Report*, at 49.

并；效率在合并分析中的作用。2002年，工作组的活动再次得到扩大和加强，同时，在救济方面也进行了富有成效的讨论。

二 1998年美欧积极礼让协定

在《1991年协定》的基础上，1998年，美国和欧盟又达成了单独的积极礼让协定。该协定提出了特殊情况下的实施原则，修改了《1991年协定》的积极礼让条款。1998年协定阐明了积极礼让合作机制以及使用的情况。原则上，一方可以请求另一方阻止在后者管辖地域内产生的、影响请求方利益的反竞争行为。正如美国司法部总检察长所说，1998年协定"通过制止不仅在美国而且在国外的反竞争行为，极大提高了反托拉斯实施的有效性"。① 然而，协定并不适用于合并的情况，这是因为美国与欧盟的合并规则都不允许延长或者中止合并调查。

三 美欧国际最佳实践指南

2002年10月30日，欧盟委员会与美国司法部和联邦贸易委员会联合发布了《国际合作最佳实践指南》（International Cooperation Best Practice Guidelines，以下简称《最佳实践指南》）以加强双方在合并调查中的合作。美欧合并工作组起草的《最佳实践指南》旨在"促进双方充分了解彼此的合并决策，减少双方得出不同结果的危险，推动在合并救济上的协调和一致，提高美欧各自调查的效率，减少合并当事人和第三方的负担，以及增强整个合并审查程序的透明度。"② 该指南反映了美欧监管机构的意见，即定期交流对于避免审查决定的不一致是非常有必要的。③

《最佳实践指南》在很大部分上侧重于合并，在某种意义上，美国反托拉斯执行机构与欧盟委员会在颁布《最佳实践指南》前已经在日常执法活

---

① See Department of Justice Press Release 255 of June 4, 1998.
② See International Cooperation Best Practices Guidelines, para. 2.
③ See, e. g., Charles A. James, "International Antitrust in the 21st Century: Cooperation and Convergence", *Before the OECD Global Forum on Competition*, Paris, France, October 17, 2001, p. 2（"The simplest and most common of these tools is informal communication between antitrust agencies. While there are important statutory and prudential limits that constrain our ability to share confidential information with colleagues in foreign antitrust agencies, there is a wealth of useful nonconfidential information that can be and is shared"）.

动中使用了许多被推荐的最佳实践。《最佳实践指南》的价值主要在于帮助组织构造现有的行政实践，为相关合并当事人提高确定性。合并企业因此将有可能在早期阶段与美国和欧盟的竞争主管机构讨论时间问题。美国反托拉斯执行机构和欧盟委员会鼓励合并企业允许他们交换企业在调查期间提交的信息，并在适当时候允许他们共同会见相关企业。而且，当美国与欧盟双方高级官员之间在适当时间进行直接接触时，《最佳实践指南》指出了欧盟与美国合并调查的关键点。按照欧盟委员会前委员蒙帝的意见，《最佳实践指南》"使美国反托拉斯执行机构和欧盟委员会在审查按规定需要核准的个别合并案件时以更加结构化的形式进行合作，旨在保护商业和消费者的利益，减少审查决定出现不同结果的危险。"[1]总之，指南能够"避免美欧处理案件时的误会或者出乎意料的情况"。[2]

（一）时间

《最佳实践指南》指出，如果美欧合并审查机构的调查时间表能够或多或少地平行进行，那么双方的协调是最有效率的。指南建议，美国与欧盟在整个审查程序中能够相互通知合并调查时间上的重要发展。此外，美欧双方的合并审查机构还应该在适当时机与交易当事人举行联席会议以便讨论时间问题。总的看来，这些建议非常具有创新性。

（二）证据收集和评估

在合并审查的重要问题上，美国反托拉斯执行机构和欧盟委员会在整个调查期间相互协作，互相通知工作进展。美国反托拉斯执行机构和欧盟委员通常会更加广泛地分享可以公开获得的信息，讨论初步分析的结果，并在收集保密信息时相互配合，努力从合并交易人那里获得必要的放弃保密信息的证明。

（三）交流

在交流协调方面，《最佳实践指南》建议，美欧双方的审查机构互相沟通，了解需要双方共同审查的任何交易；一旦开始调查，美国反托拉斯执行机构和欧盟委员会的实体性合作会非常有益，各审查机构都应指派一

---

[1] See Commission Press Release IP/02/1591 of October 30, 2002.
[2] See Mario Monti, "EU Competition Policy", *Fordham Annual Conference on International Antitrust Law & Policy*, New York, October 31, 2001 (Commission Press Release SPEECH/02/533).

名联系人负责协调会，调查时间表以及信息的收集或者发现；在这种情况下，美国反托拉斯执行机构与欧盟委员会之间的合作似乎是有利的，双方竞争主管官员会达成在调查期间定期进行磋商的尝试性时间表；在一些情况下，欧盟委员会和美国反托拉斯执行机构的高级官员组织磋商也是适当的。

（四）救济和解决

认识到合并交易人提供的救济不可能完全相似以及某一管辖国的合并审查机构所同意接受的救济可能对另一管辖国产生影响，《最佳实践指南》建议，审查机构应该保证他们接受的救济不会给合并交易人带来矛盾的义务。而且，各方审查机构都应互相通知所考虑的救济，且在适当情况下，分享救济计划草案或者解决方案以及与合并当事人、买方和托管人一起参加联合会议。

第二节　区域合作

一　《欧洲经济区协定》

1992年5月，欧洲共同体12国与欧洲自由贸易联盟七国中的奥地利、芬兰、冰岛、挪威和瑞典等五国达成建立欧洲经济区的协定，协定于1994年1月1日正式生效。[1]《欧洲经济区协定》旨在促进区域内公平竞争制度。为保证规则的有效实施，欧洲自由贸易联盟建立了与欧盟委员会和欧盟法院相当的监管局和法院。然而，由于除了挪威、冰岛、列支敦士登和瑞士[2]以外，所有主要的欧洲自由贸易联盟成员国都早已加入欧盟，因此欧洲经济区协议的实践意义相对有限。

（一）管辖权问题

在合并方面，《欧洲经济区协定》修改了《第139/2004号合并条例》的某些条款。为了有效应付集中对欧洲自由贸易联盟成员国的冲击，协定的门槛要求考虑了合并对欧盟理事会和欧洲自由贸易联盟的影响。协定规

---

[1] See Agreement on the European Economic Area (1994 O. J. L1/1).
[2] 瑞士没有加入欧洲经济区。

定,欧盟委员会应该与欧洲自由贸易联盟的监管局紧密合作,根据《合并条例》在下列情况下处理具有共同体影响的集中:相关企业在欧洲自由贸易联盟签字国内的总营业额等于或超过他们在欧洲经济协议成员国内总营业额的25%;在欧洲自由贸易联盟成员国内至少两家以上相关企业的营业额都超过2.5亿欧元;集中严重阻碍欧洲自由贸易联盟成员国领域内或其实质部分的有效竞争,特别是能够产生或者加强市场支配地位。

此外,《欧洲经济区协定》还规定,在下列情况下理事会与监管局就具有共同体或者欧洲自由贸易联盟影响的合并进行合作:集中符合移送标准,或者一欧洲自由贸易联盟成员国希望采取措施保护合法利益。[1]

根据《第139/2004号合并条例》,欧盟委员会只审查具有共同体和欧洲自由贸易联盟影响的合并。然而,当合并影响了欧洲自由贸易联盟成员国的国内市场时,欧盟委员会可以决定的方式将申报的集中移送给该成员国。反之,集中如果没有共同体影响但具有欧洲自由贸易联盟的影响,将由欧洲自由贸易联盟监管局进行评估。尽管监管局对这些案件具有管辖权,但是这并不损害有关成员国对集中规制的能力。[2]

(二) 程序

当集中符合《欧洲经济区协定》,相关企业必须向有关竞争主管机构进行申报。[3] 如果申报向不适合就案件作出决定的竞争机构做出,申报必须直接转交适当机构。[4] 在审查的第一阶段,欧盟委员会有责任在三个工作日内将申报材料和委员会提出或签发的重要文件尽快交给监管局。[5] 欧洲自由贸易联盟成员国可以提出他们的意见,且可以出席相关企业的听证会。他们也可以在欧盟合并咨询委员会上提出和表达自己的观点,但是无权投票。[6] 欧盟委员会在履行其职责时可以从欧洲自由贸易联盟监管局和成员国获得

---

[1] http://ec.europa.eu/comm/competition/mergers/legislation/regulation/regulation139/78 _ rev1 _ en.pdf.

[2] See Art. 57 (2) (b), EEA Agreement.

[3] The cooperation procedure was implemented for the first time in the merger control field in Neste/Statoil. See Case IV/M. 361, Commission decision of February 17, 1994 (petrochemicals).

[4] See Art. 10 (2), Protocol 24, EEA Agreement, http://secretariat.efta.int/Web/EuropeanEconomicArea/ EEA Agreement/protocols/ changed_ protocols/protocol24.pdf.

[5] See Art. 3 (1), Protocol 24, EEA Agreement.

[6] See Art. 5, Protocol 24, EEA Agreement.

所有必要信息。事实上，监管局必须给予的行政协助已经远远超过披露其已经持有的相关企业的信息，更多地会是在其领域内为欧盟委员会执行调查。①

二 《北美自由贸易协定》

在美国和加拿大两国签署了《美加自由贸易协定》后不久，美国、加拿大、墨西哥三国政府代表开始就三边自由贸易协定展开谈判。经过为期14个月的谈判，美国、加拿大及墨西哥三国在1992年8月签署了《北美自由贸易协定》（North American Free Trade Agreement，NAFTA）。② 1993年，加拿大、美国、墨西哥国会先后通过了协定，协定最终于1994年1月1日起正式生效。《北美自由贸易协定》大大简化了美、加、墨三国间在进出口贸易和投资上的有关手续，推动了地区贸易和经济发展。

《北美自由贸易协定》在第15章的5个条款中规定了反垄断和竞争条款。除了关于国有垄断条款以外，协定没有规定实体性的反垄断或者竞争规则。协定仅要求三个成员方有义务采用这些规则，尽管没有特别指明这些规则应当是什么。

根据协定第1501条规定，任何成员国应采用或者维持禁止反竞争商业行为的措施，认可此类措施有助于推动协定目标的实现，并为此采取行动。为达此目的，成员国应随时就各方使用规则的有效性进行协商。可以看出，《北美自由贸易协定》成员国不仅应当具有反垄断或竞争规则，而且应确保规则的实施。③ 为此，成员国有义务相互协商，在实施中相互合作，帮助其

---

① See Art. 8 (4), Protocol 24, EEA Agreement.
② http://www.dfait-maeci.gc.ca/nafta-alena/agree-en.asp.
③ Art. 1501 regulates: 1. Each Party shall adopt or maintain measures to proscribe anti-competitive business conduct and take appropriate action with respect thereto, recognizing that such measures will enhance the fulfillment of the objectives of this Agreement. To this end the Parties shall consult from time to time about the effectiveness of measures undertaken by each Party. 2. Each Party recognizes the importance of cooperation and coordination among their authorities to further effective competition law enforcement in the free trade area. The Parties shall cooperate on issues of competition law enforcement policy, including mutual legal assistance, notification, consultation and exchange of information relating to the enforcement of competition laws and policies in the free trade area. 3. No Party may have recourse to dispute settlement under this Agreement for any matter arising under this Article.

他成员国。

然而，与《欧盟运作模式条约》不同，《北美自由贸易协定》没有规定统一的竞争原则。因此，既然协定没有规定这些规则的具体内容，那么各成员国的国家规则之间可能存在很大不同。在实践中，这种情况也确实存在。举例来说，与美国和加拿大有着长期的反托拉斯法或竞争法实施经验不同，墨西哥虽然在其1917年宪法和1934年垄断法中规定了禁止垄断和禁止限制的条款，但是由于这些法律很难在实践中得以适用，因此墨西哥的竞争法空有形式，而没有实质内容。墨西哥政府本身就是经济垄断力量，它在墨西哥国内既是货物和服务的供应商和购买者，又是直接的价格监管者，而墨西哥法律对其行为没有任何约束。然而，考虑到《北美自由贸易协定》的实施和墨西哥的经济改革，墨西哥于1992年12月出台了新的《联邦经济竞争法》，该法于1993年6月正式生效。

根据《北美自由贸易协定》第1504条，委员会成立了由各成员国代表组成的贸易与竞争工作组。① 工作组将着重考虑竞争规则的发展，特别是竞争与贸易的关系。根据协定，成员国有义务在非歧视情况下适用本国的竞争法。工作组成立后举行了几次会议，然而，工作组从来没有就竞争规则、任何成员国的政策或者协定本身做出任何改变。

与《欧盟运作模式条约》不同，《北美自由贸易协定》没有可以适用于整个北美自由贸易区的概括性反托拉斯条款。因此，各成员国的反托拉斯法或者竞争法能够禁止或者允许任何实践活动。然而，缺乏最低标准实际上无法保证反拉斯法在北美自由贸易协定的有效适用。这里唯一的例外是协定在第1502条3款第4项的规定，即各成员国应通过法律规制、行政监管或者适用其他措施，保证成员国指定的私人垄断或者政府垄断不使用其垄断优势，包括使用垄断货物或者服务、交叉补贴或者掠夺性行为的歧视性条款，在其领土内的非垄断市场直接或者间接从事反竞争行为，严重影

---

① Art. 1504 regulates: The Commission shall establish a Working Group on Trade and Competition, comprising representatives of each Party, to report, and to make recommendations on further work as appropriate, to the Commission within five years of the date of entry into force of this Agreement on relevant issues concerning the relationship between competition laws and policies and trade in the free trade area.

响另一成员国投资者的投资。[1]

《北美自由贸易协定》是一个自由贸易区协定。因此，协定没有对竞争主管机构、法院、执行机关进行规定。协定第1501条第3款也明确排除了争端解决程序。按照当时的想法，各成员国可能都认为贸易与工作组最终会就更加明晰的竞争规则达成一致，尽管现实发展得并非如此。然而，不管怎样，协定各成员国还是认识到了各竞争主管机构之间进行协调的重要性。协定规定，各成员国应就竞争法实施政策问题紧密合作，促进竞争法在自由贸易区内的有效实施。这些问题包括与竞争法律和政策实施相关的相互协助、申报、协商和信息交换。

第三节　国际多边合作

一　经合组织主导下的反垄断合作

经合组织在提高国际竞争合作方面起到了重要的作用。1967年经合组织提出了《成员国间就影响国际贸易的限制性商业行为进行合作的推荐意

---

[1] Art. 1502 (3) regulates: Each Party shall ensure, through regulatory control, administrative supervision or the application of other measures, that any privately - owned monopoly that it designates and any government monopoly that it maintains or designates: (a) acts in a manner that is not inconsistent with the Party's obligations under this Agreement wherever such a monopoly exercises any regulatory, administrative or other governmental authority that the Party has delegated to it in connection with the monopoly good or service, such as the power to grant import or export licenses, approve commercial transactions or impose quotas, fees or other charges; (b) except to comply with any terms of its designation that are not inconsistent with subparagraph (c) or (d), acts solely in accordance with commercial considerations in its purchase or sale of the monopoly good or service in the relevant market, including with regard to price, quality, availability, marketability, transportation and other terms and conditions of purchase or sale; (c) provides non - discriminatory treatment to investments of investors, to goods and to service providers of another Party in its purchase or sale of the monopoly good or service in the relevant market; and (d) does not use its monopoly position to engage, either directly or indirectly, including through its dealings with its parent, its subsidiary or other enterprise with common ownership, in anticompetitive practices in a non - monopolized market in its territory that adversely affect an investment of an investor of another Party, including through the discriminatory provision of the monopoly good or service, cross - subsidization or predatory conduct.

见》（Recommendation of the Council Concerning Co – operation Between Member Countries on Anticompetitive Practices Affecting International Trade，以下简称《推荐意见》）。根据《推荐意见》，美国等数十个成员国相互间达成了关于限制性商业行为的双边合作协定。此后不久，经合组织对此协定进行了数次修改。根据1995年7月修订后的《建议规范》，经合组织成员国在采取任何有域外影响的反垄断措施时应相互协调，在实施各自反垄断法的过程中，应当进行诸如代为取证和互换信息之类的国际合作。

1994年，经合组织公布了合并控制程序研究报告。[①] 报告对九个由两个或两个以上管辖国竞争主管机构审查的跨国合并案例进行了研究和分析，建议在协调时间安排、按照相关国内法或地区性法律最大可能实施救济的合作方法，以及讨论诸如相关市场和分析方法的能力等领域加强合作。报告指出，在相关保密制度下，相互交换更有针对性的信息对加速合并审查是非常有用的，商业团体也可以从世界范围内合并分析方法和实体标准的日益趋同以及各国合并审查机构之间日益加强的竞争法合作中获益。另外，报告在第四部分还建议，各国加强合作，推动双边和多边协商；各管辖国应鼓励合并交易当事人在某些场合放弃信息保密的权利；各国竞争主管机构清楚区别保密信息和非保密信息；合并交易申报人向管辖国竞争主管机构说明交易是否需要向其他国家申报以及需要何种申报信息；管辖国推动公开信息更为便捷地传递；发展一到两种标准化合并申报表，以统一格式要求申报表；以及协调申报要求，鼓励私人跨国活动。

2001年10月，在巴黎召开的经合组织第一届全球竞争论坛上，30个经合组织成员与20个发展中国家对竞争政策与机制进行了实质性地讨论。在这之后，经合组织每年举行一次全球竞争论坛。截至2007年2月，经合组织已经举办了六届竞争论坛。

与经合组织其他的活动一样，全球竞争论坛主要是政府间的对话。然而，地区性组织和其他国际组织如东南非共同市场（Common Market for Eastern and Southern Africa，COMESA）、西非经济和货币联盟（West African Economic and Monetary Union，WAEMU）、世界银行、联合国贸易与发展会

---

① See OECD, "Mergers Cases in the Real World – A Study of Merger Control Procedures (1994)", http：// www.oecd.org/dataoecd/4/40/31587583.pdf.

议以及世界贸易组织也都参加了论坛。此外，通过经合组织工商业咨询委员会（the Business and Advisory Committee to the OECD，BIAC）、国际劳工联盟咨询委员会（the Trade Union Advisory Committee，TUAC）以及国际消费者机构（Consumers International，CI），商业团体和消费者的代表也被邀请参加了选择性讨论。

国际竞争论坛为经合组织成员国和非成员国之间的竞争政策对话提供了机会。这种实质性讨论得益于经合组织竞争委员会的努力，且在很多国家取得了实质性的进展，这些进展包括自愿采用"最佳实践"、实体性分析的趋同、建立强有力的执法机构网络以及加强国际合并审查、卡特尔调查和其他案件的国际多边合作。全球竞争论坛为成员国竞争主管机构与发展中国家的代表讨论这些重要议题提供了场所。同时，论坛也促进了各国在更大范围内就竞争政策与经济发展的联系进行对话。

二　联合国体制下的反垄断合作

作为长期热衷于在国际反垄断领域发展国际合作的国际组织之一，联合国也一直积极致力于为计划订立或正在起草反垄断法的发展中国家和转型国家提供技术援助。

1980年12月，联合国通过了《一套管制限制竞争性商业实践的多边协议的公平原则和规则》（The Set of Multilaterally Agreed Equitable Principles and Rules for the Control of Restrictive Business Practices，以下简称《原则和规则》），[1] 其目的是根据国家经济和社会发展的目标以及现存的经济结构，通过鼓励和保护竞争、控制资本和经济力的集中以及鼓励革新来扩大国际贸易，特别是要提高发展中国家在贸易和发展方面的利益。

《原则和规则》要求成员国按照既定原则制定自己的法律，在法律适用中与其他国家合作，并且要求跨国企业重视东道国的竞争法。另外，《原则和规则》还确立了一套管制限制性商业实践的原则，其中包括禁止以兼并、购买等方式取得对企业的支配权、从而不合理地限制竞争。但是，由于《原则和规则》主要反映了发展中国家对限制跨国企业垄断势力和建立国际经济新秩序的要求和愿望，因此，它虽然是联合国大会的正式法律文件，

---

[1] http://ec.europa.eu/comm/competition/international/3a04aen.html.

却没有得到大多数发达国家的批准,从而不具有法律效力。

2005年11月,联合国贸易与发展会议组织召开了协商会对规制商业实践的多边协议的公平原则和规则进行审查。

三 世界贸易组织体制下的竞争政策合作

世界贸易组织(WTO)作为当今最为广泛的国际贸易组织有着相当大的影响力,已经在相当程度上实现了组织内部贸易的自由化。由于国际贸易与国际竞争之间存在着极为密切的关系,贸易自由化和竞争政策的基本目标是一致的,即都是为了增加消费者福利和提高经济效率,因此随着贸易自由化、经济全球化以及国家之间贸易障碍的减少,国际市场上亟须制定一部统一的竞争规则,以便有效地对跨国并购进行规制以保障政府间为降低关税和消除非关税壁垒而取得的谈判成果不会被国际贸易中的垄断和限制竞争行为所抵消。同时,也只有在世界贸易组织竞争规则下建立统一的竞争政策,世界贸易组织的政策目标和法律体系才是完美的,无缺陷的。实践中,成员国之间已经开始就竞争政策等问题进行谈判,并就谈判达成世贸组织下的有关协议与贸易有关的竞争政策协议达成了共识。

1993年7月,以德国和美国反垄断法专家为首组成的国际反垄断法典工作小组向当今世界贸易组织(WTO)的前身关贸总协定(GATT)提交了一个《国际反垄断法典草案》,希望它能够通过且成为世界贸易组织框架下的一个多边贸易协定。虽然草案出于种种原因没有被世界贸易组织所接受,甚至没有得到被讨论的机会,但是该草案的提出从此揭开了建立世界贸易组织竞争规则下跨国并购规制制度的序幕。

1996年,欧盟委员会提议在世界贸易组织框架内解决竞争问题。[1] 根据欧盟委员会的建议,世界贸易组织在新加坡召开的部长会议上成立了WTO贸易与竞争政策工作组(the WTO Working Group on the Interaction between Trade and Competition Policy, WGTCP)。工作组对成员方提出的有关贸易政策和竞争政策之间的关系问题进行研究。在1997年7月的首次会议后,工作组研究了大量列入主席清单的问题。

---

[1] See Communication from the Commission to the Council: Towards an International Framework of Competition Rules, COM (96) 284 final of June 18, 1996.

1999 年,欧盟委员会向 WTO 贸易与竞争政策工作组提出建议,既然 WTO 成员方采用了各种形式的竞争法普遍规则、标准和原则,那么 WTO 争端解决机制应该被扩展以实施竞争法。[①] 从 1999 年开始,除了问题清单,工作组根据 WTO 总理事会的决定还对三个主题进行了研究,分别是:国民待遇、透明度和最惠国待遇等 WTO 基本原则与竞争政策的相关性;促进成员方之间合作与交流的方法,包括技术合作;以及竞争政策对实现 WTO 目标的促进作用,包括推动国际贸易。

此外,工作组还对下列问题进行了研究和分析:某些发展中国家关心的实施竞争政策对国家经济的影响以及竞争政策的多边框架是否适合有关的发展政策和规划;探索增强国际合作的含义、特性和潜在利益,包括在 WTO 框架下,有关贸易与竞争政策的主题;在竞争法和政策方面增强实践能力的问题。

然而,虽然许多成员方同意 WTO 原则与竞争政策具有相关性以及成员方之间需要加强合作以解决反竞争的实践做法,但是 WTO 成员中依然存在一些不同意见。后者认为,在 WTO 层面采取行动提高竞争政策对多边贸易体制的适用性有待商榷。特别是,尽管许多成员国支持在 WTO 内形成有关竞争政策的多边框架,支持成员国实施有效的竞争政策,减少该领域的潜在冲突,但是其他一些成员方怀疑建立这种多边框架的必要性,转而支持在该领域的双边或者区域合作方法。

发展竞争政策多边框架的适当性问题最后留给了多哈部长会议。在会议准备期间,尽管某些成员方仍然反对,但是另外一些成员方还是重申了有必要在 WTO 框架下实施有效的国家竞争政策,增强竞争政策对多边贸易体制的促进作用。考虑到这些不同意见,2001 年 9 月多哈回合部长宣言草案就 WTO 竞争政策未来工作性质谈到了两种选择。

(1) 成员方同意就增强竞争政策对国际贸易与发展的促进作用进行协商。为此目的,协商应建立一种框架以解释下列因素:核心原则,包括透

---

① See Jean - Francois Pons, *International Co - operation in Competition Matters - Where Are We Four Years After the Van Miert Report?*, Zurich, July 9, 1999, see also Eleanor Fox's remarks in her Separate Statement of Advisory Com - mittee Member, ICPAC Report ("If national authorities do not broaden their perspec - tives to count all costs of conduct or transaction by their firms, we will probably move to international antitrust sooner rather than later, for these problems are world problems").

明度、非歧视和程序公正以及有关恶性卡特尔（Hardcore Cartels）的条款；自愿协商的形式；以及对逐步强化的发展中国家竞争机制的扶持。成员方在协商期间应当考虑发展中国家和最不发达国家参与者的情况和利益，适当安排技术支持条款，帮助他们增强竞争政策的实践能力。

（2）贸易与竞争政策工作组将根据成员方的提议进一步分析，这项工作的报告将于第五次部长会议提交。

2001年，美国政府对2001年11月通过的WTO部长宣言表示了支持。在宣言中，WTO各成员原则上同意就多边框架进行协商，增强竞争政策对国际贸易与发展的促进作用，提高该领域的技术支持和实践能力。[①] 欧盟委员会前委员蒙帝非常支持在WTO贸易协议框架内建立一套多边竞争规则。[②] 然而，既然多哈回合因农产品自由化问题而被迫宣布中止，WTO争端解决机制将来能否扩展到竞争法仍然是一个未知数。[③]

四 ICN在反垄断合作中的作用

当前，反垄断法国际多边合作最大的成功莫过于2001年10月ICN的建立。ICN被认为是依据合理经济原则逐步推动反垄断法趋同的适当论坛。作为国际多边合作最为有效的方法，ICN有助于提高世界经济合作的全球治理，其致力于简化合并审查分析。ICN的主要目标是通过对特别建议进行集中对话为反托拉斯执行的程序和实体趋同制定和发展基本原则，并为新建

[①] See WTO Ministerial Declaration 2001, WT/MIN (01) /DEC/1, paras. 23 – 25. It should be noted, however, that merger control is not explicitly on the agenda of the negotiations, which are intended first to address "core principles, including transparency, non – discrimination and procedural fairness, and provisions on hardcore cartels; modalities for voluntary cooperation; and support for progressive reinforcement of competition institutions in developing countries through capacity building."

[②] See Mario Monti, "A Global Competition Policy", *Speech for the European Competition Day* (September 17, 2002) ("In the absence of a specialized world – wide competition organization and in view of the complementary relationship between trade and competition policy, the World Trade Organization is the institution best suited to house an International Competition Agreement. The WTO possesses the advantages of a very broad membership and a tradition of enforcing binding rules. That is why the Commission has been at the forefront of efforts to persuade member countries on the merits of a WTO multilateral agreement in the area of competition").

[③] See Decision adopted by the WTO General Council on August 1, 2004, WT/L/579 (August 2, 2004).

立的竞争主管机构在法律执行和构造本国竞争文化方面提供支持。[1]

2002年，ICN在意大利那不勒斯举行了第一届会议。会议议程涉及ICN合并工作组的工作讨论，参加者包括20个国家的竞争机构、经合组织以及法律、经济和商业团体的代表等。合并工作组由美国司法部主持，包括三个工作小组，分别是美国联邦贸易委员会主持的申报和程序小组、英国公平贸易办公室主持的分析框架工作小组和以色列反托拉斯执法机构主持的调查技术工作小组。2003年，第二届ICN会议在墨西哥召开，合并工作组在此次会议上汇报了上一年度的工作进展。[2] 美国反托拉斯执行机构和欧盟委员会希望ICN的工作在未来能够促使多国之间合理和有效的合并审查更加趋同。

ICN申报和程序小组完成了三个主要课题，分别是建立了一套合并申报和审查的基本原则；发展了有关申报交易管辖权连接点的建议规范，采用了清晰和易于理解的申报门槛以及弹性的合并申报时间；以及努力使合并控制法更加透明和容易理解，这包括建立ICN网站，汇编各国与合并有关的法律和文件，并在网站上公布。

2003年，四个新的建议规范得以采用，旨在：建立含有加速审查程序的合理审查期限；把所需申报的信息限定在确实必要的范围；保证透明度；以及规定定期审查和改进合并审查法律。2004年ICN在韩国举行的会议上形成的另外四个建议规范进一步发展了合并审查，这些意见涉及合并调查行为、程序公正、保密以及机构间协调等。

在英国公平贸易办公室主持下，ICN分析框架小组形成了合并审查目标和分析框架，并着手合并指南的研究工作。[3] 2003年，分析框架小组研究分析了12个不同竞争主管机构所使用的合并指南，并对其中的共同主题和主要区别进行了分析，主要侧重于市场界定、单边影响、协同影响、效率以

---

[1] http：//www.internationalcompetitionnetwork.org/mou.pdf.

[2] See ICN Press Release of June 26, 2003, available at www.internationalcompetitionnetwork.org/news/june262003.html. ("We have made real progress in determining how competition authorities should bring about substantive and procedural convergence on a global scale," said Konrad von Finckenstein, then Canadian Competition Commissioner and Chair of the ICN Steering Group).

[3] http：//www.internationalcompetitionnetwork.org/wg1_analytical_framework.html.

及进入和扩张壁垒等。①

2002年11月，以色列反托拉斯机构主持的合并调查技术小组在华盛顿举行了约有40个管辖国竞争主管机构参加的国际讨论会。这次会议为来自各国的监管者提供了交流和学习他国实践经验的机会。2003年，在评估和比较了各国竞争主管机构所使用的不同的调查工具、分析了合并审查中经济学家的作用之后，调查技术小组发现，尽管大多数合并审查机构可以使用大量的调查工具，然而，经济学家的参与程度差别非常大。此外，调查技术小组还对用来形成可靠证据的不同方法进行了审查，旨在提高最佳实践，并确保证据受到强制审查。②

---

① http://www.internationalcompetitionnetwork.org/analysisofmerger.html.
② http://www.internationalcompetitionnetwork.org/investigativetechniques.html.

第六章
我国的合并控制制度

自由、公平的市场经济竞争需要反垄断法律制度的保护。然而，由于历史原因，直到2007年8月30日我国《反垄断法》才得以通过，包括合并控制制度在内的反垄断法律体系才正式在我国建立和发展。

本章主要探讨我国《反垄断法》对企业并购的规制，通过分析当前我国企业并购法律的基本情况和《反垄断法》的施行，并综合考虑前面对美国和欧盟在合并控制的申报和审查程序、实体规范、管辖权和国际合作等四个方面的比较分析，提出发展和完善我国反垄断法律中的合并控制程序、实体规范和有关并购的管辖权等。

第一节 我国企业合并控制制度分析

一 我国《反垄断法》的立法回顾

考虑到我国市场经济的发展以及反垄断法作为经济宪法在国民经济生活中的重要性，我国在《反不正当竞争法》出台后便开始加紧从事反垄断法的起草工作。

1994年5月，国家经贸委法规司和国家工商总局法规司共同成立了反垄断法起草小组。[①]

2002年，反垄断法起草小组公布了《反垄断法》第一部征求意见稿。然而，由于争议太多，《反垄断法》虽然先后列入第八届、第九届全国人大

---

① 段文：《市场竞争待重新洗牌 反垄断立法直指巨无霸》，http://www.iolaw.org.cn/shownews.asp?id=3306。

常委会立法规划，但草案几易其稿，始终未能出台。

2003年，国家经贸委在机构改革中被裁撤，经贸委有关《反垄断法》的立法工作转交给新组建的商务部，《反垄断法》的起草也相应变成了商务部和国家工商总局的合作。然而，商务部随后出台的《外国投资者并购境内企业暂行规定》与《反垄断法》草案并不一致。而且，由于国家发展和改革委员会和工商总局分别是《价格法》和《反不正当竞争法》执法部门，而商务部的主要工作实际上是规范内外贸易活动，因此，《反垄断法》的立法工作在一定程度上受到了不同利益的影响。

2004年3月，商务部最终将《反垄断法（送审稿）》单独提交给国务院法制办。很快，国家工商总局在6月发布了《在华跨国公司限制竞争行为表现及对策》，此举迅速引起在华跨国公司的强烈反应和学界对反垄断立法的讨论。

此后不久，商务部对国务院有关部门和地方政府有关《反垄断法（送审稿）》的意见进行了分类汇总，归纳了反垄断立法中的难点问题，并于2004年8月召开了反垄断立法专家论证会，形成了《专家关于反垄断法（草案）修改意见的报告》。

2004年9月，商务部挂牌成立了反垄断调查办公室，负责承担有关反垄断的国际交流、反垄断立法及调查等相关工作。[①] 反垄断办公室不是常设机构，办公室负责人由商务部条法司司长兼任，具体工作由商务部条法司承担，主要涉及的职能部门是竞争法律处。

同年12月，国家发改委在发布《当前经济形势及2005年的政策取向》后呼吁尽快制定和出台《反垄断法》。

有关部门在这之后对反垄断法草案又进行了数次修改，最终形成了2006年6月的《反垄断法（草案）》。[②]

2007年8月30日《反垄断法》最终为全国人大常务委员会通过，于2008年8月1日起正式施行。[③]《反垄断法》的实施改变了我国没有经济宪

[①] 《商务部成立反垄断调查办公室》，http：//www.mofcom.gov.cn/。另见http：//tech.sina.com.cn/it/2004-09-18/0836427491.shtml。

[②] 《中央坚定破除垄断决心 反垄断法出台无时间表》，http：//news.xinhuanet.com/fortune/2006-12/30/content_5550379.htm。另见http：//politics.people.com.cn/GB/1026/5235511.html。

[③] 参见《反垄断法》，http：//www.gov.cn/flfg/2007-08/30/content_732591.htm。

法的困境，有助于制止市场垄断行为，保护市场公平竞争，促进社会主义市场经济健康发展。《反垄断法》在立法过程中大量借鉴了美国反托拉斯法和欧盟竞争法的有关内容，与国外立法保持了同步，具有一定的先进性。

二 《反垄断法》中的经营者集中规制制度

《反垄断法》确立了我国的合并控制制度，该制度又称为经营者集中规制制度。根据《反垄断法》第3条的规定，该法调整的垄断行为有三种，包括：经营者达成垄断协议，经营者滥用市场支配地位以及具有或者可能具有排除、限制竞争效果的经营者集中。《反垄断法》第四章涉及经营者集中的法律规制，包括经营者集中的情形、经营者集中的申报标准、经营者集中的申报要求、初步审查、进一步审查、审查集中考虑的因素、禁止合并的条件、附加限制性条件及其公开、国家安全审查等。

《反垄断法》明确了国务院规定的承担反垄断执法职责的机构（以下称为反垄断执法机构）负责反垄断执法工作，国务院反垄断执法机构根据工作需要，可以授权省、自治区、直辖市人民政府相应的机构，负责有关反垄断执法工作。当前，在我国具体承担反垄断执法职责的反垄断执法机构有国家发展和改革委员会、国家工商总局和商务部。其中，国家发展和改革委员会价格监督检查与反垄断局负责反价格垄断执法工作，调查、认定和处理重大的价格垄断行为和案件，起草有关价格监督检查法规草案和规章，依法界定各类价格违法行为、价格垄断行为；国家工商总局反垄断与反不正当竞争执法局负责拟订有关反价格垄断行为以外的反垄断具体措施、办法，承担有关反价格垄断行为以外的反垄断执法工作；商务部反垄断局具体负责经营者集中的申报与审查。

我国《反垄断法》在立法时借鉴了欧盟竞争法律制度及其实践。例如，根据该法第20条的规定，经营者集中，是指经营者合并，经营者通过取得股权或者资产的方式取得对其他经营者的控制权，经营者通过合同等方式取得对其他经营者的控制权或者能够对其他经营者施加决定性影响。

《反垄断法》明确了经营者集中的事先审查制度。经营者集中达到国务院规定的申报标准的，经营者应当事先向国务院反垄断执法机构申报，未申报的不得实施集中。①

　　经营者集中未达到申报标准，但有事实和证据表明该经营者集中具有或者可能具有排除、限制竞争效果的，国务院商务主管部门仍应当依法进行调查。②

　　《反垄断法》对反垄断执法机构经营者集中审查期限设定了限制，初步审查期限为30日，进一步审查期限为90日。初步审查期限从反垄断执法机构收到经营者提交的符合法律规定的文件和资料之日起开始起算，反垄断执法机构在作出决定前，经营者不得实施集中；进一步审查期限自反垄断执法机构作出决定实施进一步审查时开始起算，审查期间，经营者亦不得实施集中。当出现以下任一种情况，反垄断执法机构经书面通知经营者，可以延长审查期限，但最长不得超过60日：①经营者同意延长审查期限的；②经营者提交的文件、资料不准确，需要进一步核实的；③经营者申报后有关情况发生重大变化。

　　《反垄断法》第27条明确规定了经营者集中审查的实体性因素，涉及参与集中的经营者在相关市场的市场份额及其对市场的控制力，相关市场的市场集中度；经营者集中对市场进入、技术进步的影响，经营者集中对消费者和其他有关经营者的影响，经营者集中对国民经济发展的影响，以及国务院反垄断执法机构认为应当考虑的影响市场竞争的其他因素。

　　其中，相关市场，是指经营者在一定时期内就特定商品或者服务（以下统称商品）进行竞争的商品范围和地域范围。③《国务院反垄断委员会关于相关市场界定的指南》指出，在反垄断执法实践中，通常需要界定相关商品市场和相关地域市场。④ 相关商品市场，是根据商品的特性、用途及价格等因素，由需求者认为具有较为紧密替代关系的一组或一类商品所构成的市场，这些商品表现出较强的竞争关系，在反垄断执法中可以作为经营者进行竞争的商品范围。⑤ 相关地域市场，是指需求者获取具有较为紧密替

---

① 参见《反垄断法》第21、22条，http://www.gov.cn/flfg/2007-08/30/content_732591.htm。
② 参见《国务院关于经营者集中申报标准的规定》第4条。
③ 参见《反垄断法》第12条。
④ 参见《国务院反垄断委员会关于相关市场界定的指南》第3条，http://www.gov.cn/zwhd/2009-07/07/content_1355288.htm。
⑤ 参见《国务院反垄断委员会关于相关市场界定的指南》第3条。

代关系的商品的地理区域,这些地域表现出较强的竞争关系,在反垄断执法中可以作为经营者进行竞争的地域范围。① 此外,当生产周期、使用期限、季节性、流行时尚性或知识产权保护期限等已构成商品不可忽视的特征时,界定相关市场还应考虑时间性;在技术贸易、许可协议等涉及知识产权的反垄断执法工作中,可能还需要界定相关技术市场,考虑知识产权、创新等因素的影响。②

在反垄断执法机构对集中进行审查时,《反垄断法》给予经营者抗辩权。如果经营者能够举证证明集中对竞争产生的有利影响明显大于不利影响,或者符合社会公共利益的,反垄断执法机构可以作出对经营者集中不予禁止的决定。③ 然而,当集中具有或者可能具有排除、限制竞争效果时,反垄断执法机构将作出禁止经营者集中的决定。

《反垄断法》授权反垄断执法机构对不予禁止的经营者集中附加限制性条件,从而减少集中对竞争产生不利影响。在作出禁止经营者集中的决定或者对经营者集中附加限制性条件的决定后,《反垄断法》要求反垄断执法机构应将决定及时向社会进行公告。

在经营者违反法律实施集中时,反垄断执法机构有权责令其停止实施集中、限期处分股份或者资产、限期转让营业以及采取其他必要措施恢复到集中前的状态,并可以处 50 万元以下的罚款。④ 反垄断执法机构确定具体罚款数额时,应当考虑违法行为的性质、程度和持续的时间等因素。⑤

反垄断执法机构在经营者集中申报和审查方法上借鉴了欧盟合并控制法的法律实践。与欧盟竞争总司的执法实践相同,在正式申报前,参与集中的经营者可以就集中申报的相关问题向我国反垄断执法机构申请商谈,并以书面方式提出。通过合并方式实施的经营者集中,由参与合并的各方经营者申报;其他方式的经营者集中,由取得控制权或能够施加决定性影响的经营者申报,其他经营者予以配合。申报文件、材料应当包括申报书、集中对相关市场竞争状况影响的说明、集中协议及相关文件、参与集中的

---

① 参见《国务院反垄断委员会关于相关市场界定的指南》第 3 条。
② 参见《国务院反垄断委员会关于相关市场界定的指南》第 3 条。
③ 参见《反垄断法》第 28 条。
④ 参见《反垄断法》第 48 条。
⑤ 参见《反垄断法》第 49 条。

经营者经会计师事务所审计的上一会计年度财务会计报告以及商务部要求提交的其他文件、资料。此外，申报义务人未进行集中申报的，其他参与集中的经营者可以提出申报。

在集中审查过程中，反垄断执法机构可以主动或应有关方面的请求决定召开听证会，调查取证，听取有关各方的意见；为消除或减少经营者集中具有或者可能具有的排除、限制竞争的效果，参与集中的经营者可以在反垄断执法机构对集中审查的过程中提出对集中交易方案进行调整的限制性条件。限制性条件可以包括剥离参与集中的经营者的部分资产或业务等结构性条件，参与集中的经营者开放其网络或平台等基础设施、许可关键技术（包括专利、专有技术或其他知识产权）、终止排他性协议等行为性条件，结构性条件和行为性条件相结合的综合性条件。

三　我国经营者集中规制制度存在的问题

尽管《反垄断法》在立法中大量借鉴了国外的执法实践，然而，反垄断执法机构在具体适用《反垄断法》第四章有关经营者集中的内容时还是遇到了一系列问题，这些问题主要有：《反垄断法》中的经营者集中概念模糊不清，集中申报审查程序及内容规定不完善，配套程序规则不完备，《反垄断法》中规定对外资进行国家安全审查条款不适当等。

我国《反垄断法》在界定经营者集中时，使用了控制权和施加决定性影响的内容，但法律没有对控制权和施加决定性影响作进一步解释，我国现有法律也没有对控制权和施加决定性影响做任何规定。由于反垄断执法机构无权对《反垄断法》进行解释，因此反垄断执法机构在对申报的经营者集中案件进行反垄断审查时不得不小心处理。

《反垄断法》虽然建立了经营者集中事先申报制度，然而法律没有对何时启动申报进行明确规定，这在实践中引起了很多不确定性。由于经营者发起集中的方式不同，申报时间也会存在变化。何时申报以及由谁进行申报成为经营者集中各方进行申报前需要明确的第一步。《反垄断法》缺乏如此规定必然增加了反垄断执法机构提供合并前咨询的压力，不利于执法机构将有限的人力资源配置于合并审查。

《反垄断法》概况性提出反垄断执法机构审查经营者集中时应当考虑的因素，法律没有解释在适用第 27 条经营者集中审查考虑因素时，如何处理与第 13 条禁止横向垄断协议、第 14 条禁止纵向垄断协议、第 15 条垄断协议豁免以及第 17 条禁止滥用市场支配地位的衔接问题。此外，法律也没有明确在反垄断执法机构审查新设合营企业可能存在的协调竞争行为时是否应当适用第 13 条、第 14 条和第 15 条的规定。

《反垄断法》提出了申报标准，并由国务院作具体规定，然而，2008 年 8 月实施的《国务院关于经营者集中申报标准的规定》只提供了营业额标准，对营业额的计算方法没有作详细规定。实践中，反垄断执法机构不得不在执法中摸索在计算营业额时企业财务会计报表中的哪些会计项目需要进行合并计算，这一方面增加了反垄断执法机构提供合并前咨询的工作负担，另一方面也给参与集中经营者的申报造成了困难。

《反垄断法》在对经营者集中的审查中使用了排除、限制竞争标准。当经营者集中具有或者可能具有排除、限制竞争效果的，反垄断执法机构应当作出禁止经营者集中的决定。但是，经营者能够证明该集中对竞争产生的有利影响明显大于不利影响，或者符合社会公共利益的，反垄断执法机构可以作出对经营者集中不予禁止的决定。然而，法律没有使用诸如"严重"或者"实质"的修饰语对竞争效果加以限定，根据文义解释，该条款可以理解为只要经营者具有或者可能具有排除、限制竞争效果的，无论轻重程度，都应当予以禁止。但是，这明显与当前各国对经营者集中进行审查的法律规定不同，也与各国执法实践存在明显差异。一般认为，只有一项经营者集中存在或者可能存在严重或者实质性排除或者限制竞争的，才应当予以禁止；经营者集中存在程度轻微的排除或者限制竞争效果的，不应当予以禁止。

《反垄断法》提出对涉及国家安全的外资并购应当考虑国家安全审查的要求，然而，法律没有界定国家安全的内容，当前我国也没有专门的外国投资审查法对外资在华投资进行调整。根据当前各国的立法实践，《反垄断法》主要包括禁止垄断协议、禁止滥用市场支配地位以及经营者集中反垄断审查的内容，外国投资安全审查通常由单独立法进行规范。因此，我国在《反垄断法》中突兀地提出有关问题，而没有具体实施内容，难免会在反垄断法全球化实施的大背景下产生歧义、担忧和不理解。

此外，根据国务院规定，我国具体承担反垄断执法职责的反垄断执法机构有三家，《反垄断法》虽然提出设立反垄断委员会负责组织、协调和指导反垄断工作，然而实践中三家执法机构仍然在执法方面出现了多头管理问题。

第二节　我国企业合并控制的程序

一　我国企业合并控制的申报标准

（一）我国建立了以营业额为核心的经营者集中申报标准

我国在企业合并控制申报上采取了与欧盟类似的营业额标准。根据《国务院关于经营者集中申报标准的规定》，经营者集中达到下列标准之一的，经营者应当事先向国务院商务主管部门申报：一是，参与集中的所有经营者上一会计年度在全球范围内的营业额合计超过 100 亿元人民币，并且其中至少两个经营者在中国境内的营业额均超过 4 亿元人民币；二是，参与集中的所有经营者在中国境内的营业额合计超过 20 亿元人民币，并且其中至少两个经营者上一会计年度在中国境内的营业额均超过 4 亿元人民币。[①] 其中，"在中国境内"是指经营者提供产品或服务的买方所在地在中国境内。[②]

2009 年 7 月，在借鉴欧盟对银行、保险等特定行业营业额适用特别规则的基础上，商务部会同人民银行、银行业监督管理委员会、证券监督管理委员会以及保险监督管理委员会联合下发了《金融业经营者集中申报营业额计算办法》，办法适用于银行业金融机构、证券公司、期货公司、基金管理公司和保险公司等金融业经营者集中申报营业额的计算。[③]

《金融业经营者集中申报营业额计算办法》所使用的营业额是以净销售额为基础，能够准确反映企业真实的经济实力。例如，该办法规定，银行

[①] 参见《国务院关于经营者集中申报标准的规定》，http://www.gov.cn/zwgk/2008-08/04/content_1063769.htm。
[②] 参见《经营者集中申报办法》，http://fldj.mofcom.gov.cn/article/c/200911/20091106639149.shtml。
[③] 根据《国务院关于经营者集中申报标准的规定》，营业额的计算，应当考虑银行、保险、证券、期货等特殊行业、领域的实际情况，具体办法由国务院商务主管部门会同国务院有关部门制定。见 http://www.gov.cn/zwgk/2008-08/04/content_1063769.htm。

业金融机构的营业额要素包括利息净收入、手续费及佣金净收入、投资收益、公允价值变动收益、汇兑收益以及其他业务收入等项目；证券公司的营业额要素包括手续费及佣金净收入（包括经纪业务、资产管理业务、承销与保荐业务和财务顾问业务等）、利息净收入、投资收益、汇兑收益以及其他业务收入等项目；期货公司的营业额要素包括手续费及佣金净收入、银行存款利息净收入等项目；基金管理公司的营业额要素包括管理费收入和手续费收入。①

在计算上述经营者的营业额时，《金融业经营者集中申报营业额计算办法》借鉴了欧盟《1989年合并条例》对机构资产营业额的计算方式。该方法指出，上述经营者集中申报营业额的计算公式为：营业额＝（营业额要素累加－营业税金及附加）×10％。在保险公司营业额计算时，《金融业经营者集中申报营业额计算办法》也借鉴了欧盟关于保险公司营业额计算的方法。该办法规定，保险公司集中申报营业额的计算公式为：营业额＝（保费收入－营业税金及附加）×10％。其中，保费收入包括原保险合同保费收入＋分入保费－分出保费②；营业税金及附加是指营业税、城市维护建设税和教育费附加。

2009年11月21日，根据《反垄断法》和《国务院关于经营者集中申报标准的规定》，商务部公布了《经营者集中申报办法》（以下简称《申报办法》）。根据《申报办法》第4条的规定，营业额包括相关经营者上一会计年度内销售产品和提供服务所获得的收入，扣除相关税金及其附加。《申报办法》所界定的营业额与欧盟经营者集中申报门槛所使用的营业额基本相同，均考虑的是扣除特定要素的"净营业额"，即能够准确地反映企业真实的经济实力。

《申报办法》中有关参与集中的单个经营者营业额的计算方法参考了欧盟《第139/2004号合并条例》第5条第4款的规定。根据《申报办法》第5条的规定，参与集中的单个经营者的营业额为下述经营者的营业额总和，包括：该单个经营者；该单个经营者直接或间接控制的其他经营者；直接或间接控制该单个经营者的其他经营者；直接或间接控制该单个经营者的其他营业者直接控制的任一经营者；以上经营者中两个或者两个以上经营

---

① 参见《金融业经营者集中申报营业额计算办法》第7条。
② 参见《金融业经营者集中申报营业额计算办法》第8条。

者共同控制的经营者。至于参与集中的单个经营者的营业额不包括上述所列经营者之间发生的营业额。在合营企业情况下，如果参与集中的单个经营者之间或者参与集中的单个经营者和未参与集中的经营者之间有共同控制的其他经营者（合营企业），那么参与集中的单个经营者的营业额应当包括被共同控制的经营者（合营企业）与第三方经营者之间的营业额，且此营业额只计算一次。

在涉及合营企业和母公司之间营业额的分配问题上，《申报办法》同样参考了欧盟的有关规定，在计算参与集中的所有经营者的合计营业额时，该合计营业额不应考虑合营企业与任一母公司之间的营业额，或者合营企业与控制该任一母公司的其他经营者之间的营业额。

《申报办法》关于一项经营者集中包括收购一个或多个经营者的一部分业务时也参考了欧盟经营者集中的法律实践。在这里，对于卖方而言，应当只计算集中涉及业务部分的营业额；相同经营者之间在两年内多次实施的未达到申报标准的经营者集中，应当视为一次集中交易，集中起算时间从最后一次交易算起，该经营者集中的营业额应当将多次交易合并计算，其中，这里的"两年内"是指从第一次集中交易完成之日起至最后一次集中交易签订协议之日止的期间；此外，经营者通过与其有控制关系的其他经营者实施的上述行为也应依上述方法处理。

（二）我国经营者集中申报标准存在的不足

尽管我国建立的以营业额为核心的经营者集中申报门槛方便了参与集中的经营者及时进行申报，然而这种申报标准仍然存在一定的不足。

首先，我国采用的营业额标准金额明显偏高。一般而言，各国申报标准的金额与本国国民经济发展情况呈正相关。以欧盟和美国为例。欧盟由28个成员国所组成，各成员国有自己的集中申报标准，在此基础上，又建立了欧盟自己的标准，尽管欧盟设定的标准较高，然而考虑到欧盟各成员国为保护本国市场的竞争还有自己较低的申报标准，[①] 因此欧盟总体的营业额标准并不高。再如，美国采用了交易规模标准和当事人规模标准。根据

[①] 根据德国《反对限制竞争法》第35条第1款关于集中控制适用范围的规定，如在集中前的最后一个营业年度内所有相关企业在全球的总营业额超过5亿欧元，至少一家相关企业在德国国内营业额超过2500万欧元，并且第二家相关企业在德国国内营业额超过500万欧元，则有关集中控制的规定就予以适用。

联邦贸易委员会 2013 年 1 月 14 日公布的调整后的申报标准，并购交易应同时满足 7090 万美元的交易规模标准，以及交易一方总资产或销售额至少为 1420 万美元、另一方至少为 1.418 亿美元的当事人规模标准。① 此外，当并购双方都是外国人时，美国反托拉斯法使用了"交易额＋总资产"或者"交易额＋总销售额"的方式，即：并购交易额应超过 2.836 亿美元，且①交易当事双方在美境内的总销售额超过 1.56 亿美元；②交易当事双方在美国的总资产超过 1.56 亿美元。② 从欧美经营者集中申报标准可以看出，我国的营业额标准在某些时候无法抓住某些具有或者可能具有排除、限制竞争效果的经营者集中。

其次，我国采用的营业额申报标准无法根据经济发展情况作出适时调整。我国《反垄断法》没有授权国务院根据国内生产总值适时调整申报标准。这与美国、欧盟的规定是有差异的。例如，2000 年美国国会通过的《克莱顿法第 7A 条修正案》授权联邦贸易委员会根据美国国民生产总值按年度调整《HSR 法案》的申报门槛；欧盟《第 139/2004 号合并条例》第 1 条第 4、第 5 款，授权欧盟理事会根据欧盟委员会提供的报告和草案，在适格多数通过下，可以修改申报门槛和标准。

再次，在营业额计算方法上，我国营业额标准与我国会计准则不符，与欧盟、美国营业额计算方法也不同。我国企业财务会计报告中没有使用营业额的概念，我国的营业额通常反映在企业损益表的"营业收入"项目中，为企业销售产品和提供服务所取得的经济利益的总流入，不是净销售额或者净营业额的概念。我国经营者集中所采用的营业额标准来自欧盟经营者集中的法律实践。尽管如此，我国营业额标准与欧盟、美国企业集中申报标准也还有很多不一致的地方。例如，我国税收征收与欧盟和美国还存在很多不同，如：我国采用了增值税和营业税并举的征税方式，对不同行业征收不同的税种；我国企业在销售产品和提供劳务时还需要缴纳一定的相关附加如城市建设税和教育费附加等；我国在计算经营者集中营业额时还需要考虑的折扣和税收扣除因素与欧美也不尽相同。

---

① 《联邦贸易委员会修订 HSR 申报门槛》，see http：//www.friedfrank.com/siteFiles/Publications/1 - 11 - 13 - %20Antitrust%20Alert - %20FTC%20Revises%20HSR%20Filing%20Thresholds.pdf。
② 《联邦贸易委员会修订 HSR 申报门槛》。

最后,《反垄断法》豁免申报要求仍有待完善。与美国等国家的规定不同,《反垄断法》没有把某些没有反竞争影响的交易排除在外,如:企业在营业期间购买货物和不动产;为投资目的,收购人持有发行人低于10%的表决权股;仅为投资目的,银行等金融机构根据重组计划收购企业的表决权股或者其日常经营期间的资产;以及除非达到很高的门槛,对原油,天然气和煤炭储备的收购也免于申报等。

(三) 完善我国经营者集中申报标准的建议

简单、清晰的申报标准既能够帮助企业及时确定合并交易是否需要申报,也能够使反垄断执法机构发现违反申报标准的企业合并。此外,日益增长的跨国并购也要求管辖国之间能够紧密合作,明确合并申报标准,从而促进跨国资本的流动和各国经济的发展。有鉴于此,我国《反垄断法》应该借鉴美国反托拉斯法和欧盟竞争法的立法经验,完善适合我国国情的经营者集中申报标准。

在调整申报标准时,我国应当参考美国国会授权联邦贸易委员会根据国民生产总值的变化调整申报标准的币值以及欧盟《第139/2004号合并条例》授权委员会根据成员国提供的统计材料修改申报限额和标准的做法。例如,考虑欧盟2003年国内生产总值为110170亿美元,[①] 2004年为105293.51亿欧元[②](约140090亿美元,1欧元≈1.33048美元),假如以欧盟《第139/2004号合并条例》规定的申报标准为参照系进行简单计算,[③] 那么我

[①] 统计数据来自欧盟驻美国代表处,http://www.eurunion.org/profile/EUUSStats.htm。

[②] 统计数据来自欧盟网站新闻公告,http://europa.eu/rapid/pressReleasesAction.do?reference=STAT/07/2 3&format=HTML&aged=0&langua ge=EN&guiLanguage=en。

[③] 如前文所述,欧盟理事会对于什么是"共同体影响"采取了两种计算方法,一种是1989年在《第4064/89号条例》中规定的计算方法,另一种是1997年修改时所采用的较宽松的计算方法。按照第一种计算方法,企业合并必须满足以下所有条件时才可以向欧盟委员会申报:①参与合并的所有企业在全球范围内的总营业额超过50亿欧元;并且②参与合并的企业中,至少有两家在共同体范围内的总营业额都超过2.5亿欧元;③参与合并的各家企业在共同市场总营业额的2/3以上不是来自一个且同一个成员国。其中,"2/3"条款用来保留成员国审查交易的权力,这些交易很大程度上只限制影响某一个欧盟成员国。1997年的改革进一步降低了合并申报所适用的标准。当企业合并不能满足第一种标准,符合第二种标准也具有"共同体影响"。后一种标准是:①参与合并的所有企业在全球范围内的总营业额超过25亿欧元;②在至少三个成员国中,参与合并的所有相关企业在各个国家的总营业额超过1亿欧元;③在这三个成员国中,至少有两家相关企业在各个国家的总营业额超过2500万欧元;④至少两家相关企业在共同体内的总营业额超过1亿欧元;⑤参与合并的各家企业在共同市场总营业额的2/3以上不是来自一个且同一个成员国。

国的申报标准应当是所有参与合并企业的总营业额为 43 亿元人民币，且参与合并的各企业在我国的营业额都应达到 2.5 亿元。再如，根据美国商务部经济分析局发布的统计数据，美国 2005 年的国内生产总值（Gross Domestic Product，GDP）为 124558 亿美元，同期国民生产总值（Gross National Product，GNP）为 124877 亿美元，美国 2006 年的国内生产总值为 132446 亿美元，[1] 假如以美国的申报标准作为参照系，[2] 那么，根据 2005 年我国国内生产总值为 182321 亿元人民币（约 23678 亿美元，1 美元≈7.7 元人民币），[3] 我国的申报标准应当规定交易规模至少在 1 亿元人民币，且交易一方的总资产或总销售额至少为 2500 万元人民币，交易另外一方至少为 2 亿元人民币；双方都是外国人时，交易额应超过 4 亿元人民币，交易当事双方在我国或者向我国销售产品或者服务的销售额超过 2.5 亿元，并且双方在我国的总资产也超过 2.5 亿元。[4]

鉴于欧盟成员国内均有自己的竞争法律制度、美国并购市场的发达程度和美国反托拉斯法的成熟性，以及美欧都没有放弃调查没有达到申报标准的合并，并结合我国反垄断执法机构人员缺乏等实际情况，建议我国未来引入美国的交易规模标准和当事人标准，即将我国合并申报标准控制在交易规模在 2 亿元人民币，且交易一方的总资产或总销售额至少为 5000 万元，交易另外一方至少为 4 亿元；双方都是外国人时，交易额应超过 8 亿元，且交易双方当事人在我国的销售额或者总资产都应超过 5 亿元。

对于申报门槛，建议在符合下列任何一种情况时，合并当事人应当进行申报：获得被收购人的表决权股和资产超过 5000 万元，但少于 2 亿元；获得被收购人表决权股和资产至少达到 2 亿元，但少于 10 亿元的；获得被收购人的表决权股和资产至少达到 10 亿元；获得发行人 25% 已发行的表决

---

[1] See Table 9 – Relation of Gross Domestic Product, Gross National Product, and National Income, http: // www. bea. gov/newsreleases/national/gdp/gdpnewsrelease. htm.
[2] 美国当前的申报标准是 5980 万美元的交易规模，以及交易一方至少为 1200 万美元、另一方至少为 1.196 亿美元的当事人规模标准；双方都是外国人时，交易额应超过 2.392 亿美元。
[3] 中华人民共和国国家统计局：《中华人民共和国 2005 年国民经济和社会发展统计公报》，http: //www. gov. cn /jrzg/2006 - 02/28/content_ 213411. htm。
[4] 我国国民经济统计是以国内生产总值为基础，因此所有数据都以美国和我国 2005 年国内生产总值为基础进行计算。

权股如果价值超过 19 亿元的；获得发行人 50% 已发行的表决权股如果价值超过 5000 万元的。

此外，未来修改《反垄断法》时，我国还应扩大企业合并交易免除申报范围，除了规定对企业收购子公司、回购公司股票以及建立全资子公司免除申报外，还应将企业在商业经营期间购买商品和不动产；为投资目的，收购人持有发行人低于 10% 的表决权股；仅为投资目的，银行等金融机构根据破产重组计划收购企业的表决权股或者其日常经营期间的资产；以及除非达到很高的门槛，企业对原油、天然气和煤炭储备的收购等纳入免除申报的范围。企业收购原油、天然气和煤炭储备，往往金额巨大，然而这些收购通常是煤炭石化企业在正常商业经营期间购买的基本原材料储备，因此应当免于申报。

二 我国企业合并控制的申报时间和内容

（一） 我国经营者集中的申报时间和内容

我国《反垄断法》建立了经营者集中事先申报制度。根据《反垄断法》第 21 条的规定，经营者集中达到国务院规定的申报标准的，经营者应当事先向国务院反垄断执法机构申报，未申报的不得实施集中。经营者违反法律规定实施集中的，由国务院反垄断执法机构责令停止实施集中、限期处分股份或者资产、限期转让营业以及采取其他必要措施恢复到集中前的状态，可以处 50 万元以下的罚款。[①] 反垄断执法机构确定具体罚款数额时，应当考虑违法行为的性质、程度和持续的时间等因素。[②]

与欧盟委员会的执法实践相同，参与集中的经营者向我国反垄断执法机构申报时无须缴纳任何费用。根据《行政许可法》和《反垄断法》的规定，经营者集中反垄断审查在我国属于行政许可事项，法律没有授权行政机关实施行政许可和对行政许可事项进行监督检查收取任何费用。根据《申报办法》，当经营者集中是通过合并方式实施的，则由参与合并的各方经营者申报；当经营者集中是通过其他方式实施的，则由取得控制权或能够施加决定性影响的经营者申报，其他经营者同时予以配合。申报义务人

[①] 参见《反垄断法》第 48 条。
[②] 参见《反垄断法》第 49 条。另见欧盟《第 139/2004 号合并条例》第 14 条。

未对集中进行申报的,则其他参与集中的经营者可以提出申报;此外,申报义务人可以自行申报,也可以依法委托他人代理申报。

根据欧盟的执法经验,申报前阶段的联系非常有用,它能够有效帮助申报方提交完整的申报书,帮助反垄断执法机构获得有价值的技术知识来提高审查的效率,特别是有关相关市场的信息。[①] 有鉴于此,《申报方法》第 8 条规定,在正式申报前,参与集中的经营者可以就集中申报的相关问题向反垄断执法机构申请商谈,商谈申请应当以书面方式提出。

关于申报文件、资料的要求,《申报办法》区分了必备的文件资料和自愿提交的文件资料。经营者向反垄断执法机构申报集中,应当提交包括申报书、集中对相关市场竞争状况影响的说明、集中协议、参与集中的经营者经会计师事务所审计的上一会计年度财务会计报告以及反垄断执法机构规定的其他文件、资料。[②] 此外,经营者也可以自愿提交文件资料,这些材料包括有助于商务部对该集中进行审查和做出决定的其他文件、资料,如地方人民政府和主管部门等有关方面的意见、支持集中协议的各类报告等。需要注意的是,申报人只要提供了必备的文件资料,就视为履行了其申报义务。

为进一步规范经营者集中反垄断审查工作,提高经营者集中申报和审查的效率和透明度,方便经营者申报,反垄断执法机构于 2012 年 7 月修订并发布了《经营者集中反垄断审查申报表》及其《填表说明》。与欧盟经营者集中申报表相类似,《经营者集中反垄断审查申报表》需要经营者提供广泛的信息、数据和解释。《经营者集中反垄断审查申报表》更像是一份答辩表,经营者需要提供的信息包括交易名称、交易性质、申报依据、参与集中的经营者、参与交易的其他经营者、集中交易概况、集中对相关市场竞争状况的影响、相关市场的供应和需求结构、市场进入、横向或者纵向合作协议、集中可能产生的效率、集中是否涉及破产企业或濒临破产企业、相关市场行业协会信息、交易是否需要中国政府其他部门(包括商务部其他司局)审批、有关方面对本次集中的意见、本项交易的合规性及集中各

---

① See Ky Ewing Jr., *Interview with Professor Mario Monti, European Commissioner for Competition Policy*, (2001) 15 Antitrust 9. See too Gtz Drauz, former Deputy Director for Mergers, *Merger Control Law in the European Union: Situation in March 1998, Introduction*, p. 13.

② 参见《反垄断法》第 23 条。

方在中国境内的合规性、交易是否需要在其他国家或地区申报、其他需要说明的情况、申报人承诺等 19 项内容。由于申报是反垄断执法机构调查经营者集中案件的基础,因此反垄断执法机构要求提供的申报信息是准确和完整的。

《申报办法》允许经营者撤回申报。反垄断执法机构将经营者撤回集中申报的情形概括为两种,分别是:经营者放弃已申报的集中交易,不再实施集中;集中交易仍然要进行但需要撤回申报。其中,第一种情况通常不需要反垄断执法机构的同意,只要提交书面申请并说明理由即可;第二种情况包括集中计划发生重大变化而不再符合申报标准等,此时撤回申报则须经反垄断执法机构的审查同意。①

在使用何种语言进行申报方面,《申报办法》要求,申报人应当提交中文撰写的文件、资料。如果文件、资料的原件是外文书写的,应当提交中文翻译件并附外文原件。此外,文件、资料为副本、复印件或传真件的,应当根据商务部的要求出示原件供验证。

此外,除了达到营业额申报标准必须进行申报以外,经营者也可以自愿将未达到申报标准的集中交易进行申报,在反垄断执法机构收到申报文件、资料后经审查认为有必要立案的,反垄断执法机构应当按照《反垄断法》的规定进行立案审查并作出决定。在上述申报和立案审查期间,参与集中的经营者可以自行决定是否暂停实施其集中交易。

(二) 我国经营者集中申报时间和内容存在的不足

我国经营者集中申报时间和内容大量借鉴了欧盟合并控制制度的执法实践,这无疑有利于推动我国经营者集中规制制度的建设,然而考虑到我们的借鉴是一种选择性的引入,因此,不可避免存在一些不足,具体表现为以下四个方面。

(1) 事先申报的时间因素模糊。《反垄断法》《申报办法》均没有涉及事先申报的时间,因此,具体申报时间具有不确定性,可操作性差。合并当事人是否必须存在一份有效的集中协议才能进行申报,还是只要相关企

---

① 参见《经营者集中审查办法》第 3 条,http://fldj.mofcom.gov.cn/article/c/200911/20091106639145.shtml。另见《商务部反垄断局关于〈经营者集中申报办法〉和〈经营者集中审查办法〉的解读》,http://www.gov.cn/zwhd/2010-01/13/content_1509459.htm。

业能够说明其有着缔结协议的良好愿望，或在公开招投标时说明招投标的意向，就可以进行申报，又或者合并当事人有了原则性协议、谅解备忘录、意向书以及招投标情况下的公开声明就可以进行申报。

（2）缺乏适用于合营企业等经营者集中的简式申报表。尽管我国在借鉴欧盟申报表基础上，建立和发展了自己的《经营者集中申报表》，然而由于缺乏简式申报表，因此我国反垄断执法机构没有对新设合营企业等可以作简单申报的经营者集中适用快速申报的程序，即没有简式申报表。这给那些不会产生竞争担忧的经营者集中增加了障碍，也不利于执法资源的有效分配。

（3）合并前首次商谈时间及内容缺乏合理安排。《申报办法》第8条规定，在正式申报前，参与集中的经营者可以就集中申报的相关问题向商务部申请商谈，商谈申请应当以书面方式提出。然而，《申报办法》没有就合并前首次商谈时间及内容作出合理安排。根据欧盟委员会2004年《最佳实践指南》，首次申报前会议最好在申报预期日前至少两周举行；[①] 在涉及复杂的案件和情况时，更长的合并前申报期是适当的，这有可能包括数次申报前会议；此外，商谈方应尽快提交一份描述交易背景和受影响市场的简略备忘录，且应该在会议前适时提交。由于《申报办法》缺乏对首次商谈时间及内容作合理限制，因此难免会引起整个申报前商谈流于形式，无法有效帮助申报方提交完整的申报书以及帮助反垄断执法机构获得有价值的技术知识来提高审查的效率，特别是有关相关市场的信息等。

（4）违法实施经营者集中的处罚金额过低。《反垄断法》第48条规定，经营者违法实施集中的……可以处50万元以下的罚款。与我国《反垄断法》相比，欧盟、美国均规定了很高的违法处罚金额，以有效吓阻违法者未经申报实施集中。例如欧盟《第139/2004号合并条例》规定，违法实施集中的，罚款额度为相关企业总营业额的10%。再如，美国《HSR法案》规定，违法实施收购的，日罚金为1.6万美元。

（三）完善我国经营者集中申报时间和内容的建议

清晰、明确的申报时间和内容一方面能够有效帮助经营者及时提交申报材料、文件，另一方面能够方便反垄断执法机构有针对性地利用执法资

---

① See Best Practices Guidelines, para. 10.

源,从而提高审查效率。由于申报时间和申报内容直接关系合并审查的进程,因此,为使不具有反竞争影响的合并尽快结束反垄断审查,反垄断执法机构一方面应推动立法修改,另一方面应积极与他国反垄断执法机构开展合作,进一步明确申报时间和申报内容,帮助申报方协调申报和尽快提交申报材料,完成反垄断审查。我国应当在ICN《推荐意见》的基础上,借鉴欧美合并控制制度中的申报时间和内容,以增强法律的透明性。

首先,在事先申报方面,我国应细化事先申报时间因素,要求交易当事人在完成原则性协议、意向书或合同后,如能证明具有良好意愿完成交易,就可以进行申报的具体条款;要求在第三方交易情况下,只要第三方给予被收购方适当通知或者公开表明收购意图时,就可以提出申报。

其次,针对合营企业等类型的经营者集中,我国应出台《经营者集中简式申报表》。我国可以借鉴欧盟2005年3月发布的《简化程序通告》,[1]并结合国内的经济发展情况,采取试行方式,例如,除非有特殊情况,我国可以对以下交易适用简化程序,包括:①在设立合营企业情况下,合营企业在中国境内没有或者仅有少量实际或者可以预见的活动,这包括合营企业从中国境内取得的销售额少于1.5亿元,且(或者)从中国境内转移到合营企业的资产少于1.5亿元。②两家或两家以上企业合并或者一家或一家以上企业取得另一企业的单独或共同控制权,且合并当事人不是横向竞争对手或者在上、下游或邻近市场没有频繁活动。③两家或两家以上企业合并或者一家或一家以上企业取得另一企业的单独或共同控制权,且这些当事人或者是横向竞争对手但共同占有份额低于15%;或者在集中交易另一方当事人活动的任何上、下游或邻近市场上占有份额不超过25%;或者一当事人对已经共同控制的企业取得单独控制权。

再次,在商谈方面,我国应出台《经营者集中申报前商谈办法》,完善合并前商谈制度。结合欧盟《最佳实践指南》,合理限制合并前首次商谈时间及内容,要求首次申报前会议在申报预期日前至少两周举行;涉及复杂的案件和情况时,应当提前安排商谈;商谈方提交描述交易背景和受影响市场的备忘录,且应该在会议前提交等。

---

[1] http://eur-lex.europa.eu/LexUriServ/LexUriServ.do?uri=OJ:C:2005:056:0032:0035:EN:PDF.

最后，反垄断执法机构应推动在未来修改《反垄断法》，增加违法实施经营者集中的处罚金额，引入美欧合并控制法律制度中日罚款制度，要求有关当事人提供必要信息，服从调查，遵守反垄断执法机构决定中的附加限制性条件，从而保护法律的严肃性。

三　我国企业合并控制的审查程序

（一）　我国经营者集中反垄断审查程序

在借鉴欧盟、美国经营者集中反垄断审查程序的基础上，我国《反垄断法》也设定了两个经营者集中审查阶段，分为初步审查阶段和进一步审查阶段。其中，初步审查阶段为 30 日，从收到符合法律规定的申报材料之日起开始计算；进一步审查阶段为 90 日，从反垄断执法机构决定实施进一步审查之日起开始计算。如发生下列情况之一的，反垄断执法机构经书面通知经营者，可以延长进一步审查阶段的审查期限 60 日，这些情况包括：经营者同意延长审查期限；经营者提交的文件、资料不准确，需要进一步核实时；经营者申报后有关情况发生重大变化。反垄断审查在我国属于国家行政机关的行政许可行为，受到《行政许可法》的调整，因此，这里的日应以工作日计算，不含法定节假日。[①]

与美国《HSR 法案》的规定相同，我国经营者集中的初步审查阶段也不可以延长。实践中，申报人可以通过撤回并重新申报的方法避免进入进一步审查阶段。根据《经营者集中审查办法》（以下简称《审查办法》）第 3 条规定，在商务部立案之后、做出审查决定之前，申报人要求撤回经营者集中申报的，应当提交书面申请并说明理由；除放弃集中交易的情形外，申报的撤回应当经商务部同意；撤回经营者集中申报的，审查程序终止。《审查办法》的规定与美国、欧盟反垄断执法机构的执法实践基本相同。例如，美国反托拉斯机构官员有时候会建议当事人，为避免反托拉斯机构签发二次要求，当事人应该取消 HSR 申报，重新申报。欧盟也有类似做法，当欧盟委员会接到成员国要求移送的请求或者申报方为使合并与共同市场相协调作出承诺时，欧盟委员会可以将该期限延长至 35 个工作日；此外，在某些情况下，为避免启动第二阶段的调查，欧盟委员会在许多情况下会

---

① 参见《行政许可法》第 82 条，http://www.gov.cn/flfg/2005 - 06/27/content_ 9899. htm。

通过宣布申报不完整或者使用停止计算审查期限直到申报方提供某些信息的方法拖延审查时间。①

与美国和欧盟严格的审查程序相同，为强化时间限制，《反垄断法》明确规定，在初步审查阶段，反垄断执法机构逾期未作出决定的，经营者可以实施集中。这种严格的初步审查时间限制，加上许多交易的复杂性，使得反垄断执法机构在初步审查阶段很少有时间去确定第三方请求或者寻找申报人对请求的意见。相应的，反垄断执法机构也不可能决定一项交易引起的竞争关注是否能够通过附加限制性条件得以解决。

在初步审查阶段结束时，反垄断执法机构将根据《反垄断法》作出是否实施进一步审查的决定，并书面通知经营者；②当集中存在严重竞争关注时，反垄断执法机构将通过决定启动进一步审查阶段的调查。

在审查过程中，反垄断执法机构鼓励申报人尽早主动提供有助于对经营者集中进行审查和作出决定的有关文件、资料；参与集中的经营者可以通过信函、传真等方式向商务部就有关申报事项进行书面陈述、申辩；在听取当事人的陈述和申辩的同时，反垄断执法机构可以根据需要征求有关政府部门、行业协会、经营者、消费者等单位或个人的意见。③

为了查明事实、方便审查，反垄断执法机构还可以主动或应有关方面的请求决定召开听证会，调查取证，听取有关各方的意见。听证会是当事人权利保障的重要方式，《审查办法》对听证会的组织和实施程序、听证会参加方、单独听证等问题均作出了明确规定。根据《审查办法》，反垄断执法机构举行听证会，可以通知参与集中的经营者及其竞争者、上下游企业及其他相关企业的代表参加，并可以酌情邀请有关专家、行业协会代表、有关政府部门的代表以及消费者代表参加。④

在进一步审查阶段，反垄断执法机构认为经营者集中具有或者可能具有排除、限制竞争效果的，根据《审查办法》第10条的规定，会将其反对意见告知参与集中的经营者，并设定一个允许参与集中的经营者提交书面

---

① See *France Telecom/Equant*, Case COMP/M. 2257, Commission decision of March 21, 2001, (telecommunications), paras. 1, 2, and 11 – 15.
② 参见《反垄断法》第25条。另见《审查办法》第9条。
③ 参见《审查办法》第7条。
④ 参见《审查办法》第7条。

抗辩意见的合理期限。参与集中的经营者的书面抗辩意见应当包括相关的事实和理由，并提供相应的证据。参与集中的经营者逾期未提交书面抗辩意见的，视为对反对意见无异议。

与欧盟、美国的反垄断执法机构的执法实践相同，在我国，大多数经历过进一步审查阶段的交易没有为反垄断执法机构所阻止，而是通过附加限制性条件方式获得有条件批准合并。根据商务部反垄断局发布的信息统计情况，自2008年8月1日《反垄断法》实施至2012年9月30日，反垄断局共审结经营者集中案件474件，其中无条件批准458件，附条件批准15件，禁止合并1件。① 2013年1月至10月，商务部反垄断局审结的经营者集中案件中附条件批准的有4件。②

在进一步审查阶段的调查结束时，反垄断执法机构可以作出如下决定：一是禁止集中的决定，二是不予禁止的决定，三是附加限制性条件批准集中的决定。③ 当经营者集中具有或者可能具有排除、限制竞争效果时，反垄断执法机构将作出禁止经营者集中的决定；对不予禁止的经营者集中，反垄断执法机构可以决定附加减少集中对竞争产生不利影响的限制性条件。作出决定后，反垄断执法机构应当将禁止经营者集中的决定或者对经营者集中附加限制性条件的决定，及时向社会公布。

需要注意的是，《反垄断法》还规定，经营者集中具有或者可能具有排除、限制竞争效果，但是，经营者能够证明该集中对竞争产生的有利影响明显大于不利影响，或者符合社会公共利益的，反垄断执法机构可以作出对经营者集中不予禁止的决定。

（二）经营者集中反垄断审查程序存在的不足

在借鉴欧盟、美国反垄断审查程序的基础上，我国经营者集中反垄断审查程序建设取得了长足的发展，然而，由于《反垄断法》刚刚实施五年，我国反垄断执法机构的执法实践仍然处于摸索阶段，因此我国的经营者集中反垄断审查程序还存在诸多不足，这些不足表现为以下四个方面。

---

① 参见《经营者集中反垄断审查无条件批准案件信息统计情况》，http://fldj.mofcom.gov.cn/article/zcfb/201211/20121108437868.shtml。
② 数据源于商务部反垄断局网站，http://fldj.mofcom.gov.cn/。
③ 《商务部反垄断局关于〈经营者集中申报办法〉和〈经营者集中审查办法〉的解读》，http://www.gov.cn/zwhd/2010-01/13/content_1509459.htm。

（1）针对特别交易如公开招投标、敌意收购以及破产合并等没有适当的特定程序。公开招投标、敌意收购属于非合意交易，这些交易通常不适合适用经协商而进行的申报程序，这是因为非合意性交易具有很强的时间敏感性。另外，破产合并属于需要加快审查的交易形式，也需要采用特别的加快审查程序。根据ICN《建议规范》，上述交易都应采用适当的特定程序，以适应这些交易的特殊情况，然而《反垄断法》《审查办法》均没有对此作出任何规定。

（2）经营者集中受理和第一阶段审查决定尚缺乏透明性。以欧盟为例。在接到申报后，欧盟委员会通常会在10日内将标准化形式的通告公布在官方通讯上，通告主要涉及交易情况和征询第三方意见，欧盟委员会要求消费者、竞争者以及供应商提供有关信息的正式函件会在这之后发出；此外，欧盟委员会在第一阶段结束时会将决定发布在官方刊物上，并通过新闻发布会解释所作出的决定。①

（3）接触程序尚缺乏透明性。经营者集中审查需要申报当事人与反垄断执法机构的密切配合。在初步审查阶段，反垄断执法机构经常需要申报当事人提供大量信息和意见；在进一步审查阶段，申报当事人除了与案件处理小组进行接触，还可以与分配处理案件的经济学家小组进行广泛交流，特别是在技术问题如数据获取和分析数据的适当方法论方面。美国、欧盟的执法实践也表明，反垄断执法机构应与申报当事人进行会谈和沟通或者走访申报方以便更好地理解交易。根据欧盟《最佳实践指南》，当事人和欧盟委员会官员可以定期召开案件进展情况会议；第一次会议应在审查的第一阶段举行；委员会与申报方还可以在委员会决定启动二次调查的两周内、发布反对合并的声明前、当事人对反对声明给予答复后或者口头听证后、以及会晤咨询委员会之前召开案件进展情况会。相比我国的接触程序，可以发现，由于缺乏透明的接触程序，申报当事人很难与反垄断执法机构进行有效沟通，这使得前者无法有针对性地提出有效的限制条件，以尽快解决反垄断执法机构对交易的竞争忧虑。

（4）缺乏透明的内部审查程序。我国没有建立类似于欧盟委员会的同级评审制度，以局外人身份审查案件小组的结论。鉴于我国《反垄断法》

---

① http://www.europa.eu.int/comm/competition/index en.html.

刚刚实施五年,且反垄断执法人员执法资源有限,与欧盟、美国执法机构相比,执法人员的能力建设仍然有待加强,我国应当建立一套相对透明的内部审查程序,在反垄断执法机构发布反对合并的决定前进行讨论,以审查初步结论。

(三) 完善我国经营者集中反垄断审查程序的建议

美国与欧盟企业合并控制制度中的审查程序对于我国发展和完善企业合并控制审查程序有着重要的参考价值。有鉴于此,在完善我国企业合并控制审查程序时,应当在吸收和借鉴美国、欧盟合并控制法律实践的基础上,完善我国的经营者集中反垄断审查程序安排。

(1) 建立针对如公开招投标、敌意收购以及破产合并等特别交易的特定程序。未来在修改《反垄断法》时,建议缩短某些特别交易的审查期限,如可参考美国《HSR法案》和ICN《推荐意见》的规定,将现金要约收购或破产程序中收购卖方资产情况下的初步审查期限设定为20个工作日,进一步审查期限设定为30个工作日。

(2) 强化经营者集中受理和第一阶段审查决定的透明性。在这里,可以参考欧盟委员会的执法实践,在规定期间内如10日内以标准化形式发布通告,陈述交易情况和征询第三方意见;反垄断执法机构在第一阶段结束时将决定发布在官方网站上,并可通过新闻发布会解释所作出的决定。①

(3) 强化接触程序的透明性。建议借鉴欧盟《最佳实践指南》,制定《经营者集中当事人与反垄断执法机构接触程序指导意见》,强化接触程序,鼓励申报当事人与反垄断执法机构密切配合,当事人可以与反垄断执法机构定期召开案件进展情况会议等。

(4) 建立内部审查程序。建立独立的同行评审制度,听取当事人的请求,保证合并审查的适当性和合理性。鉴于合并当事人与案件的执法人员经常会因为要求是否合理、是否构成不合理负担等意见出现不一致,因此,有必要建立一种适当机制保护合并交易当事人的利益。

---

① http://www.europa.eu.int/comm/competition/index en.html.

第三节　我国企业合并控制的实体规范

一　相关市场界定

在反垄断案件的分析过程中，特别是在合并控制审查程序中，界定相关市场十分重要，它为评估行为对竞争的影响提供了框架。界定相关市场就是明确经营者竞争的市场范围。科学合理地界定相关市场，有助于识别竞争者和潜在竞争者、判定经营者市场份额和市场集中度、认定经营者的市场地位、分析经营者的行为对市场竞争的影响、判断经营者行为是否违法以及在违法情况下需承担的法律责任等。可以这样说，相关市场的界定是对竞争行为进行分析的起点，也是反垄断执法工作的重要步骤。

有鉴于此，国务院反垄断委员会于 2009 年 5 月 24 日发布了《国务院反垄断委员会关于相关市场界定的指南》（以下简称《相关市场界定指南》），用以指导我国反垄断执法机构的反垄断执法工作。

（一）　相关市场概述

1. 相关市场的概念

在我国，相关市场，是指经营者在一定时期内就特定商品或者服务进行竞争的商品范围和地域范围。[1]

相关市场涉及商品、地域和时间等多方面内容。《相关市场界定指南》明确将《反垄断法》中的相关市场划分为相关商品市场和相关地域市场。其中，相关商品市场是根据商品的特性、用途及价格等因素，由需求者认为具有较为紧密替代关系的一组或一类商品所构成的市场；相关地域市场是指需求者获取具有较为紧密替代关系的商品的地理区域。

此外，由于生产周期、使用期限等已构成商品不可忽视的特征，且技术贸易、许可协议等涉及知识产权内容需要考虑创新等因素的影响，因此《相关市场界定指南》明确强调在特殊情况下也会考虑时间市场和技术市场。

---

[1] 参见《反垄断法》第 12 条第 2 款。

2. 界定相关市场的方法

《相关市场界定指南》使用了与美国、欧盟反垄断执法机构相同的"假定垄断者测试"来界定相关市场。当经营者竞争的市场范围不够清晰或不易确定时，反垄断执法机构可以按照"假定垄断者测试"的分析思路，通过借助经济学工具分析所获取的相关数据，确定假定垄断者可以将价格维持在高于竞争价格水平的最小商品集合和地域范围，从而界定相关市场。

假定垄断者测试一般先界定相关商品市场。根据该测试，假设经营者是以利润最大化为经营目标的垄断者（以下称为"假定垄断者"），设想在其他商品的销售条件保持不变的情况下，假定垄断者能否持久地（一般为一年）小幅（一般为5%~10%）提高目标商品的价格。当该目标商品涨价会导致需求者转向购买具有紧密替代关系的其他商品时，假定垄断者的销售量会随之下降，如果涨价引起需求者转向具有紧密替代关系的其他商品，使假定垄断者的涨价行为无利可图，则需要把该替代商品增加到相关商品市场中，该替代商品与目标商品形成商品集合；随着商品集合越来越大，集合内商品与集合外商品的替代性越来越小，最终会出现某一商品集合，假定垄断者可以通过涨价实现盈利，由此便界定出相关商品市场。

使用假定垄断者测试界定相关地域市场与界定相关商品市场的分析思路是相同的。根据该测试，设想在其他地域的销售条件不变的情况下，假定垄断者对目标地域内的相关商品进行持久的（一般为一年）小幅涨价（一般为5%~10%）是否有利可图，如果答案肯定，则目标地域就构成相关地域市场；如果其他地域市场的强烈替代使得涨价无利可图，就需要扩大地域范围，直到涨价最终有利可图，该地域就是相关地域市场。

为了避免美国"玻璃纸谬误"的出现，[①] 原则上，在使用假定垄断者测

---

① "玻璃纸谬误"出现在1956年的"玻璃纸"一案中。一般而言，市场界定必须以竞争性价格而非垄断价格作为基准价格。如果以垄断价格作为基准价格来界定相关市场，那么这必然会导致对相关市场的界定过宽，从而无法确定垄断市场的市场力。在玻璃纸案中，假设杜邦公司提高玻璃纸的价格，客户可能会转向其他功能相近的包装类产品，那么此时可以将这些相似产品与玻璃纸认定为同一相关产品市场。然而，如果在杜邦提高价格之前玻璃纸的价格已经是垄断定价，那么情况将会是：在缺乏有效需求替代产品的情况下，玻璃纸价格提高到了垄断价格且达到了收益最大化的临界点，如果继续提价，客户将无法继续承受高价，从而不得已而转向其他产品。在这种情况下，把其他相似产品认定为玻璃纸的替代产品将是错误的，从而使得相关产品市场范围过大，无法确定这种垄断市场情况下杜邦的市场力。

试界定相关市场时,选取的基准价格应为充分竞争的当前市场价格。然而,在滥用市场支配地位、共谋行为和已经存在共谋行为的经营者集中案件中,当前价格明显偏离竞争价格,选择当前价格作为基准价格会使相关市场界定的结果不合理,因此,反垄断执法机构就会对当前价格进行调整,使用更具有竞争性的价格。[1]

在适用假定垄断者测试时,反垄断执法机构一般会使用5%~10%的价格上涨幅度,但在执法实践中也可以根据案件涉及行业的不同情况,对价格小幅上涨的幅度进行分析确定。

需要注意的是,在经营者小幅提价时,并不是所有需求者(或地域)的替代反应都是相同的。在替代反应不同的情况下,可以对不同需求者群体(或地域)进行不同幅度的测试。此时,相关市场界定还需要考虑需求者群体和特定地域的情况。

《相关市场界定指南》还指出,界定相关市场的方法不是唯一的。反垄断执法机构可以根据实际情况使用不同的方法。这里既可以基于商品的特征、用途、价格等因素进行需求替代分析,也可以在必要时进行供给替代分析。总之,无论采用何种方法界定相关市场,都要始终把握商品满足消费者需求的基本属性,并将其作为对相关市场界定中出现明显偏差时进行校正的依据。

(二) 相关商品市场

1. 相关商品市场的概念

相关商品市场,是根据商品的特性、用途及价格等因素,由需求者认为具有较为紧密替代关系的一组或一类商品所构成的市场。这些商品表现出较强的竞争关系,在反垄断执法中可以作为经营者进行竞争的商品范围。

《相关市场界定指南》中的相关商品市场概念与欧盟委员会《市场界定通告》中的相关产品市场的概念基本相同。根据定义,我国反垄断执法机构在认定两个或者两个以上商品是否属于同一产品市场时,起决定性作用的是需求者的看法。对需求者而言,决定他们选择产品的因素有两个,一个是商品的特性和用途,另一个是产品的价格。此外,我国反垄断执法机构解释市场的基本方法也包含在该定义之中——需求替代——购买者为适

---

[1] 参见《相关市场界定指南》第11条。

应相对价格小幅显著增长时从一种产品转换到另一种产品的意愿,这也是确定相关商品市场的中心环节。

2. 相关商品市场的界定方法

根据《相关市场界定指南》,界定相关市场的基本依据是替代性分析。在反垄断执法实践中,相关商品市场范围的大小主要取决于商品的可替代程度。市场竞争中对经营者行为构成直接和有效竞争约束的,是市场里存在需求者认为具有较强替代关系的商品,因此,界定相关商品市场主要从需求者角度进行需求替代分析。当供给替代对经营者行为产生的竞争约束类似于需求替代时,反垄断执法机构也会考虑供给替代。

(1) 需求替代

需求替代是根据需求者对商品功能用途的需求、质量的认可、价格的接受以及获取的难易程度等因素,从需求者的角度确定不同商品之间的替代程度。原则上,从需求者角度来看,商品之间的替代程度越高,竞争关系就越强,就越可能属于同一相关市场。

根据《相关市场界定指南》,反垄断执法机构从需求替代角度界定相关商品市场时可以考虑的因素包括但不限于:需求者因商品价格或其他竞争因素变化,转向或考虑转向购买其他商品的证据;商品的外形、特性、质量和技术特点等总体特征和用途;商品之间的价格差异;商品的销售渠道;以及其他重要因素(如需求者偏好或需求者对商品的依赖程度、可能阻碍大量需求者转向某些紧密替代商品的障碍、风险和成本以及是否存在区别定价)等。

(2) 供给替代

供给替代是根据其他经营者改造生产设施的投入、承担的风险、进入目标市场的时间等因素,从经营者的角度确定不同商品之间的替代程度。一般而言,其他经营者生产设施改造的投入越少,承担的额外风险越小,提供紧密替代商品越迅速,则供给替代程度就越高,反垄断执法机构在界定相关商品市场尤其在识别相关市场参与者时就应考虑供给替代。

从供给角度界定相关商品市场,反垄断执法机构一般会考虑其他经营者对商品价格等竞争因素的变化作出反应的证据、其他经营者的生产流程和工艺、转产的难易程度、转产需要的时间、转产的额外费用和风险、转产后所提供商品的市场竞争力以及营销渠道等。

(三) 相关地域市场

1. 相关地域市场的概念

相关地域市场，是指需求者获取具有较为紧密替代关系的商品的地理区域。这些地域表现出较强的竞争关系，在反垄断执法中可以作为经营者进行竞争的地域范围。

与美国、欧盟对相关地理市场界定的分析思路相同，《相关市场界定指南》也指出，替代分析在界定地理市场时有着重要的作用。此外，在界定地理市场时，《相关市场界定指南》也使用了与欧盟委员会一样的假定垄断者测试。

2. 相关地域市场的界定方法

与界定相关商品市场的方法相同，界定相关地域市场首先主要从需求者角度进行需求替代分析。当供给替代对经营者行为产生的竞争约束类似于需求替代时，反垄断执法机构也会考虑供给替代。

(1) 需求替代

反垄断执法机构从需求替代角度界定相关地域市场时所考虑的因素有：需求者因商品价格或其他竞争因素变化，转向或考虑转向其他地域购买商品的证据；商品的运输成本和运输特征；多数需求者选择商品的实际区域和主要经营者商品的销售分布；地域间的贸易壁垒，包括关税、地方性法规、环保因素、技术因素等；其他重要因素如特定区域需求者偏好、商品运进和运出该地域的数量。

(2) 供给替代

从供给角度界定相关地域市场时，反垄断执法机构会考虑的因素包括：其他地域的经营者对商品价格等竞争因素的变化做出反应的证据；其他地域的经营者供应或销售相关商品的即时性和可行性，如将订单转向其他地域经营者的转换成本等。

(四) 评述

《相关市场界定指南》在起草过程中借鉴了欧盟合并控制法律的执法实践，引入了美国、欧盟在反垄断执法实践中经常使用的假定垄断者测试，回避了"玻璃纸谬误"所产生的问题，使用替代分析方法界定相关市场，从而为我国未来反垄断执法实践提供了有益指导。

然而，《相关市场界定指南》也带来了一系列问题。这些问题涉及我国的行业统计数据不完善、不准确；产业经济、经济计量分析能力不足；市场发展程度不高、市场隐性壁垒存在；反垄断执法部门人力资源不足、能力建设投入不足等。①

二 禁止合并的条件

《反垄断法》第 28 条提出了我国禁止经营者集中的实质性标准，即"排除、限制竞争"标准。当经营者集中具有或者可能具有排除、限制竞争效果的，反垄断执法机构应当作出禁止经营者集中的决定。

根据《反垄断法》，反垄断执法机构在个案审查时综合考虑的因素包括经营者在相关市场的市场份额及其对市场的控制力、相关市场的市场集中度、经营者集中对市场进入和技术进步的影响、经营者集中对消费者和其他有关经营者的影响、经营者集中对国民经济发展的影响以及影响市场竞争的其他因素等。②

为规范经营者集中反垄断审查的竞争影响评估，指导经营者做好经营者集中申报工作，2011 年 8 月 29 日，商务部又制定了《关于评估经营者集中竞争影响的暂行规定》（以下简称《评估经营者集中竞争影响的暂行规定》）。

《评估经营者集中竞争影响的暂行规定》的内容大量借鉴了欧盟反垄断执法机构的执法实践。例如，规定指出，评估经营者集中对竞争产生不利影响的可能性时，首先考察集中是否产生或加强了某一经营者单独排除、限制竞争的能力、动机及其可能性；当集中所涉及的相关市场中有少数几家经营者时，还应考察集中是否产生或加强了相关经营者共同排除、限制竞争的能力、动机及其可能性；当参与集中的经营者不属于同一相关市场的实际或潜在竞争者时，重点考察集中在上下游市场或关联市场是否具有或可能具有排除、限制竞争效果。

市场份额和市场集中度是反垄断执法机构在评估合并时最为重视的两个因素，它们为反垄断执法机构提供了市场结构和合并当事人及其对手竞

---

① 戴健民：《相关市场界定指南之评析》，http://www.competitionlaw.cn/show.aspx?id=5348&cid=17#_ftn1。
② 《关于评估经营者集中竞争影响的暂行规定》，http://fldj.mofcom.gov.cn/article/zcfb/201109/20110907753173.shtml。另见《反垄断法》第 27 条。

争力的初步情况。与欧盟、美国反垄断执行机构在竞争分析中重视市场份额和市场集中度水平相同，《评估经营者集中竞争影响的暂行规定》也指出，市场份额是分析相关市场结构、经营者及其竞争者在相关市场中地位的重要因素，市场份额直接反映了相关市场结构、经营者及其竞争者在相关市场中的地位；市场集中度是对相关市场的结构所作的一种描述，体现相关市场内经营者的集中程度……相关市场的市场集中度越高，集中后市场集中度的增量越大，集中产生排除、限制竞争效果的可能性越大。鉴于中国各行业集中数据缺乏，《评估经营者集中竞争影响的暂行规定》同时使用了 HHI 指数和行业前 N 家企业联合市场份额（CRn 指数，以下简称行业集中度指数）来衡量市场集中度。其中，HHI 指数等于集中所涉相关市场中每个经营者市场份额的平方之和；行业集中度指数等于集中所涉相关市场中前 N 家经营者市场份额之和。

具体而言，在审查过程中，反垄断执法机构在判断参与集中的经营者是否取得或增加市场控制力时，综合考虑的因素有：参与集中的经营者在相关市场的市场份额，以及相关市场的竞争状况；参与集中的经营者产品或服务的替代程度；集中所涉相关市场内未参与集中的经营者的生产能力，以及其产品或服务与参与集中经营者产品或服务的替代程度；参与集中的经营者控制销售市场或者原材料采购市场的能力；参与集中的经营者商品购买方转换供应商的能力；参与集中的经营者的财力和技术条件；参与集中的经营者的下游客户的购买能力；以及应当考虑的其他因素。

市场进入分析也是反垄断执法机构综合竞争评估的重要组成部分。当市场进入非常容易发生时，经营者集中并不会产生排除、限制竞争的效果。相反，如果经营者集中提高相关市场的进入壁垒，集中后经营者可行使其通过集中而取得或增强的市场控制力，通过控制生产要素、销售渠道、技术优势、关键设施等方式，使其他经营者进入相关市场更加困难。有鉴于此，《评估经营者集中竞争影响的暂行规定》指出，反垄断执法机构判断市场进入的难易程度时需全面考虑进入的可能性、及时性和充分性；在评估经营者集中竞争影响时，可考察潜在竞争者进入的抵消效果，如果集中所涉及的相关市场进入非常容易，未参与集中的经营者能够对集中交易方的排除、限制竞争行为作出反应，并发挥遏制作用。

《评估经营者集中竞争影响的暂行规定》指出，经营者集中对技术进步存在积极和消极影响两个方面。前者涉及经营者通过集中,可更好地整合技术研发的资源和力量,对技术进步产生积极影响,抵消集中对竞争产生的不利影响,增进消费者利益;后者包括减弱参与集中的经营者的竞争压力,降低其科技创新的动力和投入;提高市场控制力,阻碍其他经营者对相关技术的投入、研发和利用。

《评估经营者集中竞争影响的暂行规定》亦指出,经营者集中对消费者的影响也涉及积极和消极影响两个方面。经营者集中可提高经济效率、实现规模经济效应和范围经济效应、降低产品成本和提高产品多样化,从而对消费者利益产生积极影响;相反,集中也可能会提高参与集中经营者的市场控制力,增强其采取排除、限制竞争行为的能力,使其更有可能通过提高价格、降低质量、限制产销量、减少科技研发投资等方式损害消费者利益。

经营者集中对其他有关经营者的影响也包括两种,分别是:经营者集中可能提高相关市场经营者的竞争压力,有利于促使其他经营者提高产品质量,降低产品价格,增进消费者利益;凭借通过集中而取得或增强的市场控制力,限制未参与集中经营者扩大经营规模或削弱其竞争能力,从而减少相关市场的竞争,对其上下游市场或关联市场竞争产生排除、限制竞争效果。

在考虑经营者集中对国民经济发展的影响时,《评估经营者集中竞争影响的暂行规定》指出,经营者集中有助于扩大经营规模,增强市场竞争力,从而提高经济效率,促进国民经济发展;当然,在特定情况下,经营者集中也可能破坏相关市场的有效竞争和相关行业的健康发展,对国民经济造成不利影响。

此外,在评估经营者集中时,除考虑上述因素,反垄断执法机构还需综合考虑集中对公共利益的影响、集中对经济效率的影响、参与集中的经营者是否为濒临破产的企业、是否存在抵消性买方力量等因素。

总的来说,《评估经营者集中竞争影响的暂行规定》在借鉴美国、欧盟反垄断执法实践方面是成功的。该规定在我国《反垄断法》首次建立"排除、限制竞争"标准基础上,发展了我国禁止合并的实体条件。这里唯一有所遗憾的是,鉴于我国反垄断执法实践还不长,各种行业基础数据还很缺乏,《评估经营者集中竞争影响的暂行规定》没有引入美国、欧盟和日本均已经采用的安全港。①

三 合并的豁免

我国反垄断执法机构依据《反垄断法》，在借鉴美国、欧盟反垄断执法机构的执法实践基础上，将经济效率、破产公司理论等引入经营者集中审查分析过程。例如，《反垄断法》第 27 条明确规定，审查经营者集中，应当考虑……经营者集中对市场进入、技术进步的影响、经营者集中对消费者和其他有关经营者的影响、经营者集中对国民经济发展的影响……反垄断执法机构应当考虑的影响市场竞争的其他因素。《评估经营者集中竞争影响的暂行规定》也指出，在评估经营者集中时……反垄断执法机构还需综合考虑……集中对经济效率的影响、参与集中的经营者是否为濒临破产的企业等因素。令人遗憾的是，《反垄断法》和《评估经营者集中竞争影响的暂行规定》等对于效率和破产公司理论的规定仅止于此，其内容没有深入，许多问题仍没有给予解释。

《反垄断法》在立法时也借鉴了欧盟《第 139/2004 号合并条例》及其成员国德国《反对限制竞争法》等相关法律的规定，吸收了技术进步、消费者和其他经营者的影响、社会公共利益、国民经济发展以及社会公共利益等内容，将其作为评估分析的因素。"在审查时，应当考虑……经营者集中对技术进步的影响、经营者集中对消费者和其他有关经营者的影响、经营者集中对国民经济发展的影响……经营者能够证明该集中……符合社会公共利益的，国务院反垄断执法机构可以作出对经营者集中不予禁止的决定。"②《评估经营者集中竞争影响的暂行规定》也指出，经营者集中对技术进步、消费者和其他经营者的影响以及国民经济发展均存在积极和消极影响两个方面；至于社会公共利益，反垄断执法机构在评估经营者集中时也应当予以考虑。③

总的来说，《反垄断法》和《评估经营者集中竞争影响的暂行规定》借鉴了他国的立法技术和执法实践，有着积极的意义，有助于促进我国经济法律与世界竞争法律制度的融合，推动了我国《反垄断法》立法的发展，

---

① 这里的安全港是指低于该集中度水平的经营者集中，反垄断执法机构将不会进一步考虑。应当注意的是，美国、欧盟、日本等国家虽然都采用了 HHI 指数作为分析市场集中度的主要指标，但是这些国家在使用 HHI 和 △HHI 计算市场集中度时还是有些差异的。

② 《反垄断法》第 27 条、第 28 条。

③ 《评估经营者集中竞争影响的暂行规定》第 8~12 条。

保护我国的国民经济利益。

然而,《反垄断法》对合并豁免的规定还存在一些模糊性,这也阻碍了我国《反垄断法》的执法活动。例如《反垄断法》虽然提到了要考虑合并对技术进步的影响,但是没有解释技术进步是否是给消费者带来直接利益的技术,这容易滑入产业政策的倾向,从而以技术进步为由代替竞争政策的考虑而保护合并企业的竞争对手。事实上,欧盟《第 139/2004 号合并条例》所规定的"技术和经济进步"因素同样受到了来自各界的众多批评,因此,欧盟委员会在使用"技术和经济进步"时非常谨慎,将该因素束之高阁。

此外,需要注意的是,《反垄断法》在借鉴国外经营者集中豁免制度时还存在一定的理解误区。例如,《反垄断法》虽然借鉴了德国《反对限制竞争法》的"整体经济利益"条款,规定"经营者能够证明该集中对竞争产生的有利影响明显大于不利影响,或者符合社会公共利益的,国务院反垄断执法机构可以作出对经营者集中不予禁止的决定",但是该法没有制定有效的约束机制。根据德国《反对限制竞争法》第 42 条第 1 款的规定,"在特别情况下,合并对整体经济产生的利益远远大于合并对竞争的限制,或者合并符合重大的公共利益,经申请,联邦经济和劳工部部长可以批准联邦卡特尔局所禁止的合并。在批准时,联邦经济和劳工部部长也可以考虑参与合并的企业在本法适用范围之外的各个市场上的竞争力。"[1]

---

[1] See Act against Restraints of Competition, http://www.bundeskartellamt.de/wEnglisch/download/pdf/06_G_WB_7__Novelle_e.pdf. Article 42 of the Act 'Ministerial Authorisation' regulates: (1) The Federal Minister of Economics and Labour shall, upon application, authorise a concentration prohibited by the Bundeskartellamt if, in a specific case, the restraint of competition is outweighed by advantages to the economy as a whole following from the concentration, or if the concentration is justified by an overriding public interest. In this context the competiveness of the participating undertakings in markets outside the scope of application of this Act shall also be taken into account. Authorisation may be granted only if the scope of the restraint of competition does not jeopardize the market economy system. (2) Authorisation may be granted subject to conditions and obligations. § 40 (3) and (3a) shall apply mutatis mutandis. (3) The application shall be submitted in writing to the Federal Minister of Economics and Labour within a period of one month from service of the prohibition. If the prohibition is appealed, the period shall run from the date when the prohibition becomes final. (4) The Federal Minister of Economics and Labour should decide on the application within four months. Prior to the decision, an opinion of the Monopolies Commission shall be obtained, and the supreme Land authorities in whose territory the participating undertakings have their registered seat shall be given an opportunity to comment. See also Act Against Restraints of Competition, available at http://www.gesetze-im-internet.de/englisch_gwb/englisch_gwb.html#p0231.

分析德国《反对限制竞争法》第 42 条第 1 款可以发现，在联邦卡特尔局作出禁止合并的决定后，经合并当事人申请，符合合并对整体经济产生的利益远远大于合并对竞争的限制，或者合并符合重大的公共利益等条件后，卡特尔局的上级才可以批准被撤销的合并。然而，《反垄断法》第 28 条直接把权力授予反垄断执法机构，由该机构在审查合并时进行考虑，而没有授予其行政负责人或更高一级机构在反垄断执法机构作出决定后进行考虑，这就容易使反垄断执法机构具有执行产业政策和执行竞争政策的双重任务，影响其保护市场竞争，防止和制止垄断行为，维护经营者、消费者合法权益和社会公共利益，促进经济健康发展的立法目的。

有鉴于此，在未来完善我国《反垄断法》合并豁免制度过程中，立法者应该深入研究国外合并控制制度中的合并豁免的起源、发展和未来趋势，而不应断章取义地移植。在当前成熟的市场经济国家中，效率、潜在竞争理论、破产公司理论和合法利益保护是这些市场经济国家企业合并豁免制度中的主要内容。其中，效率、潜在竞争理论和破产公司理论是多数合并审查机构审查企业合并时考虑的因素，合法利益保护是合并控制法中的适用除外规定。[①] 此外，有些国家虽然在合并控制制度中还保留了一些产业政策的条款，例如考虑国民经济发展利益等，但是这些国家在适用这些例外性规定时有着这样或那样的严格规定，通常将这些条款的行使权通过法律授权给更高一级机关或者反垄断机构行政负责人，由他们综合听取多方面意见后慎重作出决定，以便把合并对有效竞争的负面影响减少到最低程度。这种考虑符合反垄断法的目标和反垄断执法机构的任务，即保护竞争，而不是保护竞争者。我国在完善反垄断法中的合并豁免制度时也应当予以考虑。

在未来完善合并豁免制度时，《反垄断法》应当明确把效率、潜在竞争理论、破产公司理论和合法利益明确纳入合并豁免的主要内容。其中，效率、潜在竞争理论和破产公司理论应当作为审查企业合并时需要考虑的因素，而涉及公共安全和审慎原则在内的合法原则应当作为适用除外条款加以规定，由反垄断执法机构通过听取多方面意见后慎重做出。

[①] 根据欧盟《第 139/2004 号合并条例》第 21 条的规定，合法利益包括公共安全、媒体多元化和审慎原则。

需要注意的是，在合并审查中，反垄断执法机构考虑的效率应当是合并所特有的、是可以认识的、是经过证明的，且应由合并当事人所主张。反垄断执法机构在适用潜在竞争理论时，应当考虑市场潜在进入的及时性、可能性和充分性是否能够阻止或者抵消合并的反竞争影响，即评估这种市场进入能否在一个适当时期内对市场发生重大影响，是否能够盈利，并由此可对具有反竞争影响的合并做出反应，以及有着及时性和可能性的市场进入能否可以充分地使市场价格回落到合并前水平。

反垄断执法机构在适用破产公司理论时，还应给出详细解释和说明。举例来说，当破产公司在不久的将来无法承担债务（资不抵债），无法根据《破产法》的规定成功重组，虽经善意努力仍无法成功地寻找到其他适当买方，且如果没有此项收购，破产公司资产将退出相关市场时，或者当破产部门在经营中存在亏损，且有证据表明如果不合并，该部门资产将很快退出市场，以及破产部门的所有者作出合理真诚努力尝试过以超过清算价值向能减少竞争关注的替代购买者出售该部门时，反垄断执法部门应当适用破产公司理论。

至于国防工业和金融产业等特殊行业的利益保护，包括公共安全和审慎原则在内的合法原则条款应该在未来予以引入。反垄断执法机构在适用该条款时，应当听取相关主管部门的意见后做出决定。

此外，我国《反垄断法》中类似于德国《反对限制竞争法》"整体经济利益"条款的公共利益条款也应当在未来给予具体解释和限制。在适用该条款时，立法者应当将其授权给反垄断执法机构的上级机关依法行使。

四　合并救济措施

我国《反垄断法》在立法时借鉴了美国、欧盟合并控制制度的相关内容，对不予禁止的经营者集中，反垄断执法机构可以决定附加减少集中对竞争产生不利影响的限制性条件；在作出对经营者集中附加限制性条件的决定后，反垄断执法机构将及时向社会公布。

为规范经营者集中反垄断审查工作，明确经营者集中反垄断审查程序，《审查办法》分别对限制性条件的种类、对限制性条件的要求、限制性条件的提出和修改等问题作了规定。

根据该办法，限制性条件包括剥离部分资产或业务等结构性条件；开放网络或平台等基础设施、许可关键技术（包括专利、专有技术或其他知识产权）、终止排他性协议等行为性条件；以及结构性条件和行为性条件相结合的综合性条件。

在审查过程中，为消除或减少经营者集中具有或者可能具有的排除、限制竞争的效果，参与集中的经营者可以提出对集中交易方案进行调整的限制性条件；提出的限制性条件应能够消除或减少经营者集中具有或者可能具有的排除、限制竞争效果，并具有现实的可操作性；限制性条件的书面文本应当清晰明确，以便于能够充分评价其有效性和可行性；反垄断执法机构和参与集中的经营者在审查过程中，为消除或减少经营者集中具有或者可能具有的排除、限制竞争效果，均可以提出对限制性条件进行修改的意见和建议。

依据我国《反垄断法》的相关规定，并借鉴国外经验，《审查办法》对附条件审查决定的实施和监督等问题也做了相应的规定。对于附加限制性条件批准的经营者集中，参与集中的经营者有遵守限制性条件的义务，应当按指定期限向商务部报告限制性条件的执行情况，反垄断执法机构有权对参与集中的经营者履行限制性条件的行为进行监督检查。如果参与集中的经营者未依限制性条件履行规定义务的，反垄断执法机构可以责令其限期改正；在规定期限内未改正的，可以依照《反垄断法》相关规定予以处理。

2010年7月，为规范经营者集中附加资产或业务剥离限制性条件决定的实施，在借鉴了欧盟合并救济措施的法律实践后，商务部颁布实施了《关于实施经营者集中资产或业务剥离的暂行规定》（以下简称《资产或者业务剥离的暂行规定》）。

《资产或者业务剥离的暂行规定》将剥离分为自行剥离和受托剥离。其中，自行剥离是指剥离义务人应当在审查决定规定的期限内，找到适当的买方并签订出售协议及其他相关协议；受托剥离是指剥离义务人在未能如期完成自行剥离后，则由剥离受托人按照审查决定规定的期限和方式找到适当的买方，并达成出售协议及其他相关协议。

为确保剥离符合审查决定的要求，《资产或者业务剥离的暂行规定》引入了监督受托人和剥离受托人，规定了监督受托人和剥离受托人的资质和推荐要求，并强调商务部有权进行评估。监督受托人是指受剥离义务人委托，负责对业务剥离进行全程监督的自然人、法人或其他组织；剥离受托人是指在受托剥离阶段，受剥离义务人委托，负责找到适当的买方并达成出售协议及其他相关协议的自然人、法人或其他组织；监督受托人和剥离受托人可以为相同的自然人、法人或其他组织。监督受托人和剥离受托人必须具有从事受托业务的必要资源和能力，并且应独立于参与集中的经营者和剥离业务的买方，与其不存在实质性利害关系。剥离义务人应当根据审查决定的要求委托监督受托人，并在受托剥离阶段委托剥离受托人。根据《资产或者业务剥离的暂行规定》，剥离义务人向商务部提交监督受托人人选的时间为审查决定之日起15日内，提交剥离受托人人选的时间为进入受托剥离阶段30日前。对于剥离义务人推荐的监督受托人、剥离受托人，商务部有权进行评估。

经商务部同意，剥离义务人与监督受托人（或者剥离受托人）应签订书面委托协议，约定报酬数量及其支付方式，明确各方职责和义务。监督受托人（或者剥离受托人）自协议生效之日起至业务剥离完成之日（或者受托剥离阶段结束之日）的整个期间履行职责。书面委托协议不得约定损害监督受托人和剥离受托人履行受托职责独立性及工作效率的内容。此外，剥离义务人非经商务部的同意，不得解除、变更与监督受托人和剥离受托人的委托协议；剥离义务人非经商务部同意，不得对监督受托人和剥离受托人发出指示。

剥离义务人与监督受托人签订的委托协议里应明确监督受托人的职责。职责内容涉及：合规监管和定期提交监督报告；评估剥离义务人推荐的买方人选、拟签订的出售协议及其他相关协议并提交报告；监督出售协议及其他相关协议的执行并定期提交监督报告；协调剥离义务人与潜在买方就剥离事项产生的争议并提交报告；以及商务部要求提交的其他与业务剥离有关的报告。监督受托人应当在商务部监督下，本着勤勉、尽职的原则，独立于剥离义务人履行上述履行职责。监督受托人未经商务部同意，不得向剥离义务人披露其在履行职责过程中向商务部提交的各种报告；监督受托人应当保守在履行职责过程中获悉的商业秘密和其他保密信息。

剥离义务人对监督受托人给予帮助是非常重要的。剥离义务人应当为监督受托人履行职责提供必要的便利和支持，包括向监督受托人提供剥离业务相关当事方的信息，剥离业务的账簿和记录，潜在买方的信息，剥离义务人提供给潜在买方的信息，剥离过程的进展以及监督受托人为履行职责需要的其他信息和支持等。

在自行剥离时，剥离义务人与买方之间签署的任何协议，包括剥离业务出售协议、过渡期协议等，不得含有与审查决定相违背的条款。剥离义务人应当在出售协议及其他相关协议签订之日起3个月内将剥离业务转移给买方，并完成所有权转移等相关法律程序。根据案件具体情况，经剥离义务人申请并说明理由，商务部可酌情延长业务转移的期限。

在受托剥离情况下，剥离受托人应当接受商务部的监督，按照审查决定规定的期限和方式，找到适当的买方并达成出售协议和其他相关协议。此时，剥离义务人在委托协议中应当给予剥离受托人独立处理剥离业务的书面授权，并应当为剥离受托人履行职责提供必要的支持和便利。未经商务部同意，剥离受托人不得向剥离义务人披露其履行职责过程中的信息；剥离受托人应当向商务部定期报告其履行职责的进展情况，并保守在履行职责过程中获悉的商业秘密和其他保密信息。

无论是自行剥离，还是受托剥离，剥离业务的买方均应当：独立于参与集中的经营者，与其不存在实质性利害关系；拥有必要的资源、能力并有意愿维护和发展被剥离业务；购买剥离业务不会产生排除、限制竞争的问题；如果购买剥离业务需要其他有关部门的批准，买方应当具备取得其他监管机构批准的必要条件。

为保证有效剥离，参与集中的经营者在剥离完成前应确保剥离业务的价值，履行有关义务，这些义务包括：保持剥离业务与其他业务之间相互独立，并以最符合剥离业务利益的方式进行管理；不得实施任何可能对剥离业务有不利影响的行为，包括聘用被剥离业务的员工，获得剥离业务的商业秘密和其他保密信息等；指定专门的管理人，负责管理剥离业务并履行有关义务；确保潜在买方能够以公平合理的方式获得有关剥离业务的充分信息，使得潜在买方能够评估剥离业务的价值、范围和商业潜力；根据买方的要求向其提供必要的支持和帮助，确保剥离业务的顺利交接和稳定经营；向买方及时移交剥离业务并履行相关法律程序。

最后，《资产或者业务剥离的暂行规定》还指出，商务部有权对剥离义务人推荐的监督受托人、剥离受托人、剥离业务买方人选、委托协议和拟签订的剥离业务出售协议及相关协议等进行评估，以确保其符合审查决定的要求；有权监督和评估受托人和剥离受托人履行职责的情况。

商务部在实施《资产或者业务剥离的暂行规定》使用结构救济的同时，也开始积极探索使用行为救济和包含结构和行为的综合救济，尽管这样的探索受到了质疑。① 实践中,商务部在附条件批准的经营者集中案件中大量使用了行为救济,这里既有美国、欧盟等反垄断执法机构经常使用的如开放承诺、非歧视条款、终止排他性合同以及过渡性援助义务等行为救济方式,也存在一些国外反垄断执法机构不太常用的行为救济方式,如对供给和服务标准的承诺、禁止市场扩张、保持独立以及禁止某些市场行为等。其中,那些国外反垄断执法同行不经常采用的行为救济对商务部的监管能力构成了一定的挑战,给国外同行留下了商务部更愿意接受行为救济的印象。② 例如,在 2008 年英博公司收购 AB 公司案件中,③ 商务部使用了行为救济,要求英博公司履行如下承诺义务,包括:不得增加 AB 公司在青岛啤酒股份有限公司现有 27% 的持股比例;如果英博公司的控股股东或控股股东的股东发生变化,必须及时通报商务部;不得增加英博公司在珠江啤酒股份有限公司现有 28.56% 的持股比例;不得寻求持有华润雪花啤酒(中国)有限公司和北京燕京啤酒有限公司的股份。在 2012 年沃尔玛公司收购纽海控股 33.6% 股权案件中,④ 沃尔玛公司通过其全资子公司 GEC 2 增加对纽海控股的持股比例,以实现通过纽海控股取得对益实多 1 号店网上直销业务的控制权,在这里商务部也使用了行为救济,要求沃尔玛公司履行如下义务,包括:纽海上海此次收购,仅限于利用自身网络平台直接从事商品销售的部分;在未获得增值电信业务许可的情况下,纽海上海在此次收购后不得利用自身网络平台为其他交易方提供网络服务;沃尔玛公司不得通过 VIE 架构从事目前由上海益实多电子商务有限公司(益实多)运营的增值电信业务;此外,商务部还在其附加限制性条件的决定中强调,它有权通过监督受托人或者

---

① 与美国和欧盟执法机构完全不同的是,商务部接受纯粹行为救济的做法。Review of Merger Control and Merger Remedies Regime in China:From 2008 – 2013, available at http: // www. chinalawinsight. com/2013/08/articles/corporate/antitrust – competition/review – of – merger – control – and – merger – remedies – regime – in – china – from – 2008 – 2013/.

② 2013 Antitrust Merger Enforcement Update and Outlook, available at http://www. gibsondunn. com/publications/pages/2013 – Antitrust – Merger – Enforcement – Update – Outlook. aspx#_ toc351047862.

③ 《中华人民共和国商务部公告 2008 第 95 号》, http://fldj. mofcom. gov. cn/article/ztxx/200811/20081105899216. shtml。

④ 《商务部公告 2012 年第 49 号关于附加限制性条件批准沃尔玛公司收购纽海控股 33.6% 股权经营者集中反垄断审查决定的公告》, http://fldj. mofcom. gov. cn/article/ztxx/201303/20130300058730. shtml。

自行监督检查沃尔玛公司履行上述义务。在安谋公司、捷德公司和金雅拓公司组建合营企业案件中,[1] 由于该项集中可能对可信执行环境（Trusted Execution Environment,以下简称 TEE）市场具有排除、限制竞争的效果,因此商务部接受了行为救济,要求：安谋公司本着无歧视性原则,及时发布基于安谋公司应用处理器 TrustZone 技术之上研发 TEE 所必需的安全监控代码及其他信息,包括相关许可、授权的标准及条件；安谋公司不得通过对自有知识产权的特殊设计降低第三方 TEE 的性能；承诺义务自合并审查决定之日起 8 年内有效,安谋公司每年应将履行义务的情况向商务部报告；此外,为保证当事人遵守该项承诺,商务部可以自行或者通过监督受托人监督检查安谋公司履行上述义务情况。

2013 年 3 月 27 日,商务部公布了《关于经营者集中附加限制性条件的规定（征求意见稿）》[以下简称《附加限制性条件的规定（征求意见稿）》] 公开征求意见。

《附加限制性条件的规定（征求意见稿）》是对商务部近五年来附条件批准经营者集中案例的总结。《附加限制性条件的规定（征求意见稿）》包含七个部分,分别是总则、限制性条件的确定、限制性条件的实施、限制性条件的监督、限制性条件的变更和解除、法律责任及其附则。与现有的《审查办法》和《资产或者业务剥离的暂行规定》相比,《附加限制性条件的规定（征求意见稿）》不仅进一步细化了剥离资产、知识产权或相关权益等结构性条件的规定,还包括了行为性条件以及结构性条件和行为性条件相结合的综合性条件的规定；[2] 此外,《附加限制性条件的规定（征求意见稿）》还对限制性条件的提出、评估、实施、监督、变更和解除的要求和程序,以及违反者应承担的法律责任等进行了规定。[3]

《附加限制性条件的规定（征求意见稿）》仍然存在一些细节性问题。

---

[1] 《商务部公告 2012 年第 87 号关于附加限制性条件批准安谋公司、捷德公司和金雅拓公司组建合营企业经营者集中反垄断审查决定的公告》,http://fldj.mofcom.gov.cn/article/ztxx/201212/20121208469841.shtml。

[2] 《商务部拟出台〈经营者集中附加限制性条件的规定〉》,http://www.co-effort.com/zh_CN/infomation_show.asp?id=549。

[3] 顾正平：《商务部加快制定反垄断法配套规定》,http://www.anjielaw.com/downloadRepository/0396d85f-6a0e-4c1c-b593-a2ec4afb6df2.pdf。

例如，应当明确：在纵向交易或者包含有纵向因素的横向交易中考虑适用行为性限制条件；行为性限制条件应该仅用来解决与集中相关的竞争关注；商务部有权要求在集中实施之前完成剥离或者允许在集中实施之后进行剥离；剥离不成功引发"皇冠宝石条款"的替代救济，即单方出售合并当事人更多、更易出售的优质资产；增加变更受托人的程序；限制性条件的变更和解除应依当事人申请或者依职权主动进行，并考虑更为具体限定的因素如市场结构和当事人从事反竞争行为等。[①]

第四节　我国对境外企业并购的管辖权

《反垄断法》首次引入了管辖权域外适用条款。《反垄断法》第2条规定，……境外的垄断行为，对境内市场竞争产生排除、限制影响的，适用本法。根据条款文义可以得出，第2条使用了美国反托拉斯法中的"效果原则"，即只要境外的垄断行为对境内市场竞争产生了排除、限制影响的效果，我国反垄断执法机构就可以对其适用国内法。在这里，境外的垄断行为包括经营者达成垄断协议、经营者滥用市场支配地位，以及具有或者可能具有排除、限制竞争效果的经营者集中。

合并控制制度中的申报标准不影响管辖权域外适用条款的适用。《反垄断法》第21条提出了经营者集中申报标准，要求符合申报标准的经营者集中应当向反垄断执法机构进行申报。该条款确立了我国反垄断执法机构对符合申报标准的跨国并购有权行使管辖权。需要注意的是，法律没有对不符合申报标准的经营者集中放弃管辖。根据《关于经营者集中申报标准的规定》第4条的规定，经营者集中未达到申报标准的，但按照规定程序收集的事实和证据表明该经营者集中具有或者可能具有排除、限制竞争效果的，国务院商务主管部门应当依法进行调查。该条款重申了《反垄断法》第2条的表述，明确了对于未达到申报标准的跨国并购，只要有事实和证据

[①] 《美国律师协会反垄断法部和国际法部对中国商务部〈关于经营者集中附加限制性条件的规定（征求意见稿）〉的联合意见》，http://meetings.abanet.org/webupload/commupload/IC860000/newsletterpubs/comments_ salsilremofcomdraftregsmergerremediescombined5_ 2013. pdf。

表明该集中对境内市场具有或者可能具有排除、限制竞争效果，商务部就有职权依法发起调查。由此可以看出，与欧盟法院在纸浆案中确立的实施原则相比，《反垄断法》第 2 条的效果原则与美国反托拉斯法对外国进口商业的实践更加类似，尽管欧盟法院使用的实施原则与效果原则能够达到相同的结果。

《反垄断法》虽然借鉴了美国反托拉斯法中的效果原则，但因缺乏礼让原则考虑，容易引起我国与他国在并购管辖问题上的冲突。例如，对于非进口的涉外贸易或者商业，如发生外国投资者境外并购活动影响我国进出口情况时，《反垄断法》第 2 条虽然能够积极主张我国对这些合并的管辖权，但是由于缺乏对礼让原则的设计，会给我国与其他国家在正式和有效地解决跨国并购的管辖权冲突前造成了一些困难。实践中，美国法院和反托拉斯执行机构对非进口的涉外贸易或者商业会根据《1982 年外国贸易反垄断改进法》适用"直接、重大、合理可预见影响"的原则，即影响美国进出口的反竞争行为，只要美国法院能够取得对实施行为人或者公司的管辖权，就适用"直接、重大、合理可预见影响"的标准。这里需要特别提到的是，美国反托拉斯执行机构对于影响美国出口的外国交易当事人，如果其有关行为在进口国的反垄断法中也属于非法行为，该的反垄断主管机构更适合提供救济，且该国主管机构准备根据该国的反垄断法采取行动消除美国反托拉斯执行机构的疑虑，那么美国反托拉斯执行机构将与该国通力合作。此外，美国《国际经营反托拉斯指南》还专门就礼让问题进行了详细的规定以方便反托拉斯执行机构在分析案件时进行参考。与美国反托拉斯域外适用实践相比，我国的《反垄断法》缺乏类似设计。

考虑到并购管辖权是一国法律适用于合并的主权，我国应在肯定"效果原则"积极作用的同时，对非进口的涉外贸易或者商业，如发生外国投资者境外并购活动影响我国进出口情况时，适用"直接、重大、合理可预见影响"的原则，即影响国内进出口的反竞争行为，只要能够取得对实施行为人或者公司的管辖权，就适用"直接、重大、合理可预见影响"的标准。此外，我国反垄断执法机构应当加强与国外同行的交流和合作，积极与他国和地区签订礼让协议，交换非保密信息，从而提高我国《反垄断法》的执法水平。

参考文献

一 中文著作

1. 美国律师协会反垄断分会编《合并与收购：理解反垄断问题》（第3版），黄晋译，北京大学出版社，2012。
2. 美国律师协会反垄断分会编《并购前申报实务手册》，张华译，北京大学出版社，2011。
3. 美国律师协会反垄断分会编《企业并购前的协同：关于抢先合并与信息交换的新规则》，郝倩等译，北京大学出版社，2011。
4. 王先林主编《中国反垄断法实施热点问题研究》，法律出版社，2011。
5. 文学国、孟雁北、高重迎：《反垄断法执行制度研究》，中国社会科学出版社，2011。
6. 王晓晔：《反垄断法》，法律出版社，2011。
7. 王晓晔：《竞争法学》，社会科学文献出版社，2007。
8. 王晓晔：《企业合并中的反垄断问题》，法律出版社，1997。
9. 王晓晔：《竞争法研究》，中国法制出版社，1999。
10. 王晓晔、〔日〕伊从宽主编《竞争法与经济发展》，社会科学文献出版社，2003。
11. 王晓晔主编《经济全球化下竞争法的新发展》，社会科学文献出版社，2005。
12. 王巍、康荣平主编《中国并购报告（2001）》，中国物资出版社，2001。
13. 全球并购研究中心编《中国并购报告（2006）》，人民邮电出版社，2006。
14. 〔日〕根岸哲、舟田正之：《日本禁止垄断法概论》，王为农、陈杰译，中国法制出版社，2007。
15. 尚明主编《主要国家（地区）反垄断法律汇编》，法律出版社，2004。
16. 董红霞：《美国欧盟横向并购指南研究》，中国经济出版社，2007。
17. 唐绪兵：《中国企业并购规制》，经济管理出版社，2006。
18. 宋军：《跨国并购与经济发展》，中国财政经济出版社，2004。
19. 卫新江：《欧盟、美国企业合并反垄断规制比较研究》，北京大学出版社，2005。
20. 刘宁元主编《中外反垄断法实施体制研究》，北京大学出版社，2005。
21. 种明钊主编《竞争法学》，法律出版社，2005。
22. 王学庆等：《管制经济学——垄断性行业的政府规制》，中国水利水电出版社，2004。
23. 段爱群：《跨国并购原理与实证分析》，法律出版社，1999。
24. 干春晖：《并购经济学》，清华大学出版社，2004。
25. 张舫：《公司收购法律制度研究》，法律出版社，1998。
26. 佟福全：《第五次浪潮》，中国民航出版社，1999。
27. 郑海航、李海舰、吴冬梅主编《中国企业兼并研究》，经济管理出版社，1999。
28. 徐国兴：《市场进入壁垒理论》，中国经济出版社，2007。
29. 查理斯·R. 吉斯特著：《美国垄断史——帝国的缔造者和他们的敌人（从杰伊·古尔德到毕尔·盖茨）》，傅浩等译，经济科学出版社，2004。
30. 黄东黎主编《国际经济法》，社会科学文献出版社，2006。
31. 余劲松、吴志攀主编《国际经济法》，北京大学出版社，2000。
32. 史建三：《跨国并购论》，立信会计出版社，1999。
33. 沈四宝：《西方国家公司法原理》，法律出版社，2006。
34. 顾耕耘主编《市场秩序与公司法之完善》，人民法院出版社，2000。
35. 裴长洪：《利用外资与产业竞争力》，社会科学文献出版社，1998。
36. 黄辉编：《WTO与国际投资法律实务》，吉林人民出版社，2001。
37. 史宇华等编著《WTO与中国企业法律制度的冲突与规避》，中国城市出版社，2001。
38. 王贵国：《国际投资法》，北京大学出版社，2001。
39. 江小涓等主编《中国对外经贸理论前沿》，社会科学文献出版社，2001。

40. 陈致中编著《国际法案例》，法律出版社，1998。
41. 陈安主编《国际经济法学》，北京大学出版社，1994。
42. 朱伟一：《美国公司法判例解析》，中国法制出版社，2000。
43. 〔美〕J. 弗雷德·威斯通等：《兼并、重组与公司控制》，唐旭等译，经济科学出版社，1998。
44. 〔美〕保罗·克鲁格曼、茅瑞斯·奥伯斯法尔德：《国际经济学》，海闻、刘伟、秦琦、梅晓群等译，中国人民大学出版社，1998。

二 中文论文

1. 吴宗杰、曹东锋：《新一轮外资并购的战略意图及对策分析》，《商场现代化》2006年第25期。
2. 王银凤等：《美国外资并购规制及其借鉴》，《证券市场导报》2006年第7期。
3. 杜亮：《〈反垄断法〉起草应有全球视野》，《中国企业家》2006年第6期。
4. 廉恩臣：《对外资并购应加强法律规制》，《法人》2006年第5期。
5. 白津夫：《外资并购"来者不善"》，《瞭望新闻周刊》2006年第18期。
6. 王乃晶：《我国公司并购立法探析》，《学术交流》2006年第3期。
7. 廖丹艳：《对中国外资并购中反垄断程序规则的思考》，《社科纵横》2006年第1期。
8. 文青：《外资并购反垄断控制的困惑与解决思路》，《世界经济研究》2006年第1期。
9. 李娅、陈伟：《跨国并购管制与国家经济安全：西方经验及对中国的启示》，《国际技术经济研究》2006年第1期。
10. 童天骄：《浅析跨国并购及其法律规制》，《台声（新视角）》2006年第1期。
11. 徐中起、刘鹏：《我国外资并购反垄断的域外适用问题》，《法学杂志》2006年第1期。
12. 联合国贸易与发展会议：《来自发展中经济体和转型期经济体的外国直接投资：对发展的影响》，《世界投资报告》2006年版。

13. 联合国贸易与发展会议：《跨国公司与研发活动的国际化》，《世界投资报告》2005年版。
14. 冯继光：《关于跨国并购管制法律问题探析》，《国际问题研究》2005年12月。
15. 朱兆敏：《入世后中国涉外投资立法取向研究》，《世界贸易组织动态与研究》2005年第7期。
16. 曹虹：《欧盟对跨国并购的反垄断监管》，《环球法律评论》2005年第6期。
17. 马永梅：《国外并购反垄断立法制度分析》，《产权导刊》2005年第6期。
18. 盛杰民：《论我国〈反垄断法〉的调整范围》，《法学杂志》2005年第1期。
19. 许光耀：《反垄断法的域外适用》，《时代法学》2004年第3期。
20. 聂明华：《中国外资并购中的反垄断问题研究》，《统计研究》2004年第6期。
21. 王晓晔、陶正华：《WTO竞争政策及其对中国的影响》，《中国社会科学》2003年第5期。
22. 陈佳贵、王钦：《跨国公司并购与大型国有企业改革》，《中国工业经济》2003年第4期。
23. 孙晋、涂汉文：《自然垄断的规制改革与反垄断法适用除外的科学构建》，《武汉大学学报（社会科学版）》2003年第5期。
24. 江小涓：《跨国投资、市场结构与外商投资企业的竞争行为》，《经济研究》2002年第9期。
25. 杜传忠：《从分散竞争到寡头垄断：中国工业市场结构调整的路径选择》，《中国人民大学复印报刊资料（工业经济）》2002年第3期。
26. 盛学军、疗晓燕：《转轨时期我国产业内过度竞争成因解析与政策选择》，《社会科学战线》2001年第6期。
27. 张劲松：《试论对国际性并购的法律管制》，《国际贸易问题》2001年第1期。
28. 沈敏荣：《论国际反垄断法的不确定性》，《法律研究与探索》2001年第1期。

29. 王晓晔：《从微软案看中国的〈反垄断法〉》，《中国律师》2000 年第 9 期。
30. 徐士英：《外资诟病国内企业的垄断问题》，《中国工商管理研究》2000 年第 5 期。
31. 徐学慎：《全球大并购推动经济全球化》，《中央财经大学学报》2000 年第 4 期。
32. 吴越：《论企业集团与集团法及反垄断法的关系——德国法对我国的启示》，《现代法学》2000 年第 4 期。
33. 沈敏荣：《国际反垄断法的现状及其发展》，《国际贸易问题》2000 年第 2 期。
34. 李鹏程：《上市公司国际并购及其法制环境分析》，《国际经济合作》2000 年第 2 期。
35. 陈志宏：《全球企业并购的现状、影响与启示》，《世界经济研究》2000 年第 1 期。
36. 薛爱娟：《企业并购中需要解决的问题》，《当代法学》2000 年第 2 期。
37. 宋永泉：《论上市公司公开收购的法律问题》，《中国法学》1999 年第 5 期。
38. 陈安国：《论经济全球化中的跨国公司及其对民族国家的挑战》，《南京师大学报（社会科学版）》2000 年第 5 期。
39. 王慧：《更加复杂的利益均衡——国际私法规则在国际并购中的适用》，《国际贸易》2000 年第 10 期。
40. 〔德〕鲁尔夫·史托贝尔：《经济的全球化和国际经济法的法律原则》，李大雪、倪宁军、杨阳译，《南京大学法律评论》2000 年第 1 期。
41. 王晓晔：《巨型跨国合并对反垄断法的挑战》，《法学研究》1999 年第 5 期。

三 英文著作

1. Bines, Harvey E., *Investment Management Law and Regulation*, Aspen Publishers, 2004.
2. Cahill, Dermot (ed.) & Cooke, John D. (General Rapporteur), *The Moder-*

naisation of EU Competition Law Enforcement in the EU, Cambridge University Press, 2004.
3. Chao, Yang – Ching, *International and Comparative Competition Laws and Policies*, Kluwer Law International, 2001.
4. Craig, Paul & Burca, Grainne de, *The Evolution of EU Law*, Oxford University Press, 1999.
16. Dabbah, Maher M., *The Internationalisation of Antitrust Policy*, Cambridge University Press, 2003.
5. Dunning, John H. (ed.), *Governments, Globalization, and International Business*, Oxford University Press, 1997.
6. Dutilh, Nauta, *Merger Control in Europe: EU, Member States and Accession States*, Kluwer Law International 2003.
7. Dutih, Nauta (ed.), *Dealing with Dominance: the Experience of National Competition*, Kluwer Law International, 2004.
8. Evenett, Simon J. & Lehmann, Alexander & Steil, Benn (ed.), *Antitrust Goes Global – What Future for Transatlantic Cooperation?*, Royal Institute of International Affairs (London), 2000.
9. Faull, Joanthan & Nikpay, Ali (ed.), *The EC Law of Competition*, Oxford University Press, 1999.
10. Geest, Gerrit de & Bergh, Roger van den (ed.), *Comparative Law and Economics*, Edward Elgar Publishing, 2004.
11. Gerber, David J., *Law and Competition in Twentieth Century Europe: Protecting Prometheus*, Oxford University Press, 2001.
12. Goyder, D. G., *EC Competition Law*, the Fourth Edition, Oxford University Press 2003.
13. Guinnane, Timothy W. & Sundstrom, William A. & Whatley, Warren, *History, Matters: Essays on Economic Growth, Technology, and Demographic Change*, Stanford University Press, 2004.
14. Hildebrand, Doris, *The Role of Economic Analysis in the EC Competition Rules*, Kluwer Law International, 2002.
15. Holmes, Marjorie & Davey, Lesley (ed.), *A Practical Guide to National*

Competition Rules across Europe, Kluwer Law International, 2004.
16. Jones, Alison & Sufrin, Brenda, *EC Competition Law (Second Edition)*, Oxford University Press, 2004.
17. Jones, Clifford A. and Matsushita, Mitsuo (ed.), *Competition Policy in the Global Trading System*, Kluwer Law International, 2002.
18. Katrak, Homi & Stranger, Rgoer (ed.), *The WTO and Developing Countries*, Palgrave Macmillan, 2004.
19. Koenig, Christian & Bartosch, Andreas & Braun, Jens – Daniel (ed.), *EC Competition and Telecommunications Law*, Kluwer Law International, 2002.
20. Korah, Valentine, *An Introductory Guide to EC Competition Law and Practice*, Hart Publishing, 2004.
21. Larsen, Lene Bomann & Wiggen, Oddny, *Responsibility in World Business: Managing Harmful Side – effects of Corporate Activity*, United Nations University Press, 2004.
22. Leveque, Francois & Shelanski, Howard, *Merger Remedies in American and European Union Competition Law*, Edward Elgar Publishing Limited, 2003.
23. Lindsay, Alistair, *The EC Merger Regulation: Substantive Issues*, SWEET & MAXWELL Limited, 2003.
24. Mendelsohn, Martin & Rose, Stephen, *Guide to the EC Block Exemption for vertical Agreement*, Kluwer Law International, 2002.
25. Motta, Massimo, *Competition Policy: Theory and Practice*, Cambridge University Press, 2004.
26. Navarro, Edurne & Font, Andres & Folguera, Jaime & Briones, Juan, *Merger Control in the EU*, Oxford University Press, 2002.
27. Pearlstein, Debra J., *Antitrust Law Development*, Fifth Edition, American Bar Association, 2002.
28. Petersmann, Ernst – Ulrich & Pollack, Mark A. (ed.), *Transatlantic Economic Disputes: the EU, the US, and the WTO*, Oxford University Press, 2003.
29. Rivas, Jose, *The EU Merger Regulation and the Anatomy of the Merger Task Force*, Kluwer Law International, 1999.

30. Sornarajah, M., *The International Law on Foreign Investment*, Cambridge University Press, 2004.
31. Sullivan, Lawrence A. and Grimes, Wareen S., *The Law of Antitrust: An Intergrated Handbook*, West Group, 2000.
32. Verloop, Peter (ed.), *Merger Control in the EU*, Third Edition, Kluwer Law International, 1999.
33. Whish, Richard, *Competition Law*, Fifth Edition, LexisNexis Butterworths, 2003.
34. Wilson, Joseph, *Globalization and the Limits of National Merger Control Laws*, Kluwer Law International, 2003.

四 英文论文

1. Baer, J. William & Feinstein, L. Deborah & Meisner Matthew D., *Fixing the Problem: Recent Developments in US Merger Remedies*, The Antitrust Review of the Americans 2004.
2. Bailey, Matthew S., "The Hart – Scott – Rodino Act: Needing A Second Opinion About Second Requests", *Ohio State Law Journal*, Vol. 67, 2006.
3. Bebchuk, Lucian Arye & Ferrell, Allen, "On Takeover Law and Regulatory Competition", *The Business Lawyer*, Vol. 57, May 2002.
4. Beisner, John H. & Niblock, John F., "The Teeming Shore: Plaintiffs Around the World Use U. S. Courts to Target Business", *the U. S. Chamber Institute for Legal Reform*, March 25, 2005.
5. Burrichter, Jochen & Kasten, Boris, "Intellectual Property and Merger Control (Germany/EU)", *European Competition Law Annual* 2005.
6. Cavicchioli, Federico, "The Application of EC Competition Law to Non – European (U. S.) Corporations", *LLM Theses*, 2000.
7. Cheffins, Brian R., "Mergers and Corporate Ownership Structure: The United States and Germany at the Turn of the 20th Century", *The American Journal of Comparative Law*, Vol. 51, No. 3, Summer 2003.
8. Duvall, Jerry B., "Adapting Regulation to Evolving Competition in Contemporary Telecommunications Markets", *Presented Before the Phoenix Center State*

Regulator Retreat, October 6, 2005.
9. Ezrachi, Ariel, "Merger control and Cross Border Transactions: A Pragmatic View on Cooperation, covergence and What's in Between", *Working Paper at the Center for Competition Law and Policy of the University of Oxford*, November 2005.
10. Evans, David S., "The Antitrust Economics of Two – sided Markets", *AEI – Brookings Joint Center for Regulatory Studies*, September 2002.
11. Finkelstein, Sydney, "Cross – Border Mergers and Acquisitions", *Financial Times Mastering Global Business: The complete MBA Companion in Global Business*, Spring 1999.
12. Fudenberg, Drew & Tirole, Jean, "Pricing A Network Good to Deter Entry", *The Journal of Industrial Economics*, December 2000.
13. Gorinson, Stanley M. & Pambianco, Robert, "U. S. & European Merger Policies Move Towards Covergence", *Legal Backgrounder*, Vol. 17, No. 30, August 9, 2002.
14. Graham, Edward M., "Exchange of threat between multinational firm as an infinitely repeated noncooperative game", *International Trade Journal*, Summer 1990.
15. Graham, Edward M., "Market structure and the multinational enterprise: a game – theoretic approach", *Journal of International business studies*, Spring 1998.
16. Harris, Barry C., & Veljanovski, Cento G., *Critical Loss Analysis: Its Growing Use in Competition*, (2003) E. C. L. R. .
17. Hay, George A. & Werden, Gregory J., *Horizontal Mergers: Law, Policy, and Economics*, The American Economic Review, Vol. 83, No. 2, May, 1993.
18. Jones, Clifford A., "Competition Dimensions of NAFTA and the European Union: Semi – common competition Policy", *Uncommon Rules and No Common Institutionsm, Jean Monnet/Robert Schuman Paper Series*, Vol. 6, No. 18, October 2006.
19. Kangm, Chul – kyu, "Introductory Remarks in ICN future Workplan Session", *ICN Merida Conference*, June 25, 2003.

20. Katz, Michaell & Shapiro, Carl, *Citical Loss: Let's Tell the Whole Story*, Antitrust, Spring 2003.
21. Lee, Kathy Y., "The WTO Dispute Settlement and Anti-competitive Practices: Lessons Learnt From Trade Disputes", *The University of Oxford Centre for Competitive Law and Policy*, Working Paper (L) 10/05.
22. Lindsay, Alistair & Lecchi, Emanuela & Williams, Geoffrey, *Econometrics Study into European Commission Merger Decision Since* 2000, (2003) E. C. L. R. 24 (12).
23. McDavid, Janet & Breed, Logan, "Merger Remedies", *The National Law Journal*, January 17, 2005.
24. Morse, M. Howard, "Mergers and Acquisitions: Antitrust Limitations on Conduct Before Closing", *The Business lawyer*, Vol. 57, August 2002.
25. Osborn, E. John, *Antitrust and the New Economy*, A Speech at U. S. Antitrust Modernization Commission, November 2005.
26. Papandropoulos, Penelope & Tajana, Alessandro, *The Merger Remeides Study – in Divestiture We Trust?*, (2006) E. C. L. R.
27. Patterson, Donna E. and Shapiro, Carl, "Trans–Atlantic Divergence in GE/Honeywell: Causes and Lessons", *Antitrust*, Fall 2001.
28. Perez, Antonio F., "International antitrust at The Crossroads: The end of Antitrust History or the Clash of Competition Policy Civilization?", *Law and Policy in International Business*, Volume 33, Sping 2002.
29. Rodriguez, A. E. & Williams, Mark D., "The Effectiveness of Proposed Antitrust Programs for Developing Countries", *North Carolina Journal of International Law & Commercial Regulation*, Winter 1994.
30. Rowley, J. William & Wakil, Omar K. & Campbell, A. Neil, "Streamling International Merger Control", *EC Merger 10th Anniversary Conference*, September 2000.
31. Servaes, H. & Tamayo, A., *The Response of Industy Rivals to Control Threats*, Working Paper: London Business School, 2005.
32. Snyder, Laura, "Acquiring a Business in France: A Buyer's Guide", *The Business Lawyer*, Vol. 57, February 2002.

33. Stennek, Johan & Verboven, Frank, "Merger Control and Enterprise Competitiveness: Empirical Analysis and Policy Recommendations", *Working Paper Series of Industrial Institute for Economic and Social Research*, November 5, 2001.
34. Vickers, John, "Competition Economics and Policy", *A Speech on the Occasion of the Launch of the New Social Sciences Building at Oxford University*, October 2003.
35. Vickers, John, "Competition Economics", *Royal Economic Society Annual Public Lecture*, December 2003.
36. Vickers, John, "How to Reform the EC Merger Test?", *A Speech at the EC/IBA Merger Control Conference*, October 2003.
37. Vickers, John, *Merger Policy in Europe: Retrospect and Prospect*, (2004) E. C. L. R. 25 (7).
38. Werden, Gregory J. & Joskow, Andrew S. & Johnson, Richard L., "The Effects of Mergers on Price and Output: Two Case Studies from the Airline Industry", *Managerial and Decision Economics*, 12 (5), October 1991.
39. Whish, Richard, "Substantial Lessening of competition/Creation or Strenghtening of Competition", *International Competition Network First Annual Conference*, September 28 – 29, 2002.
40. White, Lawrence J., "Horizontal Merger Antitrust Enforcement: Some Historical Perspectives, Some current Observations", *The Antitrust Moderniztion commission's "Economist's Roundtable on Merger Enforcement"*, January 19, 2006.
41. Ziff, Elaine D., "The Effect of Corporate Acquisitions on the Target Company's license Rights", *The Business lawyer*, Vol. 57, February 2002.

五 主要参考网站

1. http://www.ftc.gov.
2. http://www.usdoj.gov.
3. http://ec.europa.eu/index_en.htm.

4. http://www.internationalcompetitionnetwork.org.
5. http://www.globalcompetitionreview.com.
6. http://www.findlaw.com.
7. http://www.lexis.com.
8. http://assembler.law.cornell.edu.
9. http://www.wto.org.
10. http://www.oecd.org.
11. http://www.un.org.
12. http://www.mofcom.gov.cn.
13. http://www.saic.gov.cn.
14. http://www.sdpc.gov.cn.
15. http://www.sasac.gov.cn.
16. http://www.online-ma.com.
17. http://www.xinhuanet.com.

后 记

本书是我承担的中国社会科学院重点课题"欧盟与美国合并控制制度"的最终成果。在此谨向在本书写作和出版过程中给予关心和帮助的人们致以深深的谢意。

感谢社会科学文献出版社的理解、帮助及编辑们辛苦细致的工作。本书从校对到出版的整个过程与他们的大力支持是分不开的。

感谢中国社会科学院国际法研究所这个温暖的集体，让每一次相聚都令人期盼。感谢廖凡研究员、张文广副研究员等诸多意气相投的一班好弟兄，有你们就有欢乐。

感谢我的导师陶正华教授和师母王晓晔教授。正是他们带我走上了研究反垄断法律制度的学术道路。

感谢我的父母亲一直以来对我的无私奉献。在帮助我照顾孩子的同时，他们还承担了琐碎的家务，为我的工作提供了时间。

感谢我的太太孙谷。在整个写作过程中，她既要忙于自己的工作又要照料我的饮食起居，没有她的大力支持和帮助，一切都无法想象。

最后，还要感谢我的儿子黄熙苶，他的存在让我的生活变得完整。

黄　晋
2013 年 8 月

图书在版编目(CIP)数据

合并控制法：以美国和欧盟为视角/黄晋著.
—北京：社会科学文献出版社,2013.12
(国际法论丛)
ISBN 978-7-5097-5400-9

Ⅰ.①合… Ⅱ.①黄… Ⅲ.①企业合并-企业法-研究 Ⅳ.①D912.290.4

中国版本图书馆 CIP 数据核字（2013）第 293079 号

·国际法论丛·
合并控制法：以美国和欧盟为视角

| 著　者 / 黄　晋 |

| 出版人 / 谢寿光 |
| 出版者 / 社会科学文献出版社 |
| 地　址 / 北京市西城区北三环中路甲29号院3号楼华龙大厦 |
| 邮政编码 / 100029 |

责任部门 / 社会政法分社 （010）59367156	责任编辑 / 赵瑞红　李娟娟　关晶焱
电子信箱 / shekebu@ssap.cn	责任校对 / 师敏革
项目统筹 / 刘晓军	责任印制 / 岳　阳
经　销 / 社会科学文献出版社市场营销中心 （010）59367081　59367089
读者服务 / 读者服务中心 （010）59367028

印　装 / 北京季蜂印刷有限公司	
开　本 / 787mm×1092mm 1/16	印　张 / 17.5
版　次 / 2013年12月第1版	字　数 / 288千字
印　次 / 2013年12月第1次印刷	
书　号 / ISBN 978-7-5097-5400-9	
定　价 / 59.00元	

本书如有破损、缺页、装订错误，请与本社读者服务中心联系更换
▲ 版权所有　翻印必究